S'AFFIRMER

Pour vous familiariser avec l'approche décrite dans cet ouvrage,
vous pouvez participer à une formation ou obtenir une consultation
en communiquant avec les organismes suivants:

Canada: **Actualisation**
Place du Parc, C.P. 1142
300, Léo-Pariseau, bureau 705, Montréal H2W 2P4
Tél.: (514) 284-2622 Télécopieur: (514) 284-2625

France: **Formation Gordon France**
22, rue Royale, 75008 Paris
Tél.: (1) 42.60.16.30 Télécopieur: 40.15.09.38

Belgique: **École des parents et des éducateurs**
14, Place des Acacias, B-1040 Bruxelles
Tél.: (2) 733.95.50 Télécopieur: 733.02.26

Suisse: **Centre Gordon Suisse Romande**
C.P. 339, CH-1224 Chêne-Bougeries, Genève
Tél.: (41.22) 349-7963 Télécopieur: (11.22) 349-2423

DISTRIBUTEURS EXCLUSIFS:

- Pour le Canada et les États-Unis:
  LES MESSAGERIES ADP*
  955, rue Amherst, Montréal H2L 3K4
  Tél.: (514) 523-1182
  Télécopieur: (514) 939-0406
  * Filiale de Sogides ltée

- Pour la Belgique et le Luxembourg:
  PRESSES DE BELGIQUE S.A.
  Boulevard de l'Europe 117
  B-1301 Wavre
  Tél.: (10) 41-59-66
       (10) 41-78-50
  Télécopieur: (10) 41-20-24

- Pour la Suisse:
  TRANSAT S.A.
  Route des Jeunes, 4 Ter
  C.P. 125
  1211 Genève 26
  Tél.: (41-22) 342-77-40
  Télécopieur: (41-22) 343-46-46

- Pour la France et les autres pays:
  INTER FORUM
  Immeuble Paryseine, 3 Allée de la Seine, 94854 Ivry Cedex
  Tél.: (1) 49-59-11-89/91
  Télécopieur: (1) 49-59-11-96
  Commandes: Tél.: (16) 38-32-71-00
                 Télécopieur: (16) 38-32-71-28

S'AFFIRMER

Savoir prendre sa place

Traduit de l'américain
par
Louise Drolet

Robert E. Alberti et Michael L. Emmons

 le jour,
éditeur

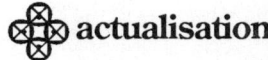 actualisation

Données de catalogage avant publication (Canada)

Alberti, Robert E.

    S'affirmer

    (Actualisation)
    Traduction de: Your perfect right.
    Comprend des références bibliographiques et un index.

    ISBN 2-8904-4445-7

    1. Assertivité.   2. Communication interpersonnelle.   3. Confiance en soi.
I. Emmons, Michael L.   II. Titre.   III. Collection.

BF575.A85A7514   1992   158'.2   C92-096397-8

L'ouvrage original américain a été publié par Impact Publishers
sous le titre *Your Perfect Right*
(ISBN: 0-915166-07-0 et 0-915166-08-9)

Dépôt légal: 2e trimestre 1992
Bibliothèque nationale du Québec

ISBN 2-8904-4445-7

Préface

Trois motifs principaux font qu'il est essentiel de s'affirmer.

Il est impérieux de s'affirmer pour sauvegarder son territoire vital, garder son stress à un niveau acceptable et maintenir sa santé. En effet, on note des effets psychosomatiques nocifs chez toute personne qui laisse empiéter sur ses droits et ses besoins fondamentaux. On observe une haute tension artérielle chez la personne qui éclate dans des colères bruyantes. Hélas, on voit moins les effets tout aussi nocifs chez la personne qui encaisse et qui, souvent sous l'apparence extérieure d'un grand calme et d'une acceptation totale, se prépare peut-être des insomnies, un ulcère d'estomac, un épuisement personnel et professionnel. S'affirmer apparaît donc l'alternative privilégiée à l'attitude agressive et à l'attitude non affirmative.

Il est essentiel également de s'affirmer pour entretenir des relations d'égal à égal. Cet équilibre d'influence dans les relations permet d'entretenir des rapports mutuellement satisfaisants, de favoriser la participation et l'engagement, de développer la confiance et de consolider les relations dans des cas de conflits et de différends. Cette confrontation loyale est requise pour maintenir des relations intimes chaleureuses, des familles unies, des équipes de travail productives, des associations participatives et une société saine et démocratique.

Il devient encore plus fondamental de s'affirmer pour réaliser son potentiel, pour devenir qui on peut être. C'est seulement dans l'authenticité et la transparence qu'on peut s'assumer, exercer son influence, manifester sa créativité et prendre sa place dans son milieu. Pour s'actualiser chacun a souvent à écouter sa conscience qui lui souffle à l'oreille «dis-je»: en effet si je ne le dis pas, qui parlera à ma place, qui laissera ma marque sinon moi-même?

JACQUES LALANNE

CHAPITRE 1

La capacité de s'affirmer

Soyez équitable avec les autres, mais n'ayez de cesse qu'ils le soient avec vous.

Alan Alda

Johanne était vraiment irritée lorsque sa voisine est venue la trouver pour commérer à n'en plus finir sur le voisinage. Elle s'en voulait surtout à elle-même de l'avoir laissée faire... une fois de plus.

Frédéric regarda sa montre: 19 h 15. Laurence serait en rogne ou se ferait un sang d'encre, il le savait. Au moment où il allait partir, son patron lui avait demandé de préparer ce rapport à temps pour la réunion du conseil qui devait avoir lieu le lendemain, dès la première heure.

Thomas et Linda se demandaient si le serveur les avait oubliés, les ignorait délibérément ou était simplement débordé. Cela faisait un sacré bout de temps qu'il n'était pas venu à leur table. Et eux qui voulaient aller au théâtre...

Des situations de ce genre créent en nous des sentiments d'irritation, de confusion et parfois d'impuissance. Comment alors exprimer sa frustration? Il n'existe pas de solution miracle, mais il y a des moyens de le faire à condition d'être prêt à fournir l'effort nécessaire.

Il n'est pas facile de changer, mais cela est possible. Des millions de personnes ont appris à s'exprimer plus efficacement grâce aux tech-

niques permettant l'apprentissage de l'*affirmation de soi*. Vous trouverez dans les prochains chapitres une méthode progressive et éprouvée
qui vous permettra d'améliorer vos relations avec les autres. Et si vous
vous donnez la peine de la mettre en pratique, nous sommes certains
qu'elle donnera des résultats.

La méthode est simple. Nous vous donnerons certains renseignements de base, des exemples et une série d'étapes précises à suivre. À
vous de les lire attentivement et de mettre en pratique toutes les étapes
décrites.

Notre but n'est pas de vous apprendre à manipuler les autres,
pratique, hélas, bien trop répandue. L'affirmation de soi est un outil
qui vise à placer vos relations sous le signe de l'*égalité* afin de vous
épargner l'inévitable sentiment de frustration qui accompagne le
refoulement de ses désirs profonds.

Cette méthode concerne-t-elle uniquement les personnes incapables de se défendre? En partie. La première édition de notre livre
s'adressait effectivement à ces personnes-là. Mais nous avons appris
beaucoup de choses depuis 1970, et notamment ceci: que nous avons
tous besoin, à certains moments de notre vie, d'un petit coup de pouce
pour améliorer nos relations avec les autres.

Comment réagissez-vous lorsque:

... vous voulez couper court à un baratin publicitaire télé-
phonique?

... un collègue vous dénigre?

... votre conjoint ou votre conjointe vous fixe durement du
regard?

... votre voisin écoute de la musique à plein volume jusqu'au
milieu de la nuit?

... l'un de vos enfants vous envoie sur les roses?

Dans des situations comme celles-là, nous avons tous besoin de
«techniques de survie», c'est-à-dire d'un moyen de faire comprendre
aux personnes concernées que quelque chose nous dérange, sans
pour autant dénigrer qui que ce soit. Certains ravalent leurs sentiments, se taisent ou font la tête. D'autres s'en prennent furieusement
à l'offenseur pour reprendre la situation en main et réduire l'autre à
néant.

Nous prônons plutôt l'*égalité*. Pas question de «n'en faire qu'à sa tête», de «se venger», ou de «tendre l'autre joue». Nous pensons que ce qui compte avant tout, c'est de toujours conserver une image positive de soi-même.

Il n'est pas nécessaire d'user d'intimidation pour éviter d'être semoncé à son tour. Pas plus que vous ne devez vous laisser marcher sur les pieds. En apprenant à vous affirmer, vous affronterez ces contrariétés d'une manière directe et honnête tout en demeurant sur un pied d'égalité avec chacun — la plupart du temps, du moins.

Bon nombre d'ouvrages en vogue analysent l'«affirmation de soi» comme un moyen d'arriver à ses fins. Ce n'est pas là notre propos. Notre livre ne propose pas de recettes sur la façon de manipuler les autres. Nous voulons plutôt vous aider à clarifier tout ce qui touche les relations interpersonnelles et vous montrer comment conserver une certaine maîtrise de soi sans pour autant essayer de dominer les autres.

Dans les prochains chapitres, nous illustrerons les notions de comportement agressif, affirmatif et non affirmatif en nous servant de nombreux exemples ainsi que de directives précises qui font abstraction du jargon habituellement employé en psychologie. Dans une édition distincte destinée aux professionnels, nous nous sommes étendus sur les aspects théoriques et pratiques de l'acquisition d'un comportement affirmatif afin d'aider les thérapeutes désireux de stimuler la croissance personnelle de leurs clients.

Que vos objectifs soient personnels, sociaux, professionnels ou humanitaires, vous trouverez, dans ce livre, une méthode soignée alliant lectures et exercices pratiques qui vous aidera à exprimer plus efficacement vos sentiments et à établir des relations plus saines avec autrui.

Avant de passer au chapitre suivant, prenez un moment pour réfléchir à vos objectifs. Pourquoi avez-vous choisi ce livre en particulier? Désirez-vous améliorer certains aspects précis de votre vie: votre travail, par exemple, ou vos relations familiales? Que souhaiteriez-vous changer dans votre vie? Le chapitre 8 vous aidera à préciser vos objectifs de croissance personnelle, mais prenez un moment maintenant pour réfléchir à ce que vous attendez de la lecture de *S'affirmer*. Puis, quand vous serez prêt, poursuivez votre lecture et voyons à quoi rime cette fameuse «affirmation de soi».

CHAPITRE 2

Quel est votre droit fondamental?

Entre les personnes, de même qu'entre les nations, le respect des droits de chacun est garant de paix.

Benito Juarez

Vous arrive-t-il de vous sentir impuissant, inefficace et démuni? De vous montrer arrogant dans l'espoir d'être écouté?

Avez-vous de la difficulté à manifester vos désirs? Vous traite-t-on souvent comme un minus? Vous marche-t-on parfois sur les pieds parce que vous êtes incapable de vous défendre? Ou est-ce vous qui écrasez les autres pour arriver à vos fins?

S'affirmer: une solution de rechange

Il existe un moyen de ne pas se sentir impuissant et de ne pas se laisser manipuler et ce moyen, c'est s'affirmer. Vous trouverez dans ce livre un programme visant à stimuler *à la fois* votre confiance en vous et votre respect des autres. Nous croyons fermement que tous les êtres humains sont égaux et notre livre encourage vivement les relations saines entre personnes qui se respectent et s'apprécient mutuellement.

Depuis deux décennies, notre société a essayé de bâtir un monde qui respecte ces valeurs. Nous exprimons aujourd'hui plus clairement

nos désirs et certaines conditions intolérables ont disparu. Les relations, des plus intimes (entre partenaires amoureux) aux plus distantes
(entre voisins et collègues de travail), commencent à refléter un respect mutuel plus grand et plus largement répandu. L'apprentissage de
l'affirmation de soi a sûrement joué un rôle dans l'apparition de certains de ces changements. Notre livre, publié pour la première fois en
1970, a également contribué à cette évolution.

Mais qu'est-ce au juste que s'affirmer? Il existe une étonnante
variété de réponses à cette question. Une caricature publiée récemment présente une image désolante mais malheureusement répandue
de l'affirmation de soi. On y voit un homme lisant un écriteau placé
sur une porte: «Cours d'affirmation de soi.» Sous l'écriteau, un autre
message: «Inutile de frapper: ne vous gênez pas, entrez!» Nous
essayons de promouvoir une vision moins agressive et moins arro-
gante de l'affirmation de soi.

Les obstacles à l'affirmation de soi

Dans le cadre de notre travail visant à aider des milliers de personnes à retrouver leur estime de soi et à s'exprimer honnêtement et
sans détour, nous avons rencontré trois obstacles particulièrement difficiles à surmonter:
• Bien des gens sont persuadés qu'ils n'ont pas le *droit* de s'affirmer.
• L'idée de s'affirmer *angoisse* ou *effraie* bien des gens.
• Bien des gens ne possèdent pas les *aptitudes* nécessaires pour
s'exprimer efficacement.
Dans ce livre, nous analysons ces entraves et nous vous donnons
des outils éprouvés et efficaces pour les surmonter.

L'affirmation de soi et le pouvoir personnel

Notre but ici n'est pas de fomenter une révolution politique, économique ou sociale. Nous nous intéressons à une forme de pouvoir qui

s'exerce à un niveau très personnel: à la maison, au travail, à l'école, dans les magasins et les restaurants, dans les rencontres sociales, bref partout où l'on peut éprouver un sentiment d'insignifiance ou de frustration. En outre, nous voulons aider les gens à retrouver leur pouvoir personnel afin de construire une société adaptée aux besoins des êtres humains.

Vous connaissez les facteurs qui sapent quotidiennement votre aptitude à être clairement ce que vous êtes. Certains sont négligeables, d'autres beaucoup moins. Est-on déjà passé devant vous alors que vous faisiez la queue? Trouvez-vous difficile de dire non aux personnes convaincantes? Êtes-vous capable d'exprimer des sentiments chaleureux et positifs à un tiers? Engagez-vous facilement la conversation avec des inconnus dans une soirée? Avez-vous déjà regretté d'avoir «marché sur les pieds» de quelqu'un parce que vous vouliez arriver à vos fins?

Bon nombre de personnes trouvent ces situations inconfortables ou irritantes et ne savent trop quelle attitude adopter. Il n'existe pas de «bonne façon» d'affronter ces situations, mais certains principes de base augmenteront votre assurance et votre efficacité au niveau interpersonnel.

Voici une définition pratique:

Une attitude affirmée et sûre de soi favorise l'égalité dans les relations humaines en nous permettant d'agir au mieux de nos intérêts, de nous défendre sans éprouver d'anxiété excessive, d'exprimer nos sentiments librement et sans détour, et d'exercer nos droits sans nier ceux des autres.

La plupart du temps, c'est une fois l'occasion passée que la personne incapable de s'affirmer trouvera la réaction appropriée. Par contre, une réaction agressive risque de produire sur votre interlocuteur une impression profonde et négative que vous regretterez peut-être ensuite. En développant un répertoire plus approprié de comportements affirmatifs, vous pourrez choisir une réaction satisfaisante et adaptée à chaque situation.

S'affirmer, une attitude positive et saine

Apprendre à vous affirmer atténuera l'angoisse que vous causent peut-être vos relations avec les autres. Les recherches ont prouvé qu'en apprenant à se défendre et à agir de son propre chef, on peut réduire son stress et améliorer son estime de soi, que l'on soit timide ou agressif.

Êtes-vous une personne inhibée, qui cède aux désirs des autres en refoulant les siens? Ou êtes-vous du genre à marcher sur les pieds des autres pour obtenir ce que vous voulez? Même les troubles physiques comme les maux de tête, la fatigue générale, les dérangements intestinaux et digestifs, les éruptions cutanées et l'asthme peuvent être reliés à une incapacité de s'affirmer. En apprenant à vous affirmer, vous pouvez enrayer ces symptômes, jouir d'une meilleure santé, être davantage maître de vous-même, plus assuré, plus compétent et plus spontané, tout en jouissant d'une estime accrue de la part des autres.

On confond souvent agressivité et affirmation de soi, mais s'affirmer ce n'est ni faire preuve d'autorité, ni nier le droit des autres, ni leur marcher sur les pieds. S'affirmer, c'est *aussi* tenir compte des droits de *chacun*.

Vos droits fondamentaux d'être humain

Tous les individus sont égaux et jouissent des mêmes droits quels que soient leur situation, leur état, leur fonction ou leur rôle. Nous espérons que vous apprendrez à exercer *vos* droits fondamentaux sans empiéter sur ceux des autres. La *Déclaration universelle des droits de l'homme*, adoptée par l'Assemblée générale des Nations Unies en 1948, constitue un excellent énoncé des objectifs qui régissent les relations interpersonnelles. Nous vous invitons fortement à la lire (voir l'Annexe B) afin que ses principes vous encouragent à soutenir les droits de tout individu, y compris les vôtres!

Cette vision élargie des droits de la personne peut nous aider, en tant que citoyens du village planétaire, à contrebalancer les forces qui nous opposent les uns aux autres dans les conflits multiples qui nous entourent. Nous sommes tous des êtres humains et nous sommes tous dépendants les uns des autres. En fait, «nous sommes le monde».

Malheureusement, la société juge souvent les êtres humains en fonction de critères qui accordent à certaines personnes un rang supérieur à d'autres. En voici pour preuve les idées ci-dessous, populaires, mais toutes fausses:

les adultes valent mieux que les enfants;
les patrons valent mieux que leurs subalternes;
les hommes valent mieux que les femmes;
les Blancs valent mieux que les Noirs;
les médecins valent mieux que les plombiers;
les professeurs valent mieux que les étudiants;
les hommes politiques valent mieux que les électeurs;
les généraux valent mieux que les soldats;
les gagnants valent mieux que les perdants;
les Américains valent mieux que les «étrangers»,

et ainsi de suite. Les institutions établies tendent à perpétuer ces mythes et à permettre que les personnes jouissant d'un statut prétendument inférieur soient traitées comme si elles n'étaient pas, elles aussi, des êtres humains. Heureusement que nombre d'entre elles trouvent des moyens de s'exprimer!

Les femmes répliquent!

Au cours de la dernière décennie surtout, les femmes se sont fait entendre et ont retrouvé des droits qui leur étaient dus depuis longtemps. Le grand nombre d'ateliers sur l'affirmation de soi ainsi que la fabuleuse quantité de cours sur le management et d'autres domaines spécialisés auxquels elles ont accès laissent présager un avenir meilleur pour elles. Les femmes de toutes les couches sociales, de tous les milieux ethniques et socio-économiques, de tous les niveaux d'instruction et de toutes les catégories d'emploi — ménagères, travailleuses de la construction et cadres supérieures — ont réalisé des progrès phénoménaux dans le domaine de l'affirmation de soi.

La société commence à reconnaître la non-pertinence d'un «idéal» qui prête aux femmes les caractéristiques suivantes: passives, gentilles, soumises, tolérantes, chaleureuses, aimantes, nourricières, empathiques. Enfin, et ce n'est pas trop tôt, on reconnaît à une femme le droit de s'affirmer.

Dans leur excellent ouvrage intitulé *The Assertive Woman* (La femme qui s'affirme), que les hommes gagneraient à lire, eux aussi, Stanlee Phelps et Nancy Austin présentent les modèles de comportement de quatre types de «femmes que nous connaissons tous», aux noms révélateurs: *Doris Doormat, Agatha Agressive, Iris Indirect,* et *April Assertive.* (En français, on pourrait les appeler Docile Doris, Agressive Agathe, Hypocrite Iris, Affirmative Armande). En décrivant les modèles de comportement de chacune de ces femmes, les auteures nous tracent un portrait très clair des coutumes sociales qui ont contribué à discréditer l'aptitude des femmes à s'affirmer. Agathe n'en fait qu'à sa tête mais n'a pas beaucoup d'amis. Iris, la sournoise, obtient, elle aussi, presque toujours ce qu'elle veut, parfois même à l'insu de ses «victimes». Doris, même si elle refoule ses désirs la plupart du temps, jouit de l'estime des hommes et de ses supérieurs. L'honnêteté et la franchise d'Armande lui causent souvent des ennuis (du moins jusqu'à tout récemment) à la maison, à l'école, au travail et même dans ses rapports avec les autres femmes.

On voit cependant émerger une nouvelle donne. Les femmes ont elles aussi des droits, méritent une reconnaissance, un statut et un salaire égaux, ne présentent pas de faiblesse inhérente à leur sexe, et n'ont pas de place attitrée (sauf si c'est leur choix) à la maison. C'est pourquoi la femme qui s'affirme jouit de plus en plus — au prix d'un effort considérable — de l'estime de la société, des hommes et des autres femmes. Elle peut choisir son mode de vie, sans se soucier de la tradition, du gouvernement en place, de son mari, de ses enfants, des groupes sociaux, de ses patrons. Elle peut décider de rester à la maison sans craindre d'être harcelée par ses sœurs «libérées». Elle peut décider de faire carrière dans une branche dominée par les hommes et faire confiance à ses droits et à ses compétences.

Elle peut, sans embarras, amorcer des relations sexuelles et exprimer ses désirs (évitant ainsi à son partenaire de faire obligatoirement les premiers pas). Les deux partenaires peuvent alors jouir d'un statut égal en ce qui concerne l'expression de l'intimité.

Elle peut dire «non» avec assurance et persister dans son refus.

En tant que consommatrice, elle peut influencer le marché en refusant d'accepter certains produits, des services ou des techniques de commercialisation qui lui déplaisent.

Bref, la *femme* capable de s'affirmer est une *personne* qui présente les qualités que nous prônons tout au long de ce livre; de plus, elle s'aime — et est aimée.

Les hommes aussi peuvent s'affirmer!

Imaginez la scène suivante: Jean a eu une journée éreintante; il a lavé des vitres et récuré des planchers, fait trois lessives sans cesser de ramasser tout ce qui traînait derrière les enfants. Il se hâte maintenant de préparer le dîner. Les enfants ne cessent d'entrer et de sortir de la maison en claquant la porte; ils crient et lancent leurs jouets.

Marie arrive au beau milieu de ce chaos, après une journée de travail tout aussi éprouvante. Elle lance un bref «Je suis là!» en passant dans la cuisine avant de se diriger vers le salon. Débarrassée de son attaché-case et de ses chaussures, elle se laisse tomber dans son fauteuil favori devant le téléviseur et crie: «Jean, apporte-moi une bière! J'ai eu une sacrée journée!»

Cette scène nous fait rire essentiellement par son côté insolite. Après tout, n'est-ce pas *Jean* qui devrait gagner la croûte familiale, et au bureau en plus, pas à la maison? N'est-ce pas le lot de l'*homme* que de sortir conquérir le monde pour subvenir aux besoins de sa famille? De prouver sa virilité, son machisme, sa force et son courage?

Malheureusement, nous acceptons depuis trop longtemps le stéréotype qui fait de l'homme un «chasseur» dont le rôle est de protéger sa famille et de pourvoir à ses besoins. En fait, depuis sa plus tendre enfance, on encourage l'homme à s'affirmer et souvent même à adopter un comportement agressif dans la poursuite de cet «idéal». Esprit de compétition, réussite, tentative effrénée pour être le meilleur, voilà les principes qui régissent l'éducation des hommes, à la maison comme à l'école, alors que leurs sœurs en subissent une version beaucoup plus diluée. On traite les hommes comme s'ils étaient naturellement forts, actifs, aptes à décider, dominateurs, froids et rationnels.

À l'heure actuelle, un nombre croissant d'hommes reconnaissent que leur éducation comporte une importante lacune en ce qui concerne les relations interpersonnelles. Ayant le choix entre deux types: la brute puissante et dominatrice ou le «gringalet de cinquante kilos», la plupart d'entre eux ne s'identifient ni à l'un ni à l'autre. L'affirmation de soi constitue une solution de rechange efficace.

Nombreux sont les hommes qui commencent à rejeter le stéréotype du mâle agressif, ambitieux et prospère en faveur d'un rôle et d'un mode de vie plus équilibrés. La notion psychologique de «virilité» est en train de changer afin de mettre en valeur le côté aimant et sensible des hommes. Et, fait encore plus significatif, les hommes reconnaissent qu'ils peuvent atteindre leurs buts en s'affirmant tout simplement plutôt qu'en se montrant agressifs. L'homme compétent, sûr de lui et capable de s'affirmer peut avancer dans tous les domaines, sauf dans ceux où l'esprit de compétition reste irréductible.

Dans le même ordre d'idées, l'homme qui s'affirme jouit d'une plus haute estime au sein de ses relations personnelles. Famille et amis sont plus proches de lui et respectent davantage l'homme qui, parce qu'il est suffisamment bien dans sa peau, ne se sent pas obligé de dénigrer les autres pour se valoriser. L'honnêteté inhérente à la capacité de s'affirmer est un atout précieux dans les relations intimes, et les hommes capables de s'affirmer accordent de plus en plus de valeur à cette intimité au même titre qu'à la réussite économique ou sociale.

Gail Sheehy, dans son livre *Passages,* publié en 1977, souligne que bien des hommes qui avaient adopté un style agressif dans la vingtaine et la trentaine découvrent l'inutilité de ce modèle quand ils arrivent à l'âge moyen. Les valeurs que constituent les relations intimes, les rapports avec la famille et les amis, qui toutes se nourrissent de l'aptitude de s'affirmer, de l'empathie et de l'honnêteté, sont les seules valables. L'homme affirmatif est en train de se définir, lui aussi!

La société décourage souvent les caractères affirmatifs

Malgré tous les progrès enregistrés dans ce domaine, les gratifications sociales qui couronnent les gens qui s'affirment sont encore limitées. Les revendications individuelles, le droit de s'affirmer sans peur ni culpabilité, et le sentiment que tout le monde a un rôle à jouer, toutes ces valeurs doivent être encore davantage reconnues. Nous devons souligner cependant la différence entre ces comportements affirmatifs et la conduite agressive et destructrice avec laquelle on les confond souvent.

La famille, l'école, le travail et l'église, tous ces milieux sociaux créent des obstacles à l'affirmation de soi. Ils la découragent même de manière plus ou moins subtile.

Au sein de la famille, on enjoint de se taire l'enfant qui revendique ses droits: «Comment oses-tu parler ainsi à ta mère (ton père)?» «Les enfants doivent écouter les grandes personnes.» «Que je ne t'entende plus jamais dire cela!» Évidemment, ces injonctions répétées n'incitent pas l'enfant à affirmer sa personnalité!

Les enseignants jouent souvent un rôle semblable en récompensant les enfants dociles et bien élevés, et en réprimandant sévèrement ceux qui, d'une manière ou d'une autre, «font un pied de nez au système». Les éducateurs reconnaissent que l'enfant perd, dès la quatrième ou la cinquième année, son désir naturel et spontané d'apprendre pour se conformer au programme de l'école.

Les résultats de cette éducation se font sentir en milieu de travail, où la situation n'est guère plus rose. En effet, les employés sont conscients qu'ils ne doivent rien dire ou faire qui risquerait de faire des vagues. C'est le patron qui dirige, et ses subalternes se sentent obligés de se conformer aux exigences, même inappropriées, qui pèsent sur eux. Quand on commence à travailler, on se rend compte que les fauteurs de trouble ont peu de chance d'obtenir une augmentation ou une promotion et risquent même de perdre leur emploi. On apprend vite à se plier aux règles de l'entreprise, à filer doux, à mater son esprit d'initiative et à surveiller sa conduite de crainte d'avoir affaire au patron. Ici encore la leçon est claire: évitez de vous affirmer au travail!

Les enseignements de nombreuses religions laissent entendre que s'affirmer n'est pas compatible avec l'engagement religieux et elles encouragent l'humilité, l'abnégation de soi et le sacrifice au détriment de l'affirmation de soi. On croit à tort que l'idéal religieux est incompatible avec le fait de s'estimer et d'entretenir avec autrui des relations fondées sur le calme et la confiance. Or, c'est tout le contraire: non seulement une attitude affirmative est compatible avec les principes des religieux, mais elle nous préserve des comportements inefficaces, faisant de nous des êtres plus aptes à vivre des relations sociales harmonieuses.

Les institutions politiques ne peuvent, autant que la maison, l'école et l'église, influencer notre éducation en matière d'affirmation de soi, mais elles font peu pour encourager ce type de comportement. Les décisions à caractère politique sont en grande partie inaccessibles au citoyen moyen. Reste que, quand un individu fait trop savoir ce qu'il pense, on l'invite habituellement à rentrer dans le rang.

Nous espérons que l'activiste marginal qui se montre sûr de lui de manière appropriée ne verra plus la nécessité de poser des gestes agressifs. La croissance et le succès des groupes de pression comme les mouvements pour la défense des droits civils, des droits des aînés ou des minorités et les divers mouvements de réforme de l'impôt nous le prouvent: s'affirmer est efficace! Et c'est dans le domaine de l'action politique individuelle, généralement dominé par le sentiment de l'«à quoi bon?» que ce principe peut s'appliquer le mieux.

Nous soutenons que *nous avons tous le droit d'exister et de nous exprimer sans nous sentir mal, impuissants ou coupables, du moment que nous ne causons pas de tort aux autres.*

Nos institutions sociales nous ont si soigneusement enseigné à ne revendiquer pas même nos droits les plus élémentaires que nous nous sentons impuissants quand vient le temps de nous exprimer ou coupables quand nous nous débattons pour qu'on tienne compte de nous.

Il est temps que les familles, les écoles, les entreprises, les églises et les gouvernements encouragent l'affirmation de soi et cessent de limiter les conduites positives des individus.

À qui s'adresse ce livre?

À tous ceux et toutes celles qui désirent enrichir leur vie. Des centaines de milliers de personnes auparavant incapables de s'affirmer ont réussi à s'épanouir en suivant notre programme de formation et nos ateliers. Nous croyons que notre livre peut vous aider, vous aussi. Nous sommes particulièrement heureux de voir que des milliers de thérapeutes l'ont recommandé à leurs clients.

Tirez le meilleur parti possible de ce que nous vous offrons et écrivez-nous. Les commentaires de nos lecteurs sur notre méthode ainsi que sur d'autres programmes de formation semblables nous ont aidés à raffiner notre travail et à mettre à jour les cinq dernières éditions de notre livre. Grâce à vous, nous pouvons encore nous améliorer!

CHAPITRE 3

Votre journal de bord

Le lieu de ma naissance, les endroits où j'ai vécu et la manière dont j'ai vécu ne comptent pas. C'est ce que j'ai fait de tout cela qui devrait vous intéresser.

Georgia O'Keefe

Le moment est venu d'amorcer la démarche qui vous permettra d'apprendre à vous affirmer efficacement. Une façon simple de le faire consiste à commencer un «journal de bord». Rien de compliqué: un simple cahier où vous jetterez en vrac des notes sur ce qui se passe dans votre vie pendant ce voyage que vous amorcez vers une meilleure affirmation de soi.

À bord des navires, on inscrit quotidiennement, dans le journal de bord, des données concernant la vitesse et l'emplacement du bateau. Eh bien, voilà à peu près ce que renfermera le vôtre! Si la rapidité de vos changements nous importe peu, vos progrès, par contre, nous intéressent. Un relevé quotidien de vos comportements positifs vous aidera à évaluer vos progrès et, après quelques semaines, vous y trouverez une foule de renseignements sur votre pouvoir d'affirmer ou non votre personnalité.

Votre journal peut servir à noter les observations que vous faites sur vous-même, vos commentaires sur vos lectures, vos objectifs, bref, tout ce que vous voulez vous rappeler. Consacrez au moins un peu de temps à l'observation systématique de quatre dimensions de votre vie

liées à l'affirmation de soi: *situations/personnes, attitudes, comporte-*
ments et *obstacles.*

Nous vous invitons à vous procurer un cahier, un bloc-notes ou
une chemise dans laquelle vous inscrirez vos pensées, vos observations, vos sentiments et vos progrès.

Voici à quoi pourrait ressembler une page type de votre journal
de bord:

Journal de bord sur l'affirmation de soi   **19**

Situations/personnes

Attitudes

Comportements

Obstacles

Notes (progrès, problèmes, commentaires):

Si vous prenez l'habitude de le tenir à jour, votre journal peut devenir
un outil très important pour votre programme de croissance, qui servira
aussi bien à enregistrer vos progrès qu'à vous motiver dans votre travail.

À mesure que vous effectuerez des changements précis dans
votre vie, vous désirerez peut-être tenir votre journal avec plus de
rigueur. Voici quelques petits trucs utiles.

Reportez-vous au **Bilan d'affirmation** (chapitre 7) et déterminez
quelles sont les *situations* et les *personnes* que vous pouvez affronter

sans problème et celles qui vous mettent au contraire dans l'embarras. Inscrivez vos résultats dans votre journal. Surveillez attentivement l'apparition de tout modèle répétitif. Avez-vous plus de facilité à vous affirmer avec des étrangers qu'avec vos proches, par exemple? Ou l'inverse? Vous est-il facile de défendre vos droits alors que vous êtes incapable d'exprimer votre affection? Les facteurs comme l'âge, le sexe ou le rôle de votre interlocuteur vous influencent-ils?

Il est très difficile d'évaluer les *attitudes* de manière appropriée et surtout d'être objectif à propos des siennes. Nous vous encourageons néanmoins à consigner dans votre journal vos sentiments touchant le droit que vous avez de vous affirmer. Examinez les diverses situations et les personnes dont il est question dans le chapitre sur la **Définition du comportement affirmatif** (chapitre 2) et le **Bilan d'affirmation** (chapitre 7). Vous sentez-vous autorisé à répliquer lorsqu'une personne qui fait figure d'autorité vous critique, par exemple?

Vous aurez moins de difficulté à évaluer votre *comportement* dans une situation précise, mais cela vous prendra plus de temps. Au chapitre 6, nous décrirons en détail plusieurs composantes qui sont la clé de tout comportement affirmatif. Si vous surveillez attentivement votre comportement pendant une certaine période (une semaine ou plus de préférence) et consignez régulièrement vos observations dans votre journal, vous discernerez mieux l'efficacité de vos contacts visuels, de vos jeux de physionomie, de votre posture et des autres éléments dont il est question au chapitre 6. Vous auriez intérêt à observer ceux que vous jugez capables d'affirmation de soi, dans votre entourage, et de noter dans votre journal les caractéristiques de leur comportement.

Les *obstacles* sont sans doute les plus faciles à observer. Nous savons que la plupart des gens veulent s'affirmer, mais se heurtent à des barrières dont les plus courantes sont l'*anxiété* (j'ai peur des conséquences: peut-être que la personne ne n'aimera pas, me frappera, me trouvera bizarre ou ridicule. Je n'obtiendrai pas ce que veux. Ou encore, je suis incapable de dire pourquoi, mais je suis anxieux!) et l'*absence d'aptitudes* (Je ne sais pas comment rencontrer des filles. Comment exprime-t-on une opinion politique? Je n'ai jamais appris à témoigner mon affection.)

Les obstacles extérieurs les plus puissants sont peut-être les *personnes de votre entourage* (parents, amis, amants, colocataires et autres personnes qui n'ont pas intérêt à ce que vous changiez, même si elles souhaitent que vous vous affirmiez davantage).

Décrivez dans votre journal les obstacles qui, à votre avis, entravent votre assurance personnelle.

Si vous vous donnez la peine de tenir un journal et, à mesure que s'approfondira votre compréhension de ce qu'est l'affirmation de soi, d'évaluer soigneusement vos progrès, vous pourrez déterminer précisément ce qu'il vous faut faire pour vous affirmer davantage. Certes, vous pouvez à tout moment décider si vous voulez ou non poursuivre le programme et quelle orientation lui donner. Le *choix* est l'élément clé de votre aptitude à vous affirmer!

Chaque semaine environ, relisez attentivement vos notes: situations, attitudes, comportements, obstacles, commentaires, et cherchez les constantes qui pourraient apparaître. N'oubliez pas d'évaluer et vos forces et vos faiblesses.

Les notes concernant la première ou les deux premières semaines devraient mettre en lumière les directions dans lesquelles travailler et vous aider à vous fixer des objectifs. Même si nous n'avons pas encore présenté une façon systématique de le faire (chapitre 8), nous vous encourageons à continuer de réfléchir à vos attentes et à les noter dans votre journal.

Vos observations sur vous-même révèlent peut-être une difficulté à vous affirmer face à tout ce qui représente l'autorité: vous ne vous sentez pas alors le droit d'exprimer vos opinions, d'entrer en opposition ou de faire face à la situation. L'angoisse vous habite. Vous pouvez travailler chacun de ces points individuellement et vous améliorer grâce à la méthode décrite dans ce livre.

Il n'est pas aisé de changer des comportements bien ancrés en nous, qu'ils soient agressifs, retenus ou autres. Votre journal est un outil crucial qui vous aidera à changer. En prenant conscience de vos modèles de comportement, vous pourrez choisir délibérément des réactions qui vous rapprocheront de vos objectifs. Lorsque vos premiers pas seront récompensés («Eh, ça marche!»), vous aurez de moins en moins de difficulté à vous affirmer.

Commencez dès aujourd'hui votre journal en y inscrivant vos commentaires sur ce que vous avez lu jusqu'ici dans ce livre. Continuez de le faire en poursuivant votre lecture et même après, afin d'enregistrer soigneusement vos progrès à mesure que vous appliquez les principes qui y sont exposés. Votre journal vous fournira une série de «jalons» qui vous permettront de vous regarder grandir. Il vous motivera et vous rappellera tout le chemin parcouru, ce qui est précieux lorsqu'on a l'impression de n'arriver nulle part. Il vous confirmera vos progrès, même s'ils sont lents.

Enfin, votre journal vous aidera à effectuer un travail plus systématique et plus rigoureux, ce qui ne gâte rien.

Lorsque vous commencerez à noter vos comportements et la nature de vos rapports avec les autres, vous ferez des découvertes sur vous-même. Si vous voyez que vous présentez de graves lacunes ou des difficultés majeures de comportement, vous désirerez peut-être faire appel à l'aide d'un professionnel. De même, si la simple idée de vous affirmer suscite en vous une violente anxiété, nous vous conseillons de contacter un conseiller, un psychologue, un psychiatre ou tout autre thérapeute qualifié. Adressez-vous à votre centre de service communautaire ou au centre de consultation du collège ou de l'université de votre région. L'annexe C décrit les normes qui devraient présider au choix d'un thérapeute professionnel.

Comment allez-vous?

Ici et là, dans cet ouvrage, nous avons inséré une «pause» afin de vous inciter à faire le point. Il s'agit d'une petite vérification périodique pour vous aider à demeurer sur la bonne voie.

Prenez un moment pour répondre aux questions ci-dessous. Soyez honnête avec vous-même et laissez vos réponses guider vos prochains pas.

• Avez-vous lu et compris tous les points exposés dans les chapitres précédents?

• Nos explications et nos exemples concordent-ils avec votre expérience personnelle?

Si ce n'est pas le cas, pouvez-vous les adapter à vos besoins?

• Faites-vous les exercices suggérés et répondez-vous aux questions?

• Le terme «s'affirmer» commence-t-il à prendre une signification concrète pour vous?

• Vous êtes-vous fixé des objectifs préliminaires en ce qui concerne vos progrès sur le plan de l'affirmation de soi?

• Tenez-vous un journal?

• Avez-vous demandé de l'aide si vous souffrez d'anxiété ou si vous vous heurtez à d'autres obstacles?

• Avez-vous identifié vos faiblesses, c'est-à-dire ce qui vous empêche de vous affirmer: anxiété, réserve, timidité excessive?

CHAPITRE 4

Qu'est-ce au juste que s'affirmer?

Nous sommes tous dominés par le monde dans lequel nous vivons... La question est de savoir si nous voulons être dominés par des accidents, des tyrans ou par nous-mêmes.

B.F. Skinner

Comme vous l'avez constaté, le pouvoir de s'affirmer est un mécanisme complexe et difficilement définissable! Malgré sa complexité, nous savons, parce que des milliers de personnes en ont fait l'expérience, qu'on peut apprendre à s'affirmer grâce à un apprentissage soigneusement adapté à ses besoins.

Dans ce chapitre, nous examinerons plusieurs appoches différentes concernant l'affirmation de soi. Notre brève définition du chapitre 2 nous servira de point de départ:

Une attitude affirmée et sûre de soi favorise l'égalité dans les relations humaines en nous permettant d'agir au mieux de nos intérêts, de nous défendre sans éprouver d'anxiété excessive, d'exprimer nos sentiments librement et sans détour, et d'exercer nos droits sans nier ceux des autres.

Examinons ces éléments plus en détail: *promouvoir l'égalité dans les relations humaines* signifie mettre les deux parties sur un pied d'égalité, rétablir l'équilibre des forces en présence en accordant un pouvoir personnel au «perdant», faire que chacun gagne et que personne ne perde.

Agir au mieux de ses intérêts, c'est prendre ses propres décisions à propos de sa carrière, de ses relations, de son mode de vie; c'est engager la conversation de son propre chef avec qui l'on veut; c'est décider d'organiser des activités; c'est faire confiance à son propre jugement, se fixer des objectifs et chercher à les atteindre; c'est demander de l'aide des autres, si besoin est, et avoir une vie sociale.

Se défendre, cela veut aussi dire pouvoir dire non, fixer ses propres limites en matière de temps et d'énergie, réagir à la critique, au dénigrement ou à la colère, exprimer son opinion, l'expliciter ou la défendre.

Exprimer ses sentiments librement et sans détour signifie pouvoir faire connaître son désaccord, manifester sa colère, témoigner son affection ou son amitié, admettre sa peur ou son angoisse, exprimer son accord ou son appui, se montrer spontané, tout cela sans anxiété excessive.

Exercer ses droits fait appel à sa compétence en tant que citoyen, consommateur, membre d'une organisation, d'une école ou d'un groupe de travail, et en tant que participant capable d'exprimer son opinion dans des événements publics, de mettre en œuvre des changements, de réagir quand ses droits et ceux des autres sont violés.

Ne pas nier les droits d'autrui, c'est adopter tous les comportements énumérés ci-dessus sans essuyer de critiques injustes, sans blesser les autres, les injurier, les intimider, les manipuler ou les dominer.

C'est pourquoi être affirmatif et sûr de soi, c'est faire valoir son opinion et ses droits de façon positive tout en tenant compte de son entourage. Ce comportement contribue à améliorer à la fois notre vie personnelle et la qualité de nos relations avec les autres.

Des études ont démontré que les personnes qui avaient appris à s'affirmer s'estimaient davantage, étaient moins anxieuses, surmontaient leur dépression, jouissaient d'une estime accrue de la part des autres, s'épanouissaient sur le plan personnel et communiquaient plus efficacement avec les autres. Certes, nous ne pouvons pas vous garantir les mêmes résultats, mais les nombreux témoignages reçus sont vraiment éloquents!

Comportement affirmatif, non affirmatif et agressif

En cette fin du vingtième siècle, les comportements que l'on attend des gens sont très ambigus. Pensons au problème de la sexualité. Bien qu'au sein de la famille, à l'école et à l'église, l'attitude face à la sexualité reste encore répressive, les médias en proposent par contre une image très différente.

L'agressivité sexuelle reste valorisée chez les hommes: l'«amant» est idéalisé dans les magazines, à la télévision et au cinéma, et est glorifié par ses pairs. Fait paradoxal, on s'attend à ce qu'il fréquente des jeunes filles «respectables» et on lui interdit, à elles comme à lui, les relations sexuelles avant le mariage. Les femmes aussi sont soumises à des messages contradictoires. D'une part, on leur demande d'être discrètes, pudiques et réservées, d'autre part, on valorise partout leur séduction et leur sensualité.

Ces conflits entre le comportement *recommandé* et le comportement *valorisé* sont nombreux dans bien d'autres domaines. Même si chacun sait qu'il faut respecter les droits des autres, nous voyons trop souvent nos parents, nos professeurs, les gens d'affaires et nos dirigeants les ignorer. On loue le tact, la diplomatie, la politesse, les bonnes manières, la modestie et l'effacement et pourtant, dans bien des cas, on accepte d'«écraser les autres» pour avancer et faire sa place.

Le petit garçon apprend à être fort, brave et dominateur. On lui trouve des excuses quand il se montre agressif: pensons à la fierté du père dont le fils a rossé un voyou du quartier. Paradoxalement, ce même père encouragera son fils à «respecter ses aînés», à «s'effacer devant les autres» et à «être poli», ce qui ne peut que créer une grande confusion dans l'esprit de l'enfant.

On encourage l'athlète à être agressif et même à tricher un peu pendant les compétitions. Rien de mal à cela, car «peu importe la manière, l'important c'est de gagner». Quelle différence entre les gratifications accordées à des entraîneurs gagnants et celles données à des perdants qui contribuent pourtant à «former le caractère». Un ex-entraîneur de football très populaire aurait dit: «Un bon perdant sera toujours un perdant».

Nous croyons qu'on doit pouvoir *décider de son propre chef* quel comportement adopter dans une situation donnée. Si vous vous cantonnez dans une «réserve polie», vous risquez d'être incapable de choisir le comportement adéquat. Si, par ailleurs, vous êtes de nature trop agressive, vous ne pourrez pas atteindre vos objectifs sans blesser les autres. La liberté de choix et la maîtrise de soi ne sont possibles que si vous apprenez à vous affirmer dans des situations où vous auriez eu une réaction retenue ou agressive auparavant.

En comparant des réactions révélant une certaine assurance avec d'autres plus réservées ou carrément agressives, nous pourrons clarifier ces notions. Le tableau de la page suivante décrit certains sentiments de l'émetteur et leurs conséquences sur lui-même et sur le récepteur, selon que celui-là est affirmatif, non affirmatif ou agressif.

Comportement non affirmatif	Comportement agressif	Comportement affirmatif
Émetteur	**Émetteur**	**Émetteur**
S'oublie	Se sent valorisé au détriment de l'autre	Se sent valorisé
Est inhibé Blessé, angoissé	S'exprime	S'exprime Se sent bien dans sa peau
Laisse les autres choisir	Choisit pour les autres	Fait ses propres choix
N'atteint pas son objectif	Atteint son objectif en blessant les autres	Peut atteindre son objectif
Récepteur	**Récepteur**	**Récepteur**
Est coupable ou fâché	S'oublie	Se sent valorisé
Dénigre l'émetteur	Est blessé, sur la défensive, humilié	S'exprime
Atteint son objectif au détriment de l'émetteur	N'atteint pas son objectif	Peut atteindre son objectif

Comme l'illustre le tableau ci-dessus, l'émetteur qui adopte un comportement *non affirmatif* est trop inhibé pour manifester ses sentiments. Les gens qui se comportent ainsi se sentent souvent blessés et angoissés parce qu'ils laissent les autres choisir à leur place et atteignent rarement leurs objectifs.

La personne dont le désir d'extériorisation est poussé à l'extrême adopte des comportements *agressifs* et atteint ses objectifs aux dépens des autres. Bien que la personne agressive se sente valorisée et exprime ses sentiments sur le coup, elle blesse les autres en décidant à leur place et en les rabaissant.

Un comportement agressif est souvent *dénigrant* pour le receveur qui, voyant ses droits niés, se sent blessé, humilié et méfiant. Évidemment, il ne parvient pas à atteindre ses objectifs. Quant à l'émetteur, s'il atteint les siens, il suscitera chez l'autre des sentiments d'amertume et de frustration qui risquent de se retourner contre lui, à un autre moment.

Un certain nombre de thérapeutes qui travaillent ce comportement qu'est l'affirmation de soi ajoutent à ce modèle une quatrième catégorie, l'*agressivité indirecte.* Ils ont remarqué que la plupart des comportements agressifs prenaient souvent la forme d'une action passive plutôt que celle d'une confrontation directe. Cette manière d'être est parfois hypocrite, sournoise ou simplement *ambiguë*: la personne est souriante et amène, mais elle frappe son interlocuteur dans le dos. Par souci de simplification, nous avons inclus cette forme d'agressivité dans notre modèle. Nous reconnaissons toutefois son importance et nous en parlerons plus en détail au chapitre 17.

Quant au comportement *affirmatif,* il est valorisant pour l'émetteur qui exprime honnêtement ses sentiments et réussit habituellement à réaliser son objectif. Quand on choisit soi-même sa conduite, on éprouve généralement (mais pas toujours) un sentiment de bien-être, même si on n'atteint pas son but.

De même, lorsqu'on examine les conséquences de ces trois comportements distincts sur la personne à qui ils s'adressent, on voit émerger également un modèle récurrent. Un comportement *non affirmatif* provoque souvent des sentiments allant de la sympathie à la confusion quand ce n'est pas un franc mépris pour l'émetteur. En outre, le récepteur peut éprouver de la culpabilité ou de la colère parce qu'il a atteint ses objectifs aux dépens de l'émetteur. Lorsque son interlocuteur adopte un comportement agressif, le récepteur est souvent blessé, se sent dénigré, devient méfiant ou agressif à son tour. Au contraire, l'affirmation de soi stimule l'estime de soi des deux parties et leur permet à toutes deux d'exprimer pleinement leurs sentiments et leurs opinions, et d'atteindre leurs buts.

En résumé, il est clair que l'émetteur qui réagit d'une manière non affirmative souffre parce qu'il se nie et s'oublie; le récepteur (ou même les deux parties) peut être blessé par un comportement agressif. Par contre, une attitude affirmative ne blesse personne et aide en général les deux parties à atteindre leurs objectifs.

Il est important de noter qu'un comportement affirmatif n'est pas universel mais s'adresse à une *personne dans une situation précise.* C'est-à-dire qu'une attitude est considérée comme affirmative selon les parties concernées et les circonstances. Même si nous croyons que les définitions et les exemples présentés dans ce livre sont réalistes et adaptés à la plupart des gens et des situations, nous devons tenir compte des différences individuelles. Des antécédents culturels ou ethniques différents, par exemple, peuvent créer un jeu de circonstances tout à fait différent susceptible de modifier la nature des comportements prétendument appropriés.

Différences culturelles et affirmation de soi

Bien que le désir de s'affirmer soit un besoin humain fondamental, l'affirmation de soi au sein des relations personnelles est un trait caractéristique des cultures occidentales.

Dans les cultures orientales, par exemple, il est extrêmement important de «sauver la face». L'image qu'on projette importe plus que celle qu'on a de soi-même. L'idée même de s'affirmer, dans le sens où nous l'entendons en Occident, est presque inappropriée dans la plupart des pays asiatiques.

Les sociétés latines et hispaniques ont mis l'accent sur la notion de «machisme» à tel point que s'affirmer, selon nos critères, semble très accessoire, chez les hommes surtout. Dans ces cultures, l'expression de soi-même est plutôt associée à une manifestation de force.

Pourtant, les cultures qui ne valorisent pas l'affirmation de soi sont peut-être celles qui en profiteraient le plus. Dans l'ensemble, nous nous affirmons assez facilement en Amérique du Nord, tandis que dans d'autres pays on a tendance à s'exprimer d'une manière qui nous apparaîtrait comme non affirmative ou agressive. Bien que pour certaines cultures, ces modèles de comportement s'inscrivent dans des traditions millénaires, il se pourrait bien que les relations internationales actuelles et futures exigent des deux parties une communication plus directe et plus ouverte et un sens accru de l'égalité.

«Ce que nous nommons rose, sous un autre nom...»

«J'ai demandé à mon beau-père de ne pas fumer le cigare chez moi! Ai-je été agressif ou me suis-je affirmé?»

Les participants à nos ateliers sur l'affirmation de soi demandent souvent aux animateurs de déterminer si un acte précis est «affirmatif» ou «agressif». Quels critères permettent d'établir cette distinction?

À notre avis, la principale différence tient au fait qu'un comportement agressif est blessant, manipulateur ou fait abstraction des sentiments de l'autre.

Les thérapeutes et les écrivains orientés vers la psychanalyse proposent de s'arrêter à l'*intention* de l'émetteur. Donc, si vous aviez l'intention de blesser votre beau-père, vous étiez agressif, mais si vous vouliez simplement l'informer de votre souhait, vous vous êtes affirmé.

Bon nombre de psychologues insistent sur le fait qu'il faut évaluer les *effets* d'un comportement donné. Par conséquent, si votre beau-père reçoit votre message et réagit en conséquence, c'est-à-dire en acceptant de ne pas fumer, on peut dire que votre comportement est positif, clair, affirmatif. Par contre, s'il boude dans son coin ou vous crie: «Pour qui te prends-tu?», votre demande aura été agressive. Enfin, comme nous l'avons déjà mentionné, il faut tenir compte du *contexte socio-culturel* afin de décider si un comportement est affirmatif, agressif ou non affirmatif. Ainsi, une culture qui privilégie avant tout le respect des aînés jugera peut-être votre requête tout à fait déplacée et agressive, quelles que soient votre attitude, votre intention ou la réaction de votre beau-père.

Il n'existe pas de règles absolues dans ce domaine et certains critères sont parfois même contradictoires. Un geste particulier peut être perçu à la fois comme affirmatif, si l'on considère le *comportement* et l'*intention* (vous vouliez exprimer vos sentiments et vous l'avez fait), agressif si l'on considère la *réaction* (l'autre personne a mal pris votre attitude) et non affirmatif dans le *contexte social* (votre culture attend de vous une attitude dominatrice et méprisante). Il n'est pas toujours facile de classifier les comportements humains!

Une situation précise peut susciter plusieurs réactions différentes. Quoi qu'il en soit, il n'est jamais simple de répondre à la question: «Est-ce un comportement agressif ou affirmatif?» Chaque situation doit être examinée individuellement. Les appellations «non affirmatif», «affirmatif», «agressif» n'ont rien de magique, mais peuvent être utiles lorsqu'il s'agit d'évaluer le caractère opportun d'un comportement donné.

Quel que soit le nom qu'on lui donne, notre but est de vous aider à choisir vous-même votre comportement et de vous convaincre que vous possédez les outils nécessaires pour le faire.

Conséquences sociales de l'affirmation de soi

Bien que l'objet de notre propos soit de vous enseigner comment améliorer votre aptitude à vous exprimer de façon appropriée et responsable, nous croyons fermement à la nécessité de tenir compte du contexte. De même que la liberté d'expression ne vous donne pas le droit de crier «Au feu!» dans un cinéma bondé, la forme d'affirmation de soi que nous préconisons exige que l'on tienne compte des conséquences de son comportement.

Vous avez parfaitement le droit de dire «non», tout comme votre interlocuteur a celui de dire «oui». Et libre à vous d'atteindre vos objectifs tout en vous affirmant, mais vous devez tenir compte des autres. Exprimez, verbalement ou par écrit, vos opinions, mais reconnaissez aux autres le droit de faire de même. Et préparez-vous à payer un tribut — peut-être même à aller en prison — si vos actes dépassent votre pensée et que vous vous rendez coupable de désobéissance civile. De même que les riches doivent verser des impôts, la liberté d'expression se paie.

Vous avez parfaitement le droit de préconiser un point de vue, mais sachez que les autres partagent aussi ce droit et que leur point de vue peut fort bien différer du vôtre. N'oubliez pas cela pendant que vous apprenez à vous affirmer.

Dix éléments clés du comportement affirmatif

En résumé, voici une liste des éléments clés d'un comportement affirmatif. Il est:

1. axé sur l'expression de ses sentiments;
2. respectueux des droits des autres;
3. honnête;
4. direct et ferme;
5. équitable (profite aux deux parties);
6. verbal, comprend le contenu du message (sentiments, droits, faits, opinions, requêtes, limites);
7. non verbal, comprend la forme du message (contact visuel, voix, posture, physionomie, gestes, distance, choix du moment, facilité d'élocution, écoute);
8. adapté à la personne et à la situation, non universel;
9. socialement responsable;
10. acquis et non inné.

Maintenant que vous possédez une meilleure idée de ce que c'est que de s'affirmer, vous êtes sans doute prêt à prendre certaines mesures pour améliorer votre comportement dans ce domaine.

Le chapitre suivant offre de nombreux exemples de situations qui exigent un comportement affirmatif. Certaines d'entre elles vous seront sûrement familières!

CHAPITRE 5

Exemples de comportements affirmatifs, non affirmatifs et agressifs

... Il existe trois grandes manières d'aborder la conduite de ses relations avec les autres. La première consiste à ne tenir compte que de soi-même et à marcher sur les pieds des autres.. La deuxième à s'effacer sans cesse devant les autres. La troisième (et celle-là vaut son pesant d'or), à penser d'abord à soi tout en tenant compte des autres.

Joseph Wolpe

En examinant certaines situations de la vie quotidienne, vous comprendrez mieux les comportements dont nous avons parlé jusqu'ici. Les exemples présentés dans ce chapitre vous inciteront peut-être à réfléchir à votre propre réaction avant de lire les choix que nous proposons. Nous avons simplifié à l'extrême nos exemples afin de mieux illustrer notre théorie.

Un dîner au restaurant

Arthur et Évelyne dînent dans un restaurant très convenable. Alors qu'Arthur a commandé un bifteck saignant, on lui sert une viande trop cuite. Voici sa réaction:

Non affirmative: Il marmonne à sa compagne quelques mots à propos de sa viande «calcinée» et jure de ne plus remettre les pieds dans ce restaurant. Il ne pipe mot à la serveuse et répond «très bien» quand elle leur demande s'ils sont satisfaits. Son repas et sa soirée sont gâchés, et il est en colère contre lui-même parce qu'il n'a rien dit. Cette expérience a entaché son estime de soi et celle qu'Évelyne lui porte.

Agressive: Arthur appelle la serveuse avec colère et lui reproche à haute voix de ne pas avoir respecté sa commande. La serveuse est vexée et Évelyne embarrassée. Il exige un autre bifteck. Celui qu'on lui apporte est satisfaisant. Arthur se sent alors maître de la situation, mais Évelyne est contrariée: leur soirée est complètement gâchée. Quant à la serveuse, humiliée, elle ronge son frein toute la soirée.

Affirmative: Arthur fait signe à la serveuse. En lui rappelant qu'il a commandé un bifteck saignant, il lui montre la viande bien cuite. Il lui demande poliment, mais fermement, de retourner son assiette à la cuisine et d'exécuter sa commande. La serveuse s'excuse et lui rapporte, peu de temps après, un bifteck saignant. Les conjoints apprécient leur repas et Arthur est content de lui. La serveuse est heureuse de voir son client satisfait et de toucher un généreux pourboire.

Un emprunt

Hélène est hôtesse dans une compagnie aérienne. C'est une travailleuse intelligente, ouverte et active, appréciée tant par ses clients que par ses collègues. Elle partage un «condo» avec deux colocataires et s'attend à passer une soirée tranquille à la maison quand Marie vient lui demander une faveur. Elle est invitée ce soir-là et elle désire lui emprunter son nouveau collier, qui coûte assez cher et qui lui a été offert par son frère qu'elle aime beaucoup. Ce collier a donc en plus une valeur affective très grande. Voici sa réaction.

Non affirmative: Hélène ravale sa crainte de voir son collier perdu ou brisé. Bien que ce bijou lui soit précieux, elle accepte de le prêter, niant ainsi ses sentiments, satisfaisant la requête déraisonnable de Marie, et se rongeant les sangs toute la soirée.

Agressive: Fâchée par une telle demande, Hélène répond qu'il n'en est pas question et reproche vertement à Marie d'avoir même osé faire une telle démarche. Elle humilie Marie et se couvre elle-même de ridicule par ses excès de langage. Plus tard, elle se sent mal à l'aise et coupable. Contrariée, Marie passe une mauvaise soirée avec son ami. Par la suite, la relation entre Marie et Hélène deviendra très tendue.

Affirmative: Hélène explique à Marie ce que représente pour elle ce collier. Poliment, mais fermement, elle lui fait remarquer que sa demande est déraisonnable puisque ce bijou est très personnel. Marie est déçue, mais elle comprend et Hélène se sent bien parce qu'elle a été honnête. Son ami admire l'attitude de Marie qui a tout simplement été elle-même.

Une petite ligne?

Pauline est étudiante. Elle sort avec Paul qui lui plaît de plus en plus. Un soir, celui-ci l'invite à une petite soirée en compagnie de deux autres couples. Maintenant qu'elle connaît mieux les autres convives, Pauline commence à s'amuser. Au bout d'une heure ou deux, l'un des invités sort de sa poche un petit sac de cocaïne. Tout le monde applaudit, sauf Pauline. Elle n'a jamais pris de cocaïne et n'a pas envie de commencer ce soir. Elle est vraiment embêtée lorsque Paul lui en offre. Elle décide de réagir d'une manière:

Non affirmative: Elle accepte la drogue et prétend en avoir déjà consommé. Elle observe attentivement les autres pour voir comment ils s'y prennent. Elle craint qu'on lui en propose à nouveau. Elle a peur de déplaire à Paul. Elle se sent malhonnête à l'égard de Paul et à l'égard d'elle-même. Elle s'en veut maintenant d'avoir pris de la drogue contre son gré.

Agressive: Visiblement fâchée de se voir offrir de la cocaïne, Pauline reproche à Paul de l'avoir emmenée dans ce genre de soirée. Elle exige qu'il la ramène à la maison sur-le-champ. Même si les autres convives lui assurent qu'elle n'est pas obligée de prendre de la drogue contre son gré, elle refuse de se calmer. Paul est humilié, embarrassé et déçu. Même s'il demeure cordial sur le chemin du retour, il ne cherchera plus à revoir Pauline.

Affirmative: Pauline refuse la drogue en disant simplement: «Non, merci.» Elle explique qu'elle n'en a jamais pris et ne souhaite pas le faire. Elle affirme qu'elle préférerait aller danser, mais reconnaît aux autres le droit de choisir ce qu'ils veulent. Elle demande à Paul de la ramener chez elle. (En chemin, elle lui reproche de ne pas lui avoir dit qu'on lui offrirait de la cocaïne à cette soirée. Elle lui fait remarquer qu'il l'a mise en danger d'arrestation si la police avait fait une descente. Elle envisage de rompre avec lui.)

Le poids lourd

Mariés depuis neuf ans, Jules et Madeleine traversent une période difficile, Jules insistant pour que Madeleine perde du poids. Il ramène sans cesse le sujet sur le tapis, soulignant qu'elle n'est plus la femme qu'il a épousée (elle avait dix kilos en moins alors). Il lui répète constamment qu'un excès de poids est mauvais pour la santé, qu'elle est un mauvais exemple pour les enfants, et ainsi de suite.

Il la traite de «boulotte», regarde avec envie les femmes minces et s'extasie sur leur charme, et aborde sans arrêt le sujet devant leurs amis communs. Cela fait trois mois qu'il se comporte ainsi et

Madeleine en a assez. Elle a essayé de maigrir, mais sans succès. Lors de la dernière attaque de Jules, Madeleine a adopté une attitude:

Non affirmative: Elle s'excuse de son excès de poids, proteste faiblement ou ne répond pas. Intérieurement, elle est en colère contre son mari qui la harcèle, et elle se sent coupable. Comme elle est anxieuse, elle a encore plus de difficulté à maigrir et la bataille continue, toujours plus âpre.

Agressive: Madeleine débite à son mari une longue tirade sur le fait qu'il n'a plus rien d'un don juan lui non plus! Elle lui fait remarquer qu'il s'endort sur le canapé presque tous les soirs, qu'il est un piètre amant et qu'il ne s'occupe pas assez d'elle. Elle se plaint qu'il l'a humiliée devant les enfants et leurs amis et qu'il agit comme un «vieux dégoûtant» en présence des autres femmes. En contre-attaquant avec colère, elle ne réussit qu'à le blesser et à ériger une barrière entre eux.

Affirmative: Profitant d'un moment où ils sont seuls et ne risquent pas d'être dérangés, Madeleine donne raison à Jules: il faut qu'elle maigrisse, elle le sait, mais elle n'aime pas qu'il la harcèle. Elle souligne qu'elle fait de son mieux, mais qu'il lui est difficile de maigrir et de conserver son nouveau poids. Il reconnaît que son rabâchage ne mène à rien et, ensemble, ils élaborent un plan qui les associera dans les efforts consentis par Marie et les encouragements prodigués par Jules.

Le fils du voisin

Raymond et Virginie ont deux enfants en bas âge. Depuis quelque temps, le fils du voisin, âgé de dix-sept ans, passe ses soirées dans sa voiture à écouter de la musique à plein volume. Il commence à l'heure exacte où les deux enfants, dont la chambre se trouve du côté de la maison où la voiture est garée, se mettent au lit. Les parents n'arrivent pas à les coucher tant qu'il y a de la musique. Ils sont mécontents et optent pour une attitude:

Non affirmative: Ils couchent les enfants dans leur propre chambre de l'autre côté de la maison, attendent que la musique cesse (vers une heure du matin) et transportent les enfants dans leur chambre. Puis ils vont se coucher, épuisés d'avoir attendu jusque-là en rongeant leur frein. Ils maudissent l'adolescent en silence et deviennent distants à l'égard de leurs voisins.

Agressive: Ils appellent la police et se plaignent qu'«un de ces adolescents bizarres» les dérange. Ils exigent que la police mette immédiatement fin au bruit. Les policiers s'entretiennent avec le garçon et ses parents, qui éprouvent une violente colère contre Raymond et Virginie qui ont envoyé la police sans même s'adresser à eux auparavant. Désormais, ils se font la tête.

Affirmative: Raymond va trouver le jeune homme et lui dit que sa musique empêche les enfants de dormir. Il propose un arrangement qui lui permette d'écouter sa musique sans déranger personne. Le jeune homme accepte à contrecœur de baisser le volume de sa musique lorsqu'il est tard, mais il apprécie l'attitude de Raymond. Les deux parties sont finalement satisfaites et s'entendent pour faire le point ensemble, une semaine plus tard.

Le perdant

Mario, qui a abandonné ses études à l'âge de vingt-deux ans, travaille dans une usine de plastiques. Il habite seul dans un studio et n'a pas fréquenté de jeunes filles depuis plus d'un an. Une série d'événements déprimants l'ont poussé à quitter l'université: échecs scolaires, rupture sentimentale et tracas divers causés par d'autres étudiants de sa résidence. Dernièrement, il a passé deux nuits en prison pour ivresse.

Hier, il a reçu une lettre de sa mère qui désirait prendre de ses nouvelles, mais surtout lui annoncer les récents succès de son frère.

Aujourd'hui, la surveillante l'a vertement réprimandé pour une erreur attribuable, en fait, à sa distraction à elle. Une secrétaire a refusé son invitation à dîner.

Lorsqu'il rentre chez lui ce soir-là, il est particulièrement déprimé. Le propriétaire l'accueille avec une longue tirade sur les «soûlards» qui ne paient pas leur loyer à temps. Mario réagit d'une manière:

Non affirmative: Il courbe l'échine, plus déprimé que jamais. Une vague d'impuissance le submerge. Il s'interroge sur les succès de son frère alors que lui-même se sent tellement nul. Le rejet de la secrétaire et les critiques de la surveillante renforcent sa conviction qu'il est un raté. Jugeant qu'il n'a rien à faire ici-bas, il envisage le suicide.

Agressive: Les commentaires du propriétaire mettent le feu aux poudres. Mario entre dans une violente colère et bouscule brutalement le propriétaire pour entrer dans son studio. Une fois seul, il prend la décision d'«avoir la peau» des gens qui lui ont mené la vie dure récemment: la surveillante, la secrétaire, le propriétaire et d'autres personnes aussi, dans la foulée. Il se rappelle avoir vu des fusils au mont-de-piété, hier.

Affirmative: Sans se départir de son calme, Mario rappelle au propriétaire qu'il paie régulièrement son loyer et qu'il reste encore une semaine avant le début du prochain mois. Il lui rappelle que la rampe de l'escalier est brisée et que certains travaux de plomberie auraient dû être entrepris depuis plusieurs semaines. Le lendemain, ayant sérieusement réfléchi à sa situation, il appelle la clinique de santé mentale de sa région pour demander de l'aide. Au travail, il aborde calmement sa surveillante et lui explique les circonstances de son erreur. Bien que méfiante de nature, la surveillante reconnaît ses torts et s'excuse d'avoir été agressive.

Reconnaître ses comportements non affirmatifs et agressifs

Les exemples précédents contribuent à clarifier ce que c'est que «s'affirmer» dans des situations de la vie courante. Certaines de ces situations vous sont peut-être familières. Prenez quelques minutes pour décrire honnêtement, pour vous-même, les relations que vous avez avec les personnes qui comptent à vos yeux. Examinez soigneusement vos rapports avec vos parents, vos pairs, vos collègues de travail, vos voisins, les membres de votre famille. Qui domine dans ces relations? Les autres profitent-ils facilement de vous? Exprimez-vous ouvertement vos sentiments et vos idées? Vous arrive-t-il souvent d'abuser des autres ou de les blesser?

Vos réponses vous donnent des indices qui peuvent vous pousser à explorer plus en profondeur vos comportements de personne affirmative, non affirmative ou agressive. Au chapitre 7, nous vous proposons une méthode plus systématique et un «bilan d'affirmation» détaillé à remplir. Vous croyons que cet examen de conscience vous paraîtra très gratifiant et qu'il constitue un pas important vers l'acquisition de la maîtrise de soi.

CHAPITRE 6

«J'en suis resté bouche bée!»

Il faut être deux pour dire la vérité: un qui parle et l'autre qui écoute.
Henry David Thoreau

S'affirmer est un besoin humain universel qui prend une forme unique pour chacun et englobe les nombreuses composantes du comportement décrites dans ce chapitre. Malgré les différences individuelles — il faut de tout pour faire un monde — chacun peut apprendre les aptitudes nécessaires à la communication. Dans quelle mesure arrivez-vous à exprimer ce que vous êtes?

Bien des gens voient l'affirmation de soi comme un comportement *verbal*, croyant qu'il suffit de trouver les mots justes pour affronter efficacement une situation. Nous avons découvert que la *façon* dont on s'exprime pour s'affirmer compte en fait beaucoup plus que les *paroles* prononcées. Bien que cela soit courant dans les ateliers d'affirmation de soi, nous n'avons jamais voulu proposer de scénarios illustrant ce qu'il faut dire dans telle ou telle situation. Notre but est surtout d'encourager l'honnêteté et la franchise, sentiments qui sont en grande partie communiqués de façon *non verbale*.

Les participants à nos groupes et à nos ateliers apprécient les mises en situation. Par exemple: Robert est un consommateur insatisfait qui désire rendre à la librairie son exemplaire de *Tout ce que vous avez toujours voulu savoir sur l'affirmation de soi, mais que vous n'avez jamais osé demander*. Michel, lui est commis. En employant exactement les mêmes mots («J'ai acheté ce livre ici la semaine der-

nière et il y manque vingt pages. J'aimerais donc avoir un autre exemplaire ou un remboursement»), Robert aborde Michel de trois façons
différentes:

1. Il se dirige lentement et avec hésitation vers le comptoir. Il
   garde les yeux rivés au sol et débite sa phrase d'une traite;
   son expression est figée et il tient très serré son livre contre
   lui. Tout chez lui semble dire: «Je vous en prie, ne me faites
   pas de mal.»
2. Robert marche vers le commis en bombant le torse, toise
   celui-ci du regard et s'adresse à lui d'une voix assez forte
   pour être entendu de tout le magasin. Sa posture et son poing
   levé constituent une évidente tentative d'intimidation.
3. Robert se dirige vers le comptoir. Il est souriant, détendu et
   regarde Michel directement avec une expression amicale.
   D'une voix calme, il explique sa démarche, montrant d'un
   geste le défaut du livre.

Bien sûr, nous exagérons les trois comportements dans ce jeu de
rôle, mais le message est clair. L'attitude hésitante et fuyante de
Robert indique à Michel qu'il est facile à duper et qu'il baissera
pavillon devant la moindre velléité de résistance. En adoptant la
deuxième attitude, Robert réussira sans doute à atteindre son but, qui
est d'obtenir un échange ou un remboursement, mais son agressivité
suscitera chez le commis une sourde hostilité! En s'affirmant, par
contre, Robert obtient ce qu'il veut et Michel est heureux d'avoir
rendu service à un bon client.

Les composantes du comportement affirmatif

Des recherches systématiques ont amené les chercheurs en
science du comportement à conclure que celui-ci englobait plusieurs
composantes importantes. Notre opinion, à cet égard, a été grandement influencée par feu Michael Serber, psychiatre californien qui a
travaillé dans le domaine de l'apprentissage de l'affirmation de soi,
dans les années soixante et soixante-dix.

Examinons en détail les éléments clés d'un comportement affirmatif:

• *Contact visuel.* La direction du regard est une dimension essentielle du comportement pendant un échange entre deux personnes. Si vous regardez votre interlocuteur dans les yeux, vous manifestez votre sincérité et vous n'en serez que plus crédible. Une tendance à regarder par terre ou ailleurs révèle votre manque de confiance en vous ou le sentiment de déférence que vous éprouvez à l'égard de votre interlocuteur. Si vous regardez celui-ci trop fixement, il risque de se sentir traqué et mal à l'aise.

Nous ne recommandons pas de regarder sans arrêt votre interlocuteur. Il serait malvenu et inutile de le faire, car cela crée indéniablement un malaise. En outre, le contact visuel n'est pas d'usage courant dans toutes les cultures; bien des groupes culturels éludent ou limitent le contact visuel, surtout quand il s'agit de groupes d'âge différents ou de gens de sexe opposé. Cela dit, l'importance du contact visuel est indéniable. Regarder l'autre d'une manière détendue et soutenue, tout en détournant le regard à l'occasion, confère à l'échange un tour plus personnel, montre l'intérêt et le respect que vous portez à votre interlocuteur et met en évidence votre sincérité.

Comme c'est le cas pour d'autres comportements, on peut améliorer celui-ci grâce à un effort conscient et en procédant par étapes. Soyez conscient de la direction de votre regard quand vous parlez aux autres et tentez de soutenir au mieux votre contact visuel pendant la conversation.

• *Posture.* Lorsque vous voyez deux personnes se parler, observez attentivement la posture de chacune d'elles. Tout comme nous, vous serez étonné de voir le nombre de gens qui se détournent de la personne à qui ils parlent. Les personnes assises côte à côte se parlent souvent en ne tournant que la tête. La prochaine fois que vous vous trouverez dans cette situation, remarquez la tournure plus personnelle que prendra votre conversation si vous tournez légèrement le torse (disons, de trente degrés) vers votre interlocuteur.

Le «pouvoir» relatif de chaque interlocuteur peut être souligné par la position assise ou debout. La différence est particulièrement évidente entre un adulte et un petit enfant; l'adulte attentif qui se penche ou s'accroupit pour se placer au niveau de l'enfant verra la qualité de la communication s'améliorer aussitôt. Il aura devant lui un enfant certainement plus expansif!

Lorsque vous vous trouvez dans une situation où vous devez vous défendre, il peut être utile de vous lever. Être debout et actif, tout en faisant directement face à l'autre, permettra d'accentuer votre assurance. Si vous êtes avachi et passif, vous donnez l'avantage à l'autre; même chose si vous reculez le torse ou si vous vous éloignez. Rappelez-vous la première attitude de Robert à l'égard du commis.

• *Distance/proximité physique*. Un aspect intéressant des recherches portant sur la communication non verbale dans diverses cultures concerne la distance qui sépare les interlocteurs. En gros, disons que, chez les Européens, plus on va vers le Nord plus les gens sont éloignés l'un de l'autre quand ils se parlent. Aux États-Unis, comme en Europe, la distance qui sépare les interlocuteurs semble diminuer sous les climats plus chauds. Il existe toutefois des cultures qui accordent une valeur différente à l'intimité et au contact.

La proximité n'est, bien sûr, pas nécessairement reliée au climat. Les coutumes culturelles et sociales dérivent de facteurs historiques très complexes. Il est fascinant toutefois d'observer le contraste entre la distance polie et presque obligatoire que respectent des Londoniens attendant l'autobus et la bousculade qui a lieu dans le vestiaire d'un théâtre à Moscou, en hiver! Dans le monde arabe, les hommes ont coutume de se saluer par une accolade et un baiser et se tiennent très près les uns des autres quand ils se parlent. Il est intéressant de noter qu'un Arabe qui se comporterait ainsi avec une femme serait très mal vu alors que ce comportement est courant en Amérique et dans le sud de l'Europe.

La distance entre deux personnes a un effet considérable sur la communication. Se tenir très proche, ou se toucher, est un signe de relation intime, sauf si on se trouve au milieu d'une foule ou dans un endroit très exigu. Le malaise typique des passagers d'un ascenseur est un exemple classique de la répulsion que nous cause la proximité avec des inconnus! Se tenir trop près de l'autre peut l'offenser, le rendre méfiant ou marquer le début d'une plus grande intimité. Il vaut parfois la peine de vérifier si certaines personnes trouvent que vous vous tenez trop près d'elles.

• *Gestes*. Ponctuer ses paroles de gestes appropriés peut souligner le caractère important, ouvert et chaleureux de vos propos. Bob Alberti impute à son héritage italien sa tendance à gesticuler en parlant. Même si cette tendance est un comportement en quelque sorte culturel, des gestes détendus peuvent accentuer la profondeur ou la portée de vos messages. Des mouvements libres peuvent aussi suggérer l'ouverture, la confiance en soi (sauf s'ils sont chaotiques et nerveux) et la spontanéité.

• *Physionomie*. Avez-vous déjà vu une personne exprimer sa colère avec le sourire? Son message ne passera sûrement pas. Pour s'affirmer efficacement, il faut adopter une expression qui concorde avec ses propos. Un message de colère est plus clair lorsqu'il est émis avec un air sérieux. On ne fronce pas les sourcils pour transmettre un message amical. Accordez votre physionomie avec vos paroles!

En vous regardant dans un miroir, vous en apprendrez long sur ce que transmet l'expression de votre visage. Commencez par détendre le plus possible tous vos muscles faciaux. Effacez-en toute expression, relâchez les muscles autour de la bouche, laissez pendre votre mâchoire et vos joues, détendez les rides de votre front et autour de vos yeux. Prenez conscience de l'impression de détente et de douceur que vous ressentez. Puis souriez en étirant le plus possible les commissures des lèvres. Sentez la tension dans vos joues, autour de vos yeux et jusqu'à vos oreilles. Gardez le sourire, regardez-vous dans le miroir et concentrez-vous sur la tension de votre visage. Puis détendez-le de nouveau complètement. Remarquez la différence entre votre sentiment de détente et celui qui accompagne votre sourire tendu, et entre les diverses expressions observées dans le miroir.

Être plus conscient des sensations associées aux divers jeux de physionomie et de l'aspect que prend votre visage quand vous souriez et êtes détendu vous apprendra à contrôler votre physionomie et à l'harmoniser avec vos pensées, vos sentiments et vos paroles. Et vous acquerrez un sourire plus naturel et moins «plastique» pour les moments où vous voulez vraiment montrer votre bonheur!

• *Ton de voix, inflexion, volume.* L'utilisation que l'on fait de sa voix est un élément primordial dans la communication. Les mêmes mots prononcés entre des dents serrés projettent un message différent de ceux qui sont criés avec joie ou murmurés sous l'emprise de la peur.

Une phrase prononcée sur un ton égal, bien modulé, convainc sans intimider. Un ton monocorde et inaudible est rarement pris au sérieux tandis qu'une phrase criée fera obstacle à la communication.

La voix est l'une des composantes du comportement la plus facile à observer aujourd'hui. Il suffit de se procurer un petit magnétophone pour «essayer» différents tons de voix: conversation, cris de colère, message affectueux, arguments éloquents. Vous serez peut-être étonné de constater le ton «calme» avec lequel vous criez et le volume élevé de votre «ton de conversation».

Examinez au moins les trois dimensions de la voix énoncées ci-dessous:

— le *ton* (est-il sec, geignard, fâché, langoureux?);

— les *inflexions* (accentuez-vous certaines syllabes, comme dans une question, ou parlez-vous sur un ton monotone ou chantant?);

— le *volume* (tentez-vous d'attirer l'attention en chuchotant ou de dominer les autres en criant, ou est-ce très difficile pour vous de crier, même volontairement?).

Maîtriser sa voix et l'employer efficacement permet de posséder là un puissant outil d'expression. Exercez-vous à l'aide d'un magnétophone et essayez différents styles jusqu'à ce que vous en trouviez un qui vous plaise. Soyez patient et vérifiez régulièrement vos progrès au moyen de votre magnétophone.

• *Facilité d'élocution.* Le pychiatre Mike Serber utilisait un exercice qu'il appelait «Vendez-moi quelque chose» dans lequel il donnait à son client trente secondes pour tenter de le convaincre d'acheter un objet, une montre par exemple. Bien des gens ont de la difficulté à parler d'une façon continue pendant trente secondes.

Une élocution facile est un outil précieux lorsqu'on souhaite s'exprimer clairement, quel que soit le type de conversation. Il n'est pas nécessaire de parler rapidement pendant une longue période, mais si votre discours est émaillé de longs moments d'hésitation, vous risquez d'ennuyer vos interlocuteurs et de leur donner l'impression que vous manquez de confiance en vous. Des phrases claires et prononcées lentement sont plus faciles à comprendre et plus efficaces qu'un discours rapide et chaotique, truffé de longs silences et de bégaiements.

Ici encore, nous soulignons l'utilité de travailler avec un magnétophone. À l'aide de cet appareil, exercez-vous à parler d'un sujet familier pendant trente secondes. Écoutez-vous en observant les pauses de trois secondes ou plus et les mots ou expressions vides de sens du type «euh» et «vous savez». Refaites l'exercice encore une fois, plus lentement s'il le faut, en essayant d'éliminer tous les silences importants. Augmentez graduellement la difficulté en traitant de sujets moins familiers, en essayant de vous montrer persuasif, en faisant semblant d'être engagé dans une querelle, ou travaillez avec un ami avec lequel vous entamerez un vrai dialogue. Les cercles d'art oratoire offrent une occasion unique de s'exercer à parler tout en observant les réactions d'un auditoire amical.

• *Choix du bon moment.* En général, la spontanéité fait partie des objectifs à atteindre si l'on veut s'affirmer. Une attitude hésitante risque de diminuer l'efficacité de vos paroles, mais il n'est jamais trop tard pour s'affirmer! Même si vous avez laissé passer l'occasion idéale, vous verrez qu'il vaut la peine, en général, d'aller trouver la personne après coup pour lui exprimer vos sentiments. En fait, il est si important d'extérioriser ses sentiments que les psychologues ont mis au point des techniques spéciales pour aider les gens à exprimer les émotions puissantes qu'ils éprouvent à l'endroit de personnes défuntes (leurs parents, par exemple).

L'affirmation spontanée de vos sentiments protégera votre vie de la confusion et vous aidera à vous concentrer sur vos sentiments du moment. Néanmoins, il est parfois utile de choisir un moment favorable pour exprimer un sentiment profond. Il n'est pas conseillé de s'expliquer avec une personne devant un groupe, cette situation risquant de la mettre sur la défensive.

• *Écouter*. Cette composante est peut-être la plus difficile à décrire et à changer; or, elle pourrait bien être aussi la plus importante. Une bonne écoute implique un engagement actif avec l'autre personne. Elle exige toute votre attention et ne demande aucune action de votre part, bien que le contact visuel et certains gestes, comme le hochement de tête, soient souvent de mise. En écoutant, vous manifestez votre respect pour l'autre personne. Vous devez pour cela éviter de *vous* exprimer pendant un moment, sans que cela constitue une attitude non affirmative.

Écouter, ce n'est pas simplement entendre des sons; en fait, les personnes sourdes peuvent être d'excellents «écouteurs». L'écoute efficace demande à l'occasion que vous formuliez un commentaire afin de faire comprendre à l'autre que vous avez bien saisi son message.

L'écoute affirmative exige au moins trois éléments:

— *porter totalement son attention* vers l'autre personne en cessant toute autre activité, en éteignant le téléviseur, en faisant abstraction de tout le reste et en concentrant toute son énergie sur elle;

— *être présent au message* en maintenant un contact visuel si possible, en opinant de la tête pour montrer que l'on comprend, peut-être même en touchant la personne; et

— essayer activement de *comprendre* avant de répondre, en réfléchissant au non-dit véhiculé derrière les paroles (les sentiments derrière les mots) plutôt qu'en les interprétant ou en suggérant une solution à son problème.

S'affirmer c'est, entre autres, respecter les droits et les sentiments des autres. C'est *émettre* et *recevoir* à la fois (en étant sensible aux autres) d'une manière affirmative.

Comme pour toutes les autres composantes du comportement affirmatif, l'écoute est une aptitude qui s'acquiert. Pour cela, il vous faudra des efforts, de la patience et des personnes prêtes à travailler avec vous. Ayez un «partenaire de travail» avec lequel vous affinerez votre aptitude à écouter en l'écoutant et en étant écouté à votre tour. Exercez-vous à reformuler avec précision son message. Cela renforcera votre présence à lui et la qualité de votre écoute.

Une bonne aptitude à écouter renforcera l'efficacité de vos messages et contribuera pour beaucoup à améliorer la qualité de vos relations.

• *Pensées*. Le processus inhérent à la pensée est une autre composante d'un comportement affirmatif qui échappe à l'observation directe. Même si l'on comprend depuis longtemps que nos attitudes mentales influencent nos comportements, c'est depuis peu seulement que les psychologues ont pu montrer le lien qui existe entre ces deux éléments. Les psychologues Albert Ellis, de New York, et Donald Meichenbaum, de l'Ontario, et le psychiatre Aaron Beck, de Philadelphie, ont exercé une influence déterminante dans le domaine des recherches effectuées sur le modèle cognitivo-comportemental.

Ellis a réduit le processus à sa plus simple expression: a) un événement a lieu; b) une personne en est témoin et l'interprète intérieurerement; c) elle réagit d'une certaine manière. Dans le passé, nous avons eu tendance à ne pas tenir compte de l'étape b, soit celle de la perception et de la réflexion. Les recherches récentes, dans le domaine du modèle cognitivo-comportemental, ont entraîné l'élaboration de méthodes précises visant à stimuler la pensée affirmative. On peut donc désormais travailler sur ses pensées de même que sur son contact visuel, sa posture et ses gestes.

Penser est probablement la fonction humaine la plus complexe. Comme vous pouvez l'imaginer, les méthodes visant à modifier ses pensées et ses attitudes sont aussi très complexes. Nous en discuterons plus en détail au chapitre 9, mais pour l'instant, réfléchissez aux deux aspects suivants de l'affirmation de soi: votre attitude (s'affirmer est-il une bonne chose?) et l'image que vous avez de vous-même (dans une situation exigeant un comportement d'affirmation). Certaines personnes, croient, par exemple, que *tout le monde* n'a pas à s'exprimer. Certains disent que c'est une bonne chose pour *les autres,* mais pas pour eux. Si l'une ou l'autre de ces opinions vous est familière, prêtez une attention particulière au chapitre 9 et pratiquez la pensée affirmative!

• *Contenu*: Nous avons gardé cette dimension évidente de l'affirmation de soi pour la fin afin de souligner que, bien que les mots aient une certaine valeur, ils sont souvent *moins* importants que nous le croyons généralement. Nous encourageons l'expression honnête et spontanée de soi, ce qui signifie dire avec force: «Je suis bougrement fâché!» plutôt que «Sale con!» Bien des gens hésitent parce qu'ils ne savent pas *quoi* dire. D'autres se sont habitués à exprimer *quelque chose* sur leurs sentiments du moment et s'en trouvent mieux.

Nous vous encourageons à vous exprimer et à assumer la responsabilité de vos sentiments; évitez de rendre l'autre responsable de ce que vous ressentez. Dans l'exemple ci-dessus, remarquez la différence entre «Je suis bougrement fâché» et «Sale con». Il n'est pas nécessaire de dénigrer l'autre (comportement agressif) pour exprimer ses sentiments (comportement affirmatif).

Vous pouvez imaginer toute une gamme de situations démontrant l'importance de la *façon* de dire les choses. Le temps que vous passez à réfléchir pour trouver les mots justes serait mieux employé à vous affirmer! Votre but ultime est de vous exprimer, honnêtement et spontanément, de la manière qui vous convient le mieux.

Les psychologues Myles Cooley et James Hollandsworth ont établi un modèle d'énoncé affirmatif, composé de sept éléments regroupés dans trois grandes catégories. D'après eux, *dire «non» ou prendre position* englobe l'idée d'exprimer son opinion, d'expliquer ses raisons et de manifester sa compréhension. *Demander une faveur ou faire valoir ses droits* consiste à énoncer le problème, à présenter une requête et à obtenir des éclaircissements. Enfin, *on exprime ses sentiments* en décrivant ses émotions dans une situation donnée. (Vous vous exercerez peut-être à prononcer chacun de ces énoncés avec votre partenaire de travail ou en vous servant d'un magnétophone.)

Il n'est pas nécessaire d'être très loquace pour savoir s'affirmer, mais certaines personnes ont vraiment de la difficulté à trouver les «mots justes». Nous ne préconisons pas l'emploi de formules toutes faites ou de scénarios précis, mais préférons vous encourager à employer votre propre langage et à reconnaître que la *manière* dont on s'exprime compte beaucoup plus que les mots de toute façon. Bien sûr, les mots sont importants aussi et bien des gens trébuchent sur le vocabulaire. Souvent, toutefois, nos clients nous disent clairement ce qu'ils ressentent dans une situation donnée, puis nous demandent: «Que devrais-je dire à cette personne?» «Exactement ce que vous venez de nous dire!», leur répondons-nous.

Un mot de plus à propos du contenu. Le psychologue Donald Cheek, un voisin et un ancien collègue, a mis en lumière la nécessité d'adapter l'affirmation de soi à son milieu culturel. Il conseille, surtout aux membres de minorités qui se trouvent parfois en situation de «survie», de tenir compte non seulement de *ce* qu'ils disent mais aussi de la *personne à qui* ils s'adressent! Un langage considéré comme affirmatif dans sa propre culture, par exemple, peut aisément être perçu comme agressif par des «étrangers».

Nous ne vous invitons pas à modifier votre personnalité pour vous adapter à n'importe quelle situation. Néanmoins, sachez que notre attitude est différente avec chaque individu, selon les rôles respectifs que nous jouons et le «pouvoir» que nous attribuons aux autres. Nous voulons que vous restiez vous-même; quoi qu'il en soit, l'honnêteté et l'authenticité restent vos meilleurs guides.

Habituellement ce n'est pas le contenu du message qui perturbe les gens. C'est leur anxiété, leur manque d'aptitudes ou la conviction qu'ils ont de ne pas «avoir le droit de...»

Nous espérons que ce chapitre vous a incité à réfléchir, d'une manière plus systématique, à votre façon de vous exprimer. Assurez-vous de noter dans votre journal de bord en quoi ces composantes du comportement sont importantes pour vous et commencez à formuler certains objectifs liés à votre travail sur l'affirmation de soi. Relisez ce chapitre une ou deux fois afin de vous familiariser avec ces composantes. Dans le prochain chapitre, vous commencerez à évaluer vos forces et vos faiblesses en matière d'affirmation de soi.

CHAPITRE 7

Évaluer son aptitude
à s'affirmer

*Il n'y a pas de grandeur là où il n'y a pas
de simplicité, de bonté et de vérité.*

Léon Tolstoï

Dans quelle mesure êtes-vous capable de vous affirmer?

Les réactions des autres vous donnent des indices: Tante Jeanne vous traite d'impertinent. Votre patron vous demande d'être plus énergique avec vos clients. Les enfants croient que vous devriez dire ses quatre vérités au mécanicien. Peut-être avez-vous tenté de dire son fait à un commis qui vous a jeté un regard méprisant.

Bien que ces commentaires et ces réactions apportent des indications utiles concernant vos progrès en matière d'affirmation de soi, nous voulons vous inciter à vous observer d'une manière plus sytématique.

Soulignons d'abord qu'*évaluer* l'aptitude qu'a une personne de s'affirmer est l'un des problèmes les plus épineux auxquels se heurtent thérapeutes et participants à nos ateliers de formation. De nombreux tests ont été mis au point, mais aucun ne donne vraiment de résultats précis.

Le problème tient au fait que nous avons affaire à une notion vague. Impossible de mettre le doigt sur un trait précis de la personnalité d'une personne et de dire: «*Voilà* ce que c'est que de s'affirmer!» Il s'agit d'un phénomène complexe qui dépend à la fois des personnes concernées et de la situation donnée.

Pour évaluer à fond la capacité de s'affirmer d'une personne, il faudrait posséder une définition plus appropriée que celle que nous avons. Il faudrait également tenir compte des quatre dimensions dont nous avons déjà parlé: situations, attitudes, comportements et obstacles. Un simple test écrit peut difficilement venir à bout de cette tâche complexe!

Cela ne signifie pas, toutefois, qu'il faille renoncer à travailler sur ce problème. Il peut être très utile d'examiner systématiquement sa vie afin d'identifier ses points forts et ses points faibles. Il faut cependant éviter de tout mettre dans le même sac et de dire: «J'ai obtenu 73 points, je n'ai pas de mal à m'affirmer!»

Prenez quelques minutes pour faire votre «bilan d'affirmation» en répondant au questionnaire ci-dessous. Soyez honnête avec vous-même! Après avoir répondu au questionnaire, lisez les explications et suivez les étapes qui vous permettront d'interpréter vos résultats. Il ne s'agit pas d'un test de psychologie, alors détendez-vous et amusez-vous à explorer votre aptitude à vous exprimer de manière appropriée.

Bilan d'affirmation

Les questions ci-dessous vous aideront à évaluer votre aptitude à vous affirmer. Répondez-y honnêtement. Il vous suffit d'encercler le chiffre qui vous décrit le mieux. Pour certaines questions, c'est le chiffre 0 qui correspond à l'aptitude à s'affirmer, tandis que pour d'autres, c'est le chiffre 4. Clé: 0 signifie **non** ou **jamais**; 1 signifie **en quelque sorte** ou **quelquefois**; 2 signifie **en moyenne**; 3 signifie **habituellement** ou **souvent**; et 4 signifie **presque toujours** ou **tout à fait**.

1. Lorsqu'une personne se montre très injuste, le lui faites-vous remarquer? 0 1 2 3 4

2. Avez-vous de la difficulté à prendre des décisions? 0 1 2 3 4

3. Critiquez-vous ouvertement les idées, opinions et comportements des autres? 0 1 2 3 4

4. Protestez-vous quand on passe devant vous alors que vous faites la queue? 0 1 2 3 4

5. Vous arrive-t-il souvent d'éviter des gens ou des situations parcrainte d'éprouver de la gêne? 0 1 2 3 4

6. Faites-vous habituellement confiance à votre jugement?....0 1 2 3 4

7. Insistez-vous pour que votre conjoint ou votre colocataire assumesa part des tâches domestiques? 0 1 2 3 4

8. Prenez-vous facilement la mouche? 0 1 2 3 4

9. Trouvez-vous difficile de dire «non» à un vendeur convaincant, même si la marchandise ne vous convient pas? 0 1 2 3 4

10. Protestez-vous quand on sert une personne arrivée après vous? 0 1 2 3 4

11. Hésitez-vous à donner votre avis lors d'une discussion ou d'un débat? 0 1 2 3 4

12. Réclamez-vous, le moment venu, l'argent (le livre, le vêtement, l'objet précieux) qu'on vous a emprunté?.........0 1 2 3 4

13. Poursuivez-vous la querelle même quand l'autre personne en a marre? 0 1 2 3 4

14. Exprimez-vous vos sentiments en général?..........................0 1 2 3 4

15. Cela vous dérange-t-il qu'on vous observe au travail? 0 1 2 3 4

16. Si quelqu'un ne cesse de donner des coups de pied ou de frapper votre fauteuil pendant un film ou une conférence, le priez-vous de cesser? 0 1 2 3 4

17. Avez-vous de la difficulté à regarder votre interlocuteur dans les yeux? 0 1 2 3 4

18. Dans un bon restaurant, si votre repas est mal préparé ou servi, demandez-vous au serveur ou à la serveuse de corriger la situation? 0 1 2 3 4

19. Lorsque vous découvrez que la marchandise achetée est défectueuse, la retournez-vous? 0 1 2 3 4

20. Montrez-vous votre colère en injuriant l'autre ou en proférant des obscénités?...0 1 2 3 4

21. Essayez-vous de passer inaperçu dans les réunions sociales? 0 1 2 3 4

22. Insistez-vous pour que le gestionnaire immobilier (mécanicien, homme de main, etc.) fasse les réparations, les ajustements ou les remplacements qui lui incombent?........0 1 2 3 4

23. Vous arrive-t-il souvent d'intervenir et de prendre des décisions pour d'autres? 0 1 2 3 4

24. Êtes-vous capable d'exprimer ouvertement votre affection et votre amour?...0 1 2 3 4

25. Êtes-vous capable de demander de l'aide ou de petites faveurs à vos amis? 0 1 2 3 4

26. Pensez-vous avoir toujours raison? 0 1 2 3 4

27. Lorsque votre opinion diffère de celle d'une personne que vous respectez, l'exprimez-vous quand même? 0 1 2 3 4

28. Pouvez-vous opposer un refus aux demandes déraisonnables de vos amis?...0 1 2 3 4

29. Vous est-il difficile de faire des compliments
ou des éloges aux autres? 0 1 2 3 4
30. Si la fumée d'une personne vous incommode,
le dites-vous? 0 1 2 3 4
31. Criez-vous ou cherchez-vous à intimider les autres
pour les inciter à faire ce que vous voulez?..........................0 1 2 3 4
32. Finissez-vous les phrases des autres à leur place?...............0 1 2 3 4
33. Vous battez-vous physiquement avec les autres,
surtout si ce sont des inconnus?..0 1 2 3 4
34. Dirigez-vous la conversation pendant les repas familiaux? 0 1 2 3 4
35. En présence d'un étranger, êtes-vous le premier
à vous présenter et à entamer la conversation? 0 1 2 3 4

Les lecteurs et les participants à nos ateliers ont certaines réactions communes une fois le bilan terminé.

«Je déteste les tests!»

«Vos questions sont faciles à comprendre, j'aurais pu tricher.»

«J'étais mal à l'aise en répondant aux questions.»

Ce bilan est forcément général. Certaines questions n'étaient peut-être pas pertinentes dans votre cas. Malheureusement, on ne peut pas parler aux questions:

«Que voulez-vous dire?»

«Cela dépend de la situation.»

«Certains jours, je suis de mauvaise humeur et j'ai de la difficulté à m'affirmer.»

Néanmoins, si vous prenez la peine de répondre honnêtement aux questions pertinentes, le bilan peut vous aider dans votre démarche de croissance personnelle.

«À quoi ça rime tout ça?»

Une fois le bilan terminé, vous serez probablement tenté de calculer vos points. *Gardez-vous-en bien!* Ce pointage n'a vraiment aucune importance. Il n'existe pas de capacité *générale* de s'affirmer. Comme nous l'avons déjà précisé dans les précédents chapitres, et vous en avez sans doute fait l'expérience, l'aptitude à s'affirmer dépend de la personne et des circonstances.

Le bilan, nous l'avons déjà dit, ne constitue pas un test de psychologie normalisé; il n'a pas été soumis aux études requises pour évaluer un test à fond et l'approuver. C'est pourquoi il ne convient pas de calculer son «pointage global».

L'analyse des résultats

Nous vous proposons de suivre les étapes ci-dessous afin d'analyser vos réponses:

• Pensez à des événements isolés de votre vie qui mettent en jeu des personnes ou des groupes particuliers et évaluez vos forces et vos faiblesses en conséquence.

• Relisez vos réponses aux questions 1, 2, 4 à 7, 9 à 12, 14 à 19, 21, 22, 24, 25, 27, 28, 30 et 35. Ces questions sont axées sur un comportement *non affirmatif.* Vos réponses indiquent-elles que vous exprimez rarement votre opinion ou vos sentiments? Ou éprouvez-vous de l'embarras dans certaines situations précises?

• Relisez vos réponses aux questions 3, 8, 13, 20, 23, 26, 29, 31, 32, 33 et 34. Ces questions sont axées sur un comportement *agressif.* Vos réponses indiquent-elles que vous marchez sur les pieds des autres plus que vous ne le pensiez?

• Après avoir franchi les trois étapes ci-dessus, la plupart des gens affirment que leur capacité de s'affirmer dépend des *situations* dans lesquelles ils se trouvent. Personne n'a un comportement non affirmatif, affirmatif ou agressif *tout le temps*! Chacun de nous se comporte de l'une ou l'autre des trois façons, selon le moment et les circonstances. On peut cependant posséder un *style caractéristique* plus marqué. Vous découvrirez peut-être votre «talon d'Achille» et pourrez ainsi amorcer un processus de changement.

• Relisez chaque question du bilan et consignez dans votre journal vos sentiments sur le contenu de cette question. Voici un exemple:

Question 1.   *Lorsqu'une personne se montre très injuste, le lui faites-vous remarquer?*

Réponse: *0*

Commentaire: *J'ai peur que la personne ne se fâche si je dis quelque chose. Je risquerais de perdre un ami ou de me faire crier après, ce qui me chagrinerait beaucoup.*

• Passez en revue tous les renseignements découlant des étapes précédentes et tirez-en des conclusions générales. Arrêtez-vous en particulier aux quatre aspects ci-dessous:

...   Quelles *situations* précises vous embarrassent? Lesquelles affrontez-vous avec aisance?

...   Quelles sont vos *attitudes* face à l'affirmation de soi? Vous affirmez-vous avec facilité?

...   Quels *obstacles* vous empêchent de vous affirmer? Avez-vous peur des conséquences? Les personnes de votre entourage vous rendent-elles la tâche plus ardue?

...   Possédez-vous les *aptitudes* nécessaires pour vous affirmer? Pouvez-vous vous exprimer quand la situation l'exige?

Examinez attentivement ces quatre points et inscrivez vos commentaires dans votre journal en résumant vos observations sur vous-même. Si vous prenez un peu de temps maintenant pour réfléchir à ces aspects de vous, il vous sera plus facile de clarifier vos besoins, de vous fixer des objectifs et de déterminer quelle orientation donner à votre programme.

Comment allez-vous?

Ici et là dans cet ouvrage, nous avons inséré une «pause» afin de vous inciter à faire le point. Il s'agit d'une petite vérification périodique pour vous aider à demeurer sur la bonne voie.

Prenez un moment pour répondre aux questions ci-dessous. Soyez honnête avec vous-même et laissez vos réponses guider vos prochains pas.

• Avez-vous lu et compris tous les points exposés dans les chapitres précédents?

• Nos explications et nos exemples concordent-ils avec votre expérience personnelle?

Si ce n'est pas le cas, pouvez-vous les adapter à vos besoins?

• Faites-vous les exercices suggérés et répondez-vous aux questions?

• Le terme «s'affirmer» commence-t-il à prendre une signification concrète pour vous?

• Vous êtes-vous fixé des objectifs préliminaires concernant votre aptitude à vous affirmer?

• Tenez-vous un journal de bord?

• Avez-vous demandé de l'aide si vous souffrez d'anxiété ou si vous vous heurtez à d'autres obstacles?

• Avez-vous identifié vos faiblesses, c'est-à-dire ce qui vous empêche de vous affirmer: anxiété, réserve, timidité excessive?

CHAPITRE 8

Foncez vers votre but!

Ne jouez jamais le jeu d'un autre.
Jouez le vôtre.

Andrew Salter

Un de nos professeurs avait l'habitude de dire à ses étudiants de deuxième cycle que changer, c'est comme planifier un voyage: il faut d'abord déterminer sa position, décider où l'on veut aller, puis trouver comment atteindre son but en partant d'*ici*, l'endroit où l'on se trouve au départ.

Jusqu'ici, la plus grande partie de ce livre visait à vous aider à déterminer votre position par rapport à l'affirmation de soi. Dans les chapitres subséquents, nous nous concentrerons sur les façons d'«atteindre son but». Ce chapitre-ci est le pont qui vous aidera à décider de l'endroit où vous allez. Établir ses objectifs est peut-être l'étape la plus importante mais aussi la plus difficile de toutes.

«Comment savoir ce qu'on veut?»

La popularité de l'affirmation de soi est née de l'idée que l'on vit mieux si l'on exprime ce que l'on veut et si on peut indiquer aux autres la façon dont on aimerait être traité. Or, certaines personnes ont de la difficulté à savoir ce qu'elles veulent. Si vous avez passé toute votre vie à servir les autres en refoulant vos propres désirs, il vous sera peut-être difficile de mettre le doigt sur ce qui vous importe vraiment!

Certaines personnes ont l'air de savoir exactement ce qu'elles éprouvent et ce qu'elles veulent. Si le chien du voisin jappe trop fort, elles sont ennuyées, fâchées ou terrifiées, mais elles sont capables d'exprimer ce sentiment, de cerner le problème et d'affirmer ce qu'il faut faire.

D'autres trouvent difficile de saisir leurs sentiments et ce qu'ils recherchent dans une discussion. Ils hésitent souvent à s'affirmer et se plaignent: «Affirmer *quoi*? Je ne sais pas ce que je veux!» Si vous êtes dans ce cas, essayez de *nommer* vos sentiments. La colère, l'anxiété, l'ennui, l'inconfort et la peur sont des sentiments courants de même que la joie, l'irritation, l'amour, la détente et la tristesse.

Certaines personnes prennent un bref moment de réflexion pour saisir ce qu'elles ressentent intérieurement. D'autres ont besoin d'un premier pas plus actif. Souvent, il est utile de dire *quelque chose* aux personnes concernées: «Je suis perturbé, mais j'ignore au juste pourquoi.» Ou bien: «Je me sens déprimée.» «J'éprouve un malaise, mais je suis incapable de mettre le doigt sur l'origine de ce malaise.» Un énoncé de ce genre vous lancera dans une recherche active du sentiment qui vous envahit et vous aidera à clarifier vos objectifs.

C'est peut-être une sorte de peur qui vous empêche de reconnaître vos sentiments, une forme de mécanisme de défense. Ou peut-être êtes-vous tellement éloigné de vos sentiments que vous avez oublié ce qu'ils signifient. Ne vous cassez pas la tête pour l'instant. Jetez-vous à l'eau et essayez de vous exprimer. Vous prendrez sans doute conscience de votre objectif en chemin. Peut-être voulez-vous simplement exprimer quelque chose! D'ailleurs, rien ne vous empêche de changer d'idée en cours de route, même si vous avez commencé à expliquer votre sentiment («Au début, j'étais en colère, mais j'ai compris qu'au fond, je voulais de l'attention!»); voilà une étape constructive!

Identifier ce que vous voulez dans la vie peut grandement vous aider à clarifier vos sentiments dans une situation donnée. L'aptitude à s'affirmer nécessite une orientation; même si elle est valable en général, elle a peu de valeur comme telle!

Vous verrez qu'à certains moments vos objectifs seront contradictoires. Vous voudrez, par exemple, demeurer ami avec le voisin, mais calmer *aussi* son chien trop bruyant. Si vous vous plaignez de son chien, votre relation risque de se détériorer. Dans ce cas, c'est en clarifiant vos objectifs que vous pourrez décider d'une ligne de conduite.

Un modèle de croissance personnelle

Carl Rogers est reconnu comme le psychologue ayant le plus marqué le vingtième siècle. Ses idées ont exercé une influence primordiale sur le développement du «mouvement du potentiel humain». Au début des années soixante-dix, Robert E. Alberti, qui voulait traduire les idées de Rogers en comportements précis, a établi la liste présentée aux deux pages suivantes. Il serait très utile que vous lisiez le *Modèle comportemental de croissance personnelle* si vous envisagez vos objectifs sous l'angle de votre développement personnel.

Modèle comportemental de croissance personnelle
Robert E. Alberti, Ph.D.

Dans son ouvrage intitulé *Le développement de la personne,* Carl Rogers identifie trois caractéristiques principales d'une croissance personnelle saine. Le «modèle comportemental» ci-dessous s'en inspire.

«Une ouverture accrue à la nouveauté»
À quand remonte la dernière fois où...

• vous avez participé à un nouveau sport ou à un nouveau jeu?

• vous avez modifié votre opinion au sujet d'une question importante (politique, personnelle, professionnelle)?

• vous avez essayé un nouveau passe-temps ou un nouveau travail manuel?

• vous avez pris un cours dans un nouveau domaine?

• vous avez étudié une nouvelle langue ou une nouvelle culture?

• vous avez consacré quinze minutes ou plus à l'observation de vos sensations physiques (relaxation, tension, sensualité)?

• vous avez écouté, pendant un quart d'heure ou plus, quelqu'un exprimer une opinion religieuse, politique, professionnelle ou personnelle avec laquelle vous étiez en désaccord?

• vous avez goûté un nouveau mets, senti une nouvelle odeur, écouté un nouveau son?

• vous vous êtes permis de pleurer? de dire «je t'aime»? de rire aux larmes? de crier à pleins poumons? d'admettre que vous aviez peur?

• vous avez observé le lever ou le coucher du soleil (ou de la lune)? un oiseau voler dans le vent? une fleur s'ouvrir au soleil?

• vous êtes allé en voyage dans un endroit nouveau?

• vous vous êtes fait un nouvel ami? ou vous avez entretenu une vieille amitié?

• vous avez passé une heure ou plus à communiquer (à écouter activement et à répondre honnêtement) avec une personne d'une autre culture ou d'une autre race?

• vous avez fait un «voyage imaginaire» — laissé votre imagination vagabonder entre dix minutes et une heure, ou plus longtemps?

«Une vie intérieure accrue»

À quand remonte la dernière fois où...

• vous avez fait ce que vous vouliez sans vous préoccuper des conséquences?

• vous avez cessé d'«écouter» ce qui se passait à l'intérieur de vous?

• vous avez exprimé spontanément un sentiment (colère, joie, peur, tristesse, affection)?

• vous avez fait ce que vous vouliez au lieu de ce que vous croyiez «devoir» faire?

• vous vous êtes permis de consacrer du temps ou de l'argent pour obtenir quelque chose immédiatement au lieu d'attendre?

• vous avez fait un achat impulsif?

• vous avez fait quelque chose que personne (pas même vous) ne pensait que vous feriez?

«Une confiance en soi accrue»

À quand remonte la dernière fois où...

• vous avez fait ce qui vous paraissait approprié, en dépit de l'opinion des autres?

• vous avez tenté de trouver des solutions créatives et nouvelles à de vieux problèmes?

• vous avez exprimé avec assurance une opinion impopulaire devant un groupe qui, en majorité, ne pensait pas comme vous?

• vous avez eu recours à votre capacité de raisonnement afin de trouver une solution à un problème épineux?

• vous avez pris une décision et l'avez appliquée sans plus tarder?

• vous avez prouvé par vos actes que vous pouviez diriger votre vie?

• vous vous êtes assez aimé pour passer un examen médical (en moins de deux ans)?

• vous avez partagé avec quelqu'un vos convictions religieuses ou votre philosophie de la vie?

• vous avez assumé une position de chef dans votre milieu de travail, au sein d'une organisation ou de votre communauté?

• vous avez affirmé vos sentiments lorsqu'on vous traitait injustement?

• vous avez risqué de partager certains sentiments profonds avec une autre personne?

• vous avez dessiné ou construit quelque chose de vos propres mains?

• vous avez reconnu vos torts?

Structurer ses objectifs

Soyons précis. Nous vous invitons à écrire dans votre journal quelques objectifs qui orienteront votre travail sur l'affirmation de soi dans les semaines à venir.

Commencez par réfléchir d'une manière créative à ce que vous attendez de ce programme de croissance personnelle. Dans votre journal, jetez des idées en vrac sur votre aptitude à vous affirmer. Écrivez rapidement. Ne censurez ni ne critiquez aucune idée, même si elle vous paraît idiote. Ayez l'esprit aussi ouvert que possible.

Après avoir compilé une liste de possibilités, vous devez la réduire à un ensemble succinct d'objectifs précis. Que doit contenir cette liste? Voici six critères qui vous aideront à faire vos choix: *facteurs personnels, idéaux, faisabilité, flexibilité, temps* et *priorités*. Chacun de vos objectifs doit être «pertinent» en égard à ces six facteurs.

Facteurs personnels

Quand vous évaluerez vos objectifs précis en matière d'affirmation de soi, inspirez-vous des découvertes que vous avez faites sur vous-même en répondant au bilan d'affirmation, et des notes de votre journal.

Au chapitre 3, **Votre journal de bord,** nous vous avons conseillé de prendre note de vos comportements affirmatifs en ayant en mémoire quatre catégories:

• Les *situations* qui vous mettent à l'aise ou mal à l'aise.

• Vos *attitudes* concernant l'expression de vous-même.

• Les *obstacles* qui vous empêchent de vous affirmer (certaines personnes ou certaines peurs).

• Vos *aptitudes* reliées au comportement affirmatif: contact visuel, ton de voix, gestes.

Prenez un moment pour relire votre journal et y chercher des idées susceptibles de vous aider à déterminer vos objectifs.

Idéaux

Il y a probablement bien des gens que vous admirez. Si vous décidez d'essayer d'acquérir les qualités d'un ou de plusieurs de ces «modèles», vous aurez déjà en tête des buts précis en termes de comportement. Un idéal bien choisi vous incitera à poursuivre vos objectifs.

En 1981 et 1982, le bulletin ASSERT choisissait, parmi des personnalités publiques bien connues, la «Personne de l'année» qui savait le mieux s'affirmer et faire valoir ce qu'elle était. Trois personnes méritèrent un prix, destiné à souligner une réussite professionnelle et personnelle remarquable mettant en valeur la notion d'affirmation de soi: Alan Alda, comédien, Sonia Johnson, militante en faveur des droits des femmes, et Randall Forsberg, ardent détracteur du nucléaire. Peut-être n'êtes-vous pas d'accord avec ces choix; vous trouverez sûrement dans votre entourage de nombreuses personnes qui possèdent la sorte d'assurance que vous recherchez.

Votre modèle peut être un ami ou une amie, un professeur que vous aimez, une personnalité publique ou un personnage historique. Vous pouvez vous inspirer de son comportement pour clarifier vos objectifs. Pensez aux qualités que possède cette personne et que vous lui enviez. Concentrez-vous sur des caractéristiques comme la confiance en soi, le courage, la persévérance, l'honnêteté. Évaluez votre comportement par rapport à votre modèle et pensez souvent à cette personne. Laissez vos réflexions sur son comportement vous insuffler l'énergie nécessaire pour persévérer dans votre travail.

Faisabilité

Comme nous l'avons proposé à divers endroits de notre ouvrage, visez des changements lents et graduels afin d'améliorer vos chances de succès. Ne visez pas trop haut: vous risqueriez de vous casser le nez rapidement. Faites plutôt un petit effort chaque jour et avancez pas à pas.

L'écrivain et philosophe Morton Hunt illustre cet avertissement d'une manière saisissante. Il raconte comment il a appris à affronter les principaux stress de la vie en se rappelant une bouleversante expérience vécue à l'âge de huit ans: Morton et ses amis gravissaient une falaise. Arrivé à mi-chemin, Morton fut saisi d'une telle frayeur qu'il ne put poursuivre sa route. Il se sentait comme acculé: la seule pensée de monter ou de descendre l'accablait. L'obscurité croissant, les autres l'abandonnèrent.

Son père vint finalement à sa rescousse, mais Morton dut faire tout le travail! Son père l'encouragea à redescendre, lui proposant ainsi un modèle à suivre pour surmonter ses futures peurs. Ses conseils possédaient un fond de vérité éternelle: «fais un pas à la fois», «avance centimètre par centimètre», «ne t'inquiète pas de ce qui t'attend», «ne regarde pas trop loin en avant.»

Plus tard dans la vie, lorsque des événements l'effrayaient, Morton Hunt se rappelait cette simple leçon: n'imagine pas de funestes conséquences; fais d'abord un premier pas et laisse cette petite réussite t'encourager à en faire un autre, puis un autre. Ces petits pas s'accumuleront jusqu'à ce que tu aies atteint ton objectif.

Les conseils du père de Morton constituent une excellent approche de l'affirmation de soi. Divisez vos principaux objectifs en petites étapes faciles à réaliser. Prenez votre temps. Vous atteindrez bientôt votre but et remarquerez des changements en vous. Et vous atteindrez vos objectifs, petit à petit.

Flexibilité

Décider de changer et de quelle façon peut être un processus complexe et interminable. Nos objectifs ne sont jamais établis une fois pour toutes; ils varient constamment au gré de notre personnalité et des circonstances de la vie.

Peut-être qu'à une époque vous souhaitiez terminer vos études; vous l'avez fait et soudain, une gamme entière de possibilités nouvelles s'offraient à vous. Ou peut-être visiez-vous un salaire annuel de vingt mille dollars, mais une fois ce niveau atteint, vous aviez besoin du double! Puis il y a eu cette promotion que vous vouliez tant obtenir; quand ce fut chose faite, votre ancien poste vous a manqué.

Le *changement* en soi est le seul facteur qui ne change pas. Lorsqu'on se fixe des objectifs, le secret est donc d'être assez souple pour les adapter aux inévitables bouleversements de la vie.

Temps

Dans leur *Relaxation and Stress Reduction Workbook* (Manuel de relaxation et de réduction du stress), Martha Davis, Elizabeth Robbins Eshelman et Matthew MacKay conseillent d'établir la liste de ses objectifs en fonction du temps qu'il faudra pour les réaliser. Bien que les auteurs appliquent cette méthode à tous les types d'objectifs, nous nous concentrerons ici uniquement sur ceux qui se rapportent à l'affirmation de soi. En voici des exemples:

Objectifs à long terme
- M'affirmer davantage avec mon conjoint/ma conjointe.
- Rechercher davantage l'aventure ou courir plus de risques.
- Être moins tendu et anxieux à l'idée de m'affirmer.
- Surmonter ma peur des conflits et de la colère.
- Mieux comprendre de quelle façon les expériences de mon enfance ont influencé ma capacité de m'affirmer.

Objectifs à moyen terme (un an)
- Complimenter plus souvent mes proches.
- Parler davantage en public.

• Dire non avec fermeté!

• Regarder plus souvent les autres dans les yeux tout en m'affirmant.

• Dire moins souvent «Je suis désolé» ou «Je m'excuse de vous déranger».

Objectifs à court terme (un mois)

• Retourner l'aspirateur défectueux.

• Dire non au recruteur pour le comité du bureau.

• Imposer une discipline plus sévère aux enfants.

• Sortir un soir avec mon conjoint/ma conjointe.

• Écouter des cassettes sur l'affirmation de soi.

Ces listes ne comprennent que quelques éléments parmi des centaines ou des milliers de possibilités! Créez votre propre liste. Affirmez-vous! Personne ne connaît vos besoins mieux que vous.

Priorités

Une fois établie votre liste d'objectifs à court, moyen et long terme, réfléchissez à vos priorités. Classez vos objectifs en trois catégories selon leur importance: très importants, moyennement importants (peuvent attendre), pas importants (peuvent être remis indéfiniment sans entraîner de stress grave).

En choisissant deux objectifs parmi les plus importants dans chaque catégorie (objectifs à court, à moyen et à long terme), vous aurez six objectifs prioritaires sur lesquels travailler pendant un mois. Renouvelez votre liste tous les mois. Certains objectifs demeureront importants, d'autres non.

Foncez vers votre but!

Vous avez identifié certains objectifs de croissance, vous les avez évalués et triés en fonction de leur importance et de leur faisabilité. Vous êtes maintenant prêt à choisir quelques objectifs que vous viserez au cours des prochaines semaines et des prochains mois, et à les inscrire dans votre journal. Rejetez les idées trop extravagantes ou irréalisables pour vous en ce moment. Faites preuve de sens pratique. Déterminez avec précision quelles seront vos prochaines étapes dans votre démarche d'affirmation.

Tout en faisant vos choix, gardez à l'esprit l'image de votre modèle. Voyez si vos choix s'accordent généralement avec les qualités que vous voulez acquérir. Vous ne voulez pas calquer votre comportement sur celui de votre modèle. Vous essayez d'être la personne que vous êtes vraiment, et non quelqu'un d'autre.

Rappelez-vous que vos choix sont provisoires et peuvent changer avec toute circonstance ou information nouvelle. Ne quittez pas votre objectif des yeux, mais demeurez souple afin de faire les ajustements qui s'imposent. Il est passionnant de se fixer des objectifs dans la vie. En progressant vers chacun d'eux, vous éprouverez un sentiment authentique de réalisation de soi. Encouragez-vous chaque fois que vous franchissez une étape. Servez-vous régulièrement de votre journal pour tenir vos progrès à jour. Et, surtout, *travaillez pour vous-même*. Vos objectifs n'ont pas besoin de plaire à qui que ce soit. En vous concentrant sur vos propres désirs et vos propres besoins, vous jouerez votre propre jeu. Et c'est le seul qui compte.

CHAPITRE 9

Ne vous laissez pas arrêter par vos pensées!

Si une personne persiste à ne voir que des géants, c'est qu'elle regarde encore le monde avec des yeux d'enfant.

Anaïs Nin

«D'accord, direz-vous, je ne m'affirme peut-être pas autant que je le devrais, mais on n'apprend pas à un vieux singe à faire des grimaces. Je suis fait comme cela. Je n'y peux rien.»

Faux. Des centaines de milliers de gens ont découvert qu'ils pouvaient changer. On peut apprendre à s'affirmer, mais certaines personnes apprennent plus vite que d'autres. Par ailleurs, le processus n'est pas vraiment ardu et il apporte d'énormes satisfactions.

Il est crucial d'avoir des pensées *positives* car nos pensées, nos croyances, nos attitudes et nos sentiments forment la toile de fond sur laquelle s'inscrivent nos comportements. Il faut garder l'esprit libre pour réagir à chaque nouvelle situation exigeant un comportement affirmatif. Des attitudes, croyances et pensées erronées nous retiennent et mettent un frein à nos tendances naturelles. «On est ce qu'on pense» bien plus que «ce qu'on mange.» Vos pensées vous rendront un fameux service en vous aidant à vous affirmer si vous vous débarrassez de toutes celles qui sont infructueuses.

Vous trouverez, dans ce chapitre, des encouragements et certaines méthodes précises qui vous aideront à observer les images et les pensées qui tournent autour de l'affirmation de soi. Lisez-le attentive-ment. Nous allons sans doute remettre en question certaines de vos croyances sur le fonctionnement de la vie.

Votre attitude face à l'affirmation de soi

Vous avez peut-être, comme bien des gens, entendu toute votre vie vos parents, vos professeurs et vos pairs dire «tu n'as *pas le droit de...*» Aujourd'jui, c'est à nous de vous dire: «Tu as *parfaitement le droit de...*», il est *bien, bon, correct* de s'affirmer. Que faire de ces messages contradictoires? Faites-vous confiance. Essayez un peu. Tentez votre chance. Vous vous devez au moins cela!

Votre attitude peut stimuler ou inhiber votre aptitude à vous affir-mer. Si vous collaborez avec le processus naturel de l'expression de soi, vous apprendrez à apprécier chaque nouveau défi. Ne laissez pas d'attitudes négatives retarder votre croissance.

Une réaction négative courante consiste à imaginer toutes les «horreurs» susceptibles de nous tomber dessus si nous courions des risques dans nos relations. («Mon Dieu! qu'arrivera-t-il?») Reconnais-sez qu'il est parfois bon de passer outre ces mises en garde excessives et faites un petit pas dans la direction que vous avez choisie. La vie ne vous imposera jamais de fardeau trop lourd.

Vous pouvez prendre en main votre croissance personnelle et l'orienter dans une direction positive et affirmative. Vous verrez que vos actions peuvent changer vos attitudes. Les réactions positives des autres, votre sentiment de mieux-être et la réalisation de vos objectifs couronneront vos efforts pour vous exprimer et revendiquer vos droits. Soyez attentif à ces résultats positifs qui vous apporteront soutien et encouragement dans l'exercice de vos nouvelles aptitudes.

Votre attitude envers vous-même

Pouvez-vous exprimer le sentiment d'exaltation qui vous saisit lorsque vous atteignez un objectif qui vous tenait à cœur, terminer un cours, par exemple, ou un travail de rénovation à la maison? Vous permettez-vous de goûter la satisfaction du travail bien fait? Que se passe-t-il lorsque vous rendez quelqu'un heureux? Êtes-vous capable de vous féliciter lorsque vous y réussissez? En cas d'échec, pouvez-vous accepter honnêtement vos faiblesses et rire de vous-même?

Vous vous êtes peut-être donné comme mission de servir les autres. Or si vous ne vous occupez pas de vous-même, vous aurez bien peu à donner aux autres! Si vous vous diminuez en niant ce que vous êtes, en n'osant ni vous exprimer ni vous affirmer, vous perdrez graduellement votre pouvoir d'aider les autres. Rappelez-vous le commandement «Aime ton prochain *comme toi-même*». À quel point vous aimez-vous? Vous souvenez-vous du «modèle comportemental de croissance personnelle» dont il était question au dernier chapitre? Relisez ce chapitre maintenant et voyez de quelle façon vous pourriez vous aimer davantage.

Votre attitude face à vous-même et votre comportement font partie d'un cycle. Lorsque vous vous dénigrez, vous avez tendance à agir de manière à vous rabaisser. Les autres voient cela et réagissent en conséquence, en l'occurrence comme si vous ne méritiez pas qu'on vous respecte. C'est alors que vous vous dites: «Je *savais* bien que j'étais nul! Il n'y a qu'à voir la façon dont on me traite!»

L'affirmation de soi brise ce cycle en vous enseignant et en vous «autorisant» à vous affirmer. Puisque vous ne le faites pas de votre propre chef, peut-être le ferez-vous quand on vous l'ordonnera! L'animateur vous dit: «Même si cela vous paraît étrange, essayez cette nouvelle attitude.» Vous le faites et vous obtenez des réactions plus positives de la part des autres: votre acceptation de vous-même est alors accrue.

Cette estime de soi accrue marque le début d'un tournant positif dans le cycle attitude-comportement-réaction en retour-attitude. Vous pouvez obtenir les mêmes résultats seul (ou peut-être avec un peu d'aide dans les moments difficiles) en suivant les méthodes décrites dans ce livre. Nous décrirons en détail un programme de changement du comportement quelques chapitres plus loin. En attendant, examinons de plus près cette histoire de pensées et d'attitudes.

Les pensées qui font obstacle à l'affirmation de soi

Certains modèles de pensée, plutôt agressifs, constituent des obstacles courants à l'affirmation de soi. Si vous êtes comme la plupart des gens, vous avez sans doute déjà eu les pensées ci-dessous, du moins de temps à autre:

Je suis un raté/une ratée.

On me maltraite.

Je suis victime des circonstances.

Personne ne m'aime.

Tout le monde me juge.

Je ne suis pas maître de mon destin.

Ou, à l'inverse:

Quand je parle, on se tait (sinon!)

On me doit obéissance.

Je n'ai besoin de personne.

Ils ne s'en tireront pas comme ça!

Tous des bons à rien!

Toutes ces idées sont fausses. (Certaines peuvent avoir un fond de vérité à certains moments: tout le monde essuie des échecs à l'occasion. Et le monde nous traite parfois injustement, il est vrai, de même que certains d'entre nous se suffisent parfois à eux-mêmes.)

Le problème, avec cette façon de penser, et il est de taille, c'est qu'on risque d'y croire. Certaines circonstances peuvent déformer notre vision des choses. Il arrive que des événements négatifs se produisent simultanément, nous donnant l'impression qu'on nous en veut constamment ou qu'on n'a pas de chance. Le danger, c'est que cette idée devienne tellement ancrée dans notre esprit qu'elle prenne la forme d'une «prophétie auto-accomplie».

La plupart des gens ne voient pas la vie comme une série de frustrations débilitantes, mais nous avons tous nos mauvais jours (et nos mauvaises semaines). Le psychiatre Aaron Beck, spécialiste de la thérapie cognitive, a cerné certaines des étapes qui se produisent couramment:

• *Tendance à se mésestimer.* Vous êtes sans emploi depuis un certain temps, vous réussissez mal dans vos études ou vous venez de rompre avec votre amoureux. Ou peut-être avez-vous tout simplement une piètre estime de vous-même? Quoi qu'il en soit, vous vous blâmez pour tous les pépins qui vous tombent dessus.

• *Tendance à exagérer ses problèmes.* Des urgences mineures prennent souvent l'allure de catastrophes. Avec du recul, toutefois, la plupart des événements de la vie apparaissent moins dramatiques qu'on ne le croit de prime abord.

• *Vision égocentrique de la vie.* «Les malheurs s'acharnent sur moi!», voilà le thème de cette étape. Une vision plus objective des choses rétablirait les faits, mais la victime se sent personnellement visée par tous les désagréments qu'elle subit.

• *Croyance que la vie est tout l'un ou tout l'autre.* Cette vision extrémiste de la vie limite grandement nos choix. En réalité, la plupart des circonstances de la vie nous offrent une certaine latitude.

• *Sentiment d'impuissance et de vulnérabilité .* Comment puis-je remédier à tous mes problèmes? On peut les régler efficacement en les réduisant en fractions suffisamment petites.

Petits trucs pour maîtriser ses pensées

On a élaboré un certain nombre d'excellentes méthodes «cognitivo-comportementales» pour apprendre à maîtriser ses pensées, dont les trois plus efficaces sont l'immunisation contre le stress, l'interruption de pensée et la pensée positive à l'égard de soi-même.

L'immunisation contre le stress: cette forme de vaccination ne fait pas que minimiser le stress prévu; on peut aussi l'employer dans la situation même qui nous stresse. (Cette méthode a été inventée par le psychologue canadien Donald Meichenbaum.)

Supposons que vous ayez à subir une épreuve stressante, une entrevue, par exemple. Votre supérieur parle beaucoup, mais n'écoute pas. Dans le passé, vos rapports avec lui ont été difficiles et tendus.

Pour vous vacciner contre le stress, essayez de vous écrire un message sur cet événement que vous appréhendez. Parlez-vous comme le ferait un sage conseiller. Voici un exemple:

«Pendant l'entrevue, essaie de te détendre. Ne te laisse pas perturber. Rappelle-toi le caractère de ton supérieur et sois prêt

à y faire face. Si tu n'es pas d'accord avec ce qu'il dit, demande-lui des explications sur un ton ferme et poli. Demande du temps pour réfléchir. S'il omet certains détails, rafraîchis sa mémoire. Prépare-toi à lui rappeler tout ce que tu as fait dans ton travail. Tu t'en tireras très bien. Prends une grande inspiration de temps à autre. Tout ira bien. Si tu as des surprises, laisse-toi aller. Cet événement n'est qu'une goutte d'eau dans l'océan de ta vie.»

Après avoir rédigé un message de ce type, lisez-le tout haut à plusieurs reprises avant l'événement. Lisez-le surtout lorsque vous vous rongez les sangs ou que l'anxiété vous envahit.

Rappelez-vous la teneur du message afin de pouvoir vous en répéter les passages clés pendant l'événement. Si votre confiance en vous faiblit, reformulez-vous ces passages intérieurement.

L'une de nos clientes, qui était séparée de son mari, employa cette méthode avec succès. Les ex-conjoints devaient se rencontrer devant le juge et Caroline craignait de perdre tous ses moyens et de gâcher ainsi ses chances d'obtenir un règlement équitable. Elle formula un message à son intention et se le répéta à plusieurs reprises. Lorsqu'elle pénétra dans la salle d'audience, elle fondit en larmes sur un simple bonjour de son mari et se réfugia dans les toilettes. Là, elle relut son message plusieurs fois, retrouva son aplomb et put, avec une étonnante facilité, non seulement réadresser la parole à son mari, mais franchir également toutes les étapes de la procédure. Après coup, elle fut étonnée de l'efficacité de la méthode! Autrement, elle aurait pleuré sans arrêt, comme elle le faisait toujours dans le passé dans une situation de ce type. Cette méthode l'aida à traverser un moment chargé d'émotions.

L'interruption de pensée. Vous arrive-t-il d'être tenaillé par une pensée ou une mélodie obsédante? Rien ne semble pouvoir la faire disparaître. C'est le moment d'essayer l'«interruption de pensée», une méthode mise au point par le psychiatre Joseph Wolpe. Fermez les yeux et rappelez-vous une de ces pensées leitmotiv. Lorsque vous la percevez clairement, criez «STOP» très fort. (Assurez-vous que vous êtes seul sinon on vous trouvera un peu bizarre!) Il se créera immédiatement un vide dans votre esprit. Ayez sur-le-champ une pensée agréable qui remplacera la pensée indésirable. Celle-ci refera surface sous peu, mais si vous l'arrêtez de nouveau, elle mettra de plus en plus de temps à revenir pour finir par disparaître complètement. Inutile de crier «STOP» à tout moment, car cette technique est aussi efficace lorsqu'on l'applique à voix basse. Bien sûr, vous crierez peut-être de temps en temps parce que c'est amusant!

Attention: assurez-vous que les pensées non désirées ne portent pas de messages constructifs que vous ne saisissez pas. Il faut parfois prêter attention à *certaines* pensées déplaisantes et agir en conséquence! Avec de la pratique, vous parviendrez à faire la différence entre les bonnes pensées et les moins bonnes.

La pensée positive à l'égard de soi-même: «La chose la plus difficile à faire, pour la plupart des gens que je connais», dit la conseillère scolaire Gail Wainwright, lors d'une rencontre portant sur les moyens de s'affirmer, «est de *s'affirmer face à soi-même*: de se convaincre de foncer et de faire ce qu'on sait devoir faire!»

Si vos pensées sont truffées de «règles» et d'«attitudes» dénigrantes pour vous, il est probable que votre comportement le sera aussi. Vous ressassez des pensées négatives: «Je ne suis pas important», «Mes opinions ne comptent pas», «Ce que j'ai à dire n'intéresse personne», «Je me couvrirai sans doute de ridicule si j'ouvre la bouche», «Je n'en suis vraiment pas sûr», «Je n'ai pas le droit de dire cela.» Si c'est le cas, il y a de bonnes chances pour que vous agissiez en conséquence, c'est-à-dire que vous restiez silencieux et laissiez les autres dominer la situation!

Essayez, pendant une courte période, de prendre le contrepied *positif* de ces énoncés: «Je suis important», «Mes opinions comptent», «Ce que j'ai à dire intéressera quelqu'un», «J'ai le droit de dire cela.» Vous n'avez pas besoin d'*agir* à ce stade-ci, contentez-vous de sentir ce que c'est que de se dire des choses positives. Cette technique consiste tout simplement à élaborer des énoncés flatteurs à l'égard de soi-même que l'on mémorise et répète régulièrement. Son but est d'améliorer sa confiance en soi. Exemples:

Mes amis me respectent et m'admirent.
Je suis une personne gentille et aimante.

J'ai un emploi.
Je maîtrise bien ma colère.
Je réussis bien dans mes études.
Je suis ferme quand la situation l'exige.

Certains de ces énoncés ne sont peut-être pas tout à fait vrais pour vous, mais nous vous demandons de «tricher» un peu au début. Faites comme s'ils l'étaient. Affichez-les sur le réfrigérateur, le mur de la salle de bain, mettez-les dans votre sac ou votre portefeuille. Rappelez-vous régulièrement que vous êtes une personne positive et dotée de belles qualités.

Vous pouvez substituer ces énoncés positifs aux pensées que vous tentez d'interrompre. Ou encore, les intégrer à votre message d'immunisation.

Après avoir répété vos pensées positives pendant un certain temps, imaginez le comportement que vous adopteriez dans les situations qui vous embêtent si vous restiez en accord avec ces pensées. Ainsi, vous dites: «Quelqu'un s'intéresse à ce que j'ai à dire» en imaginant que vous participez à une discussion de groupe. Si vous imaginez que vous *concrétisez* cette pensée, vous pouvez vous voir en train de poser une question à l'un des participants les plus diserts. Ou encore vous pouvez commencer par dire: «Je suis d'accord.»

Pensez aux *comportements* que vous pourriez adopter en tant que personne *pensant* positivement!

Cessez d'imaginer le pire!

Trop souvent, on craint de s'affirmer parce qu'on imagine le pire: «Si j'agis ainsi, elle me battra froid»; «Si je dis cela, je risque d'être congédié»; «Je vais me sentir coupable»; «Cela lui ferait trop de peine.» Et le défilé des catastrophes se poursuit! Une partie du cerveau semble s'emballer pour nous empêcher d'exprimer ce que nous sommes.

Voilà ce que le psychologue Albert Ellis appelle «catastrophiser»; Ellis a fait un travail remarquable en mettant en lumière la façon dont ces croyances irrationnelles détruisent nos chances d'affronter sereinement diverses situations de la vie. Dans leur *New Guide to Rational Living* (Nouveau guide de la vie rationnelle), Ellis et Robert Harper laissent entendre que nos pensées précèdent toujours nos réactions émotives. Les auteurs décrivent certaines idées et croyances irrationnelles concernant ce que la vie «doit être» qui provoquent en nous des émotions perturbantes et nous empêchent d'avoir les réactions appropriées. Ces croyances sont reliées aux événements de la vie comme le rejet, la peur, les traitements inéquitables. Lisez leur livre et cessez d'entraver votre aptitude à vous affirmer en croyant (tout à fait à tort) que le monde devrait être parfait!

«Que puis-je faire d'autre pour contrôler mes pensées?»

Le psychologue Gary Emery, de l'université de la Californie à Los Angeles, est un autre spécialiste renommé dans le domaine de la thérapie cognitive. Il a mis au point un certain nombre de stratégies et de techniques efficaces à l'intention des personnes désireuses de modifier leurs modèles de pensée et leurs «dialogues internes».

L'une ou plusieurs de ces techniques vous seront peut-être utiles:

• *Apprenez à vous connaître et à prendre conscience de vous-même.* Une conscience accrue (de vos buts, de vos rêves, de vos sentiments, de vos attitudes, de vos convictions, de vos limites, de vos problèmes) donnera un fondement solide à vos efforts pour vous améliorer.

• *Reconnaissez vos «pensées automatiques».* Cette expression sert à décrire le dialogue intérieur involontaire qui se déroule dans notre tête dans les situations stressantes (par exemple, «Mon Dieu! cela promet d'être...»)

• *Posez-vous des questions pour clarifier vos réactions face à un événement donné.* Vos suppositions sont-elles fondées? Ne seriez-vous pas en train de simplifier les faits à outrance? D'exagérer? De sortir la situation de son contexte?

• *Envisagez des explications plausibles.* Regardez la situation sous un autre angle. Modifiez un fait à la fois et voyez ce qui se produit.

• *Dites: «Et puis après?»* Cela importe-t-il vraiment? Même si la situation est aussi désespérée que vous le pensez, aura-t-elle des conséquences durables? Est-ce que quelqu'un en souffrira vraiment?

• *Essayez de substituer des images positives aux images négatives.* Les mauvaises nouvelles ne contiennent-elles pas (en germe) de *bonnes* nouvelles?

• *Identifiez les bénéfices que vous en tirez.* Avez-vous intérêt à vous sentir mal? Peut-être en retirez-vous une attention accrue? Une aide particulière? Une permission de vous absenter de l'école ou du travail? Ne serait-il pas plus profitable de modifier votre vision des choses?

• *Et si le pire se produisait vraiment?* Que se passerait-il? Pouvez-vous agir pendant un moment comme si l'événement appréhendé s'était déjà produit? Est-ce aussi dramatique que vous le pensiez?

• *Faites des exercices très précis pour modifier le cours de vos pensées.* Revenez à la section précédente et élaborez un programme qui vous permettra de pratiquer la pensée positive, la vaccination contre le stress ou l'interruption de pensée. Notez votre programme dans votre journal, puis faites vos exercices!

Certains sont-ils plus égaux que d'autres?

L'un des objectifs les plus importants de ce livre est de vous aider à comprendre que vous êtes *égal* aux autres sur le plan humain. Certes, il y aura toujours quelqu'un de plus talentueux, de plus autoritaire, de plus beau, de plus puissant, de plus riche, de plus instruit... Mais vous êtes aussi bon, aussi important que quiconque *en tant qu'être humain.* Voilà une idée vraiment importante sur laquelle vous voudrez peut-être en apprendre davantage; lisez la Constitution de votre pays ou la *Déclaration universelle des droits de l'homme,* ou la *Bible,* ou le *Coran,* ou les écrits de Confucius, ou...

CHAPITRE 10

Il n'y a rien à craindre

Avoir du courage, c'est résister à la peur, la dominer — ce n'est pas l'absence de peur.
Mark Twain

De nombreux lecteurs de *S'affirmer* — et peut-être vous aussi — sont d'avis que l'*anxiété* est la plus importante pierre d'achoppement sur la voie de l'affirmation de soi. «Bien sûr, direz-vous, je sais *comment* exprimer mes sentiments! Mais je perds pied au moment de le faire. Les risques m'apparaissent énormes. Je veux que les gens m'aiment...»

Au moment de passer une entrevue, vous transpirez abondamment, votre cœur bat la chamade, vos mains sont moites. Ou encore vous refusez de demander une augmentation à votre patron de crainte que les mots ne s'étranglent dans votre gorge. Faites-vous un détour pour rentrer à la maison afin d'éviter le voisin qui vous demande toujours des faveurs que vous n'aimez pas lui refuser? Vous faites peut-être même partie de la proportion étonnamment grande d'*agoraphobes* qui craignent tellement les contacts sociaux qu'ils préfèrent rester seuls à la maison.

Peut-être même que vous ignorez l'origine de ces peurs qui viennent souvent de l'enfance: des parents bien intentionnés peuvent vous avoir montré à ne parler que lorsqu'on vous adressait la parole.

Même si vos peurs s'atténuent à mesure que vous apprenez à vous affirmer, vous devrez peut-être affronter directement votre anxiété si elle est excessive. On ne peut surmonter la peur, la nervosité, l'anxiété et le stress causés par la perspective de s'affirmer que si l'on détermine les *causes* de ces réactions. Une fois l'ennemi connu, on peut apprendre certaines techniques afin de l'éliminer.

Nous vous conseillons de commencer par *cerner* votre peur avec précision, par déterminer ce qui vous effraie dans le processus d'affirmation de soi. Consignez systématiquement vos réactions dans votre journal. Apprenez à discerner ce qui intensifie votre anxiété. La section ci-dessous vous aidera à mieux connaître votre anxiété.

L'échelle des degrés subjectifs de perturbation

L'«échelle des degrés subjectifs de perturbation» est un outil merveilleux qui sert à déterminer son propre niveau d'anxiété (l'échelle va de 0 à 100). Comme l'anxiété est également ressentie au plan physique, vous pouvez prendre conscience de votre malaise en vous mettant à l'écoute de votre corps: battements cardiaques (pouls), respiration, mains et pieds froids, transpiration (surtout dans les mains) et tensions musculaires. (Il existe d'autres réactions physiques, mais la plupart des gens n'en sont généralement pas conscients. On a parfois recours au biofeedback pour enseigner aux gens à reconnaître les moments où ils sont détendus ou anxieux grâce à un appareil qui mesure automatiquement les signaux d'alarme physiques.)

Essayez ceci: détendez-vous le plus possible dès maintenant. Étendez-vous sur le canapé ou le sol, ou relaxez-vous dans votre fauteuil. Inspirez profondément, relâchez tous les muscles de votre corps et imaginez une scène très reposante (vous êtes étendu sur la plage, vous flottez dans les nuages). Continuez de vous détendre pendant au moins cinq minutes en surveillant vos pulsations cardiaques, votre respiration, la température et la moiteur de vos mains et votre détente musculaire. Ce sentiment de détente équivaudrait à la force 0 de l'échelle, soit à un degré presque total de relaxation. Si vous ne faisiez pas cet exercice, mais si vous vous contentiez de lire calmement ce passage dans une position confortable, vous atteindriez à peu près 20 sur la même échelle.

À l'autre extrémité, imaginez la scène la plus terrifiante qui soit. En gardant les yeux fermés, imaginez-vous en train d'échapper de justesse à un accident, ou au beau milieu d'un tremblement de terre, ou d'une inondation. Surveillez vos manifestations physiques: pulsations cardiaques, respiration, température et degré d'humidité des mains, tensions musculaires. Ces sentiments de frayeur correspondent à la force 100 de l'échelle, soit à une anxiété presque totale.

Vous possédez donc maintenant une échelle de confort et d'inconfort grossièrement calibrée qui vous aidera à évaluer votre degré d'anxiété dans n'importe quelle situation. Chaque tranche de dix points sur l'échelle représente une «différence tout juste remarquable» par rapport aux chiffres supérieurs ou inférieurs. Ainsi, la force 70 représente un degré d'anxiété légèrement supérieur à 60 et légèrement inférieur à 80. (L'échelle est trop subjective pour qu'on puisse tenir compte des écarts inférieurs à dix points.)

La plupart d'entre nous fonctionnent normalement avec un degré d'anxiété se situant entre 20 et 50. Quelques situations de la vie feront grimper ce taux d'anxiété au-dessus de 50 pendant de courtes périodes ou baisser au-dessous de 20 dans de rares occasions (pour la plupart d'entre nous du moins!).

L'échelle des degrés subjectifs de perturbation peut vous aider à identifier des situations plus délicates. Une fois encore, soyez systématique dans vos observations, cela peut vous être extrêmement utile! La méthode ci-dessous vous montre comment employer l'échelle pour élaborer un «plan d'attaque» destiné à éliminer vos peurs.

Énumérer, grouper, nommer

Nous nous inspirerons d'une méthode élaborée par Patsy Tanabe-Endsley dans le domaine de l'écriture créative. Dans son livre intitulé *Project Write* (Projet d'écriture), l'auteure indique comment énumérer, grouper et nommer des idées. Nous emploierons son système en remplaçant la notion d'«idées» par celle de «peurs et motifs d'anxiété».

Commencez par énumérer les situations qui vous effraient ou vous angoissent. Notez également dans votre journal toutes les réactions de peur ou d'anxiété qui vous empêchent de vous affirmer en précisant la situation ou l'événement, les personnes concernées, les circonstances, et les autres facteurs pertinents. En suivant la méthode décrite précédemment, assignez à chacun des éléments de votre liste une valeur sur l'échelle des degrés subjectifs de perturbation.

Ensuite, *groupez* les réactions qui sont similaires ou possèdent un dénominateur commun. Puis essayez de donner un *nom* approprié à chaque groupe de facteurs anxiogènes. Vos groupes comprendront peut-être certaines phobies courantes comme la peur des serpents, des araignées, des hauteurs ou des endroits clos. Mais ce sont plutôt vos peurs liées aux relations interpersonnelles qui vous empêchent de vous affirmer: peur des critiques, du rejet, de la colère ou de l'agressivité ou crainte de heurter les sentiments des autres.

L'un de vos groupes met peut-être en relief une ou plusieurs des situations décrites dans le bilan d'affirmation du chapitre 7. Au lieu de la peur classique du rejet, vous éprouvez peut-être une profonde anxiété lorsque vous faites la queue quelque part ou que vous avez affaire à un vendeur. Ce sont peut-être les symboles d'autorité qui vous terrorisent. Il est clair que vous ne pouvez vous affirmer pleinement si l'anxiété vous mine.

Poussons maintenant un peu plus loin cette analyse de vos peurs. Classez les éléments de chacun de vos groupes en fonction des pointages que vous leur avez attribués sur l'échelle des degrés subjectifs. Vous possédez maintenant un programme global de travail, doublé d'un ordre de priorité en ce qui concerne vos peurs! En règle générale, mieux vaut tenter de réduire ou de surmonter ses peurs les plus perturbatrices avant d'essayer d'approfondir ses aptitudes à s'affirmer.

La page type de journal qui suit vous aidera à clarifier ce processus.

Le 23 mars 1992

Aujourd'hui, je noterai les situations qui m'angoissent en y ajoutant un pointage sur l'échelle des degrés de malaise que je ressens. Je compte essayer la méthode «énumérer, grouper, nommer» pour voir si mes peurs suivent certains modèles.

1. Un article de magazine portant sur les opérations
   à cœur ouvert m'a donné la nausée. 50

2. J'étais peiné de voir que Josée ne me parlait pas
   au déjeuner. 30

3. Mon patron a eu l'air dégoûté par mes erreurs. 65

4. Élise m'a dit qu'elle avait parlé à Corinne (mon ex-femme)
   au sujet des enfants. J'étais vraiment en colère contre
   Corinne qui a critiqué ma façon d'élever les enfants ....80!

5. Ma colocataire ne m'a pas aidé à faire la vaisselle. 55

6. Me suis coupé le doigt; la vue du sang m'a donné
   mal au cœur. 35

7. J'étais gêné d'arriver en retard à ma réunion. 25

8. Mes amis m'ont taquiné à propos de
   ma nouvelle coupe de cheveux. 25

   Groupes: Noms:
   A. 2, 3, 7, 8   Sensibilité excessive
   B. 4, 5   Colère
   C. 1, 6   Peur du sang

Eh bien, si c'est une journée typique, il semble que je sois plus sensible à la critique que je ne le pensais. Je devrais peut-être essayer cet exercice de «désensibilisation» dont G. m'a parlé.

Surmonter l'anxiété

Ayant soigneusement identifié les peurs et motifs d'anxiété qui vous empêchent de vous affirmer, vous aimeriez sans doute établir un programme de travail qui vous permettra de les surmonter. Il existe, pour cela, un certain nombre de méthodes efficaces. Comme on pourrait écrire un livre entier sur ce sujet, nous nous contenterons de décrire une méthode appréciée et bien connue, puis nous vous indiquerons où trouver des renseignements supplémentaires.

L'un des pionniers dans le domaine de l'affirmation de soi, le psychiatre Joseph Wolpe, a mis au point une méthode extrêmement valable qui permet d'affronter l'anxiété et qu'il a appelée *désensibilisation systématique,* fondée sur le processus même de l'apprentissage; vous avez *appris* à être anxieux à l'idée de vous affirmer et vous pouvez le *désapprendre.* Personne n'est né craintif!

En termes pratiques, on ne peut pas être détendu et anxieux à la fois. Le processus de désensibilisation demande l'association alternée et répétée d'une situation anxiogène et d'un sentiment de détente profond et généralisé. Il s'agit d'apprendre graduellement à associer «automatiquement» la situation avec un sentiment de détente plutôt que d'anxiété. Lorsque cette désensibilisation est effectuée sous la surveillance d'un thérapeute, le client apprend d'abord à détendre son corps entièrement, en pratiquant une série d'exercices, ou par l'entremise de l'hypnose. On lui présente ensuite la situation anxiogène sous forme d'une suite de scènes imaginaires placées dans un ordre croissant, de la moins anxiogène à la plus anxiogène.

Voici comment fonctionne cette technique: supposons que vous avez le vertige. Gravir une échelle provoque en vous une anxiété qui augmente à chaque échelon. Lors de votre première séance, vous apprenez à vous détendre profondément. On vous demande de visualiser en détail une scène relaxante: vous êtes, par exemple, étendu sur une plage ou dans un hamac, ou flottant dans les nuages. Vous devez répéter cet exercice de détente plusieurs jours de suite.

Dans une séance ultérieure, le thérapeute vous invite à vous détendre complètement, à fermer les yeux et à visualiser votre scène de détente. Puis il vous amène, en pensée, à placer le pied sur le premier barreau de l'échelle et à prendre conscience de votre anxiété. Cinq à quinze secondes plus tard, vous visualisez de nouveau votre scène de détente. On répète ce procédé plusieurs fois pour chaque échelon et cette exposition répétée à votre situation anxiogène pendant que vous êtes détendu réduit graduellement l'anxiété associée à votre stimulus.

Cette technique est un peu complexe, mais elle s'est avérée efficace pour un éventail de peurs telles que la peur phobique des hauteurs, des animaux, des examens, des contacts sociaux, de l'avion, de l'expression en public, et bien d'autres.

Si votre anxiété vous inquiète, lisez donc certains ouvrages à ce sujet. En voici deux excellents: *BT (Behavior Therapy)* (Thérapie comportementale) de Spencer Rathus (1978) et *StressMap* (Carte du stress) de Michele Haney et Ed Bœnisch (1982). Ces deux ouvrages explorent des méthodes personnelles de réduction de l'anxiété et décrivent d'autres techniques.

Attendez-vous à consacrer du temps (plusieurs semaines sans doute) à la pratique des méthodes de réduction de l'anxiété décrites ici et dans les ouvrages mentionnés ci-dessus. Vous avez mis du temps à apprendre à être anxieux; il vous faudra du temps pour apprendre à surmonter ce sentiment.

Ces explications sur l'anxiété reliée à l'affirmation de soi ne visent pas à vous décourager, au contraire. La plupart des lecteurs arrivent à surmonter le léger malaise qu'ils éprouvent à l'idée de s'affirmer sans difficulté majeure. Quelques-uns, toutefois ne peuvent franchir seuls certains obstacles. N'hésitez pas à demander de l'aide, de même que vous consulteriez un médecin si vous avez mal quelque part. Puis, lorsque vous aurez surmonté l'obstacle que constitue votre anxiété, revenez au processus décrit dans cet ouvrage pour apprendre à vous affirmer.

Sommaire

La perspective et le fait de s'affirmer provoquent souvent des sentiments de nervosité, d'anxiété et de peur. Souvent, la pratique de réactions affirmatives ramènera ces sentiments inconfortables à un niveau tolérable. Avec l'habitude, vous trouverez tout naturel de vous

affirmer. Si vous éprouvez encore de la crainte, il existe des façons
systématiques d'identifier les situations qui déclenchent cette réaction
en vous et de réduire votre degré d'anxiété.

La simple compréhension d'une peur est rarement assez puissante
pour atténuer celle-ci de façon significative. Des méthodes exigeant un
effort personnel pour éliminer ou ramener la peur à des niveaux tolérables sont souvent efficaces. Nous vous conseillons de faire appel à un
thérapeute professionnel si vos efforts ne sont pas suffisants.

Comment allez-vous?

Ici et là dans cet ouvrage, nous avons inséré une «pause»
afin de vous inciter à faire le point. Il s'agit d'une petite vérification périodique pour vous aider à demeurer sur la bonne voie.

Prenez un moment pour répondre aux questions ci-dessous.
Soyez honnête avec vous-même et laissez vos réponses guider
vos prochains pas.

• Avez-vous lu et compris tous les points exposés dans les
chapitres précédents?

• Nos explications et nos exemples concordent-ils avec votre
expérience personnelle?

Si ce n'est pas le cas, pouvez-vous les adapter à vos
besoins?

• Le terme «s'affirmer» commence-t-il à prendre une signification concrète pour vous?

• Vous êtes-vous fixé des objectifs préliminaires concernant
votre aptitude à vous affirmer?

• Tenez-vous un journal de bord?

• Avez-vous demandé de l'aide si vous souffrez d'anxiété ou
si vous vous heurtez à d'autres obstacles?

• Avez-vous identifié vos faiblesses, c'est-à-dire ce qui vous
empêche de vous affirmer: anxiété, réserve, timidité excessive?

CHAPITRE 11

Acquérir les aptitudes nécessaires pour s'affirmer

On ne peut conserver la paix par la force.
Seule la compréhension permet de le faire.
Albert Einstein

Peut-être avez-vous déjà entendu ceci: «Quand deux ingénieurs (avocats, ménagères, plombiers, infirmières) se réunissent et qu'un psychologue se joint à eux (à elles), on a alors deux ingénieurs et un psychologue, mais quand deux psychologues se réunissent et qu'un ingénieur (ou un membre de la profession de votre choix) se joint à eux, on a alors trois psychologues!» Chacun se prend pour un psychologue en quelque sorte. En fait, nous possédons tous des connaissances de base sur le comportement humain, y compris sur le nôtre.

Modifier son comportement et ses attitudes

On entend souvent dire que, pour s'améliorer, il faut «changer d'attitude». Pendant longtemps, jusqu'à tout récemment en fait, les psychologues soutenaient qu'il était plus important de modifier son *comportement* d'abord, si l'on voulait modifier son attitude.

De nombreuses recherches, dans un domaine de la psychologie appelé *psychologie cognitivo-comportementale*, ont démontré que bien des gens peuvent apporter des changements dans leur vie en modifiant *leurs pensées tout autant que leurs actes.*

Dans les trois premières éditions de notre livre, nous avions rallié la position traditionnelle en matière de thérapie comportementale, à savoir qu'il est plus facile et plus efficace de modifier d'abord son comportement, ce qui entraîne un changement d'attitude progressif. Même si nous croyons toujours que changer d'attitude est la tâche la plus ardue, nous savons que l'on peut modifier ses modèles de pensée grâce à des techniques comme celles que nous avons décrites au chapitre 9 et que ces changements exerceront une puissante influence sur le comportement.

Les *pensées positives à l'égard de soi-même* illustrent très bien cette théorie. En vous répétant consciemment: «Je suis capable de réussir dans cette situation», vous augmentez nettement vos chances de succès, même si vous n'effectuez pas d'autre changement. Nous voyons et interprétons les événements de la vie à travers notre propre bagage d'attitudes et d'idées que nous avons sur nous-même et sur le monde, et nous agissons en fonction d'elles. Si je suis persuadé que je ne suis bon à rien, j'aborderai les événements de la vie dans une perspective d'échec, augmentant ainsi mes chances d'échouer. Par contre, si je me dis que je suis capable de réussir, mes actes suivront plus probablement une courbe de réussite.

Pendant un moment, les «gars du modèle cognitif» ont convaincu tout le monde qu'il était primordial de modifier sa façon de pensée. C'est ce qui se produit habituellement quand une nouvelle idée émerge de la recherche en psychologie. Récemment, le «pendule» est revenu à une position plus modérée et voici notre opinion: *la pensée tout comme le comportement jouent un rôle crucial dans l'évolution de la croissance personnelle.* Certaines personnes ont plus de facilité à modifier leurs pensées (modèle cognitif) alors que d'autres obtiennent de meilleurs résultats en travaillant sur leur comportement (modèle comportemental). Tout programme complet de croissance devrait donc aborder ces *deux* aspects. Mettez toute votre énergie dans la méthode qui est la plus efficace pour *vous!* (Il est amusant de voir comment les chercheurs en psychologie finissent par entendre raison quand on leur en laisse le temps!)

Comme vous amorcez un programme d'affirmation de soi, nous ne vous demanderons pas de vous lever un bon matin en disant: «Aujourd'hui, je m'affirme!» Vous trouverez au prochain chapitre une méthode progressive et systématique de changement. La clé, lorsqu'on veut apprendre à s'affirmer, c'est de s'y *entraîner*.

Les cycles de comportement tendent à se répéter et à se perpétuer jusqu'à ce qu'on intervienne énergiquement. Les personnes qui ont l'habitude de ne pas s'affirmer ou de se montrer agressives n'ont pas une haute opinion d'elles-mêmes. Leur attitude timorée ou méchante à l'égard des autres ne leur vaut que des réactions de mépris ou de rejet. Devant ces réactions inévitables, elles se disent: «Je sais bien que je ne vaux rien!» Ces réactions confirment leur piètre estime de soi et le cercle vicieux se perpétue indéfiniment: comportement infructueux, réaction négative de la part des autres, autocritique, insatisfaction personnelle, etc.

On peut renverser ce cycle et le rendre positif: un comportement plus affirmatif entraîne, chez les autres, des réactions positives qui renforcent l'estime qu'on a de soi: «C'est formidable! Les autres me traitent comme si j'étais quelqu'un de bien!»; en fait, la personne qui a une plus haute estime d'elle-même sera portée à s'affirmer davantage.

On peut également influencer ce cycle au niveau des pensées: en répétant des pensées positives à l'égard de soi-même et en commençant à se voir comme une personne de qualité, on adoptera un comportement plus approprié. Ce comportement plus efficace provoquera des réactions plus positives chez les autres, ce qui confortera l'individu: «Je *suis* peut-être quelqu'un de bien, après tout!»

Harold était convaincu, depuis des années, qu'il était nul. Il dépendait entièrement de sa femme sur le plan affectif et, en dépit d'un physique agréable et de sa facilité d'élocution, il n'avait pas d'amis. Imaginez son désespoir lorsque sa femme le quitta! Heureusement, il suivait déjà une thérapie à l'époque et était prêt à faire des efforts pour rencontrer des gens. Lorsque ses premières tentatives pour s'affirmer auprès des femmes furent couronnées de succès, il se sentit terriblement stimulé! L'image qu'il avait de lui-même se modifia du tout au tout et il ne cessa de s'affirmer dans un nombre croissant de situations.

L'affirmation de soi n'apporte pas cette satisfaction immédiate à tout le monde; de même que tous les comportements affirmés ne donnent pas toujours de résultats. Il faut beaucoup de patience pour réussir et apprendre graduellement à affronter des situations de plus en plus délicates.

Nous avons découvert que, en général, *s'affirmer* est *gratifiant*. Cela fait du bien de voir que les autres vous portent une attention accrue, que les choses se passent plus souvent comme vous le souhaitiez, et que vous atteignez vos objectifs. Libre à vous de provoquer ces changements!

Rappelez-vous que vous devez commencer par vous affirmer dans des situations que vous êtes à peu près certain de surmonter avant d'aborder des situations exigeant un alliage plus grand de confiance et d'aptitudes. Demander l'appui d'un ami, d'un partenaire de travail, d'un professeur ou d'un thérapeute peut s'avérer utile et réconfortant.

N'oubliez pas qu'un changement de comportement entraîne un changement d'attitude à l'égard de soi-même tout en modifiant l'effet que l'on produit sur les gens et les situations. Inversement, un changement de pensées entraîne un changement de comportement. Vous trouverez, au prochain chapitre, les étapes à suivre pour amorcer ces changements. Commencez par le lire attentivement, puis mettez en pratique les différentes étapes décrites. Vous serez heureux des transformations que vous constaterez en vous!

Prêt à commencer?

Premièrement, assurez-vous de bien comprendre les principes de base de l'affirmation de soi. Pour réussir, il importe que vous saisissiez bien la différence entre un comportement affirmatif et un comportement agressif. Relisez les chapitres 2, 4 et 5 au besoin.

Deuxièmement, décidez si vous êtes prêt à tenter de vous affirmer de votre propre chef. Si vous êtes du type non affirmatif ou agressif, *ou* que vous êtes très anxieux, soyez prudent. Nous vous conseillons de commencer lentement et de travailler avec un tiers, de préférence un thérapeute qualifié qui vous servira de conseiller. Cette recommandation s'applique particulièrement aux personnes qui éprouvent une anxiété *très forte* à l'idée de commencer ce travail, comme nous l'avons expliqué au chapitre 10.

Troisièmement, vos premières tentatives doivent s'appliquer à des situations présentant de fortes chances de succès, afin de renforcer vos efforts. Plus vos premiers succès seront grands, plus vos futures chances de réussite seront élevées.

Commencez par de petits gestes affirmatifs susceptibles d'être gratifiants, puis passez progressivement à des comportements plus difficiles. Soyez prudent lorsque vous décidez de vous affirmer dans une situation compliquée sans préparation préalable. Et veillez surtout à ne pas vous affirmer dans des cas où vous êtes susceptible d'échouer lamentablement, ce qui mettrait un frein à toute tentative ultérieure d'affirmation.

Si vous essuyez un revers, ce qui est très possible, prenez le temps d'analyser soigneusement la situation et de retrouver votre confiance en vous, avec l'aide d'un ami ou d'un conseiller au besoin. Au début de cet apprentissage, il n'est pas rare de se heurter à des difficultés attribuables à une technique inappropriée, à une maladresse, ou à un excès de zèle poussé jusqu'à l'agressivité. Ces deux attitudes peuvent avoir des conséquences négatives, surtout si l'autre personne se cabre. Ne vous laissez pas intimider par un incident de ce genre. Réévaluez votre objectif et rappelez-vous que, même si le succès exige de la pratique, de grandes récompenses vous attendent.

Vous connaîtrez des échecs. Les méthodes proposées ici ne vous garantissent pas un succès total. Il n'existe pas de solution miracle ou instantanée aux problèmes de la vie. L'affirmation de soi ne donne pas toujours de résultats pour *nous* non plus! Il se peut que vos objectifs soient incompatibles avec ceux de l'autre. Deux personnes ne peuvent passer en premier en même temps. (S'affirmer, c'est aussi s'effacer pour laisser passer l'autre.) À certains moments, les autres peuvent se montrer déraisonnables ou refuser de céder et vous aurez beau vous affirmer, cela ne servira à rien.

En outre, l'erreur est humaine. Accordez-vous le droit de vous tromper! Vous traverserez des moments de découragement, d'incertitude, de déception. Réévaluez vos objectifs, exercez-vous et essayez de nouveau.

Si vous essuyez de trop fréquents échecs, faites le point. Vos objectifs sont-ils trop élevés? Adoptez la méthode des petits pas, garantie du succès! Souffrez-vous d'un excès de zèle au point de vous montrer agressif? Surveillez attentivement votre comportement: observez-le en vous servant de votre journal. (Attendez-vous à être plus agressif au début: le pendule reviendra vite au milieu.)

Nous voulons tous nous affirmer avec succès et atteindre nos objectifs. Néanmoins, la plus grande valeur de l'affirmation de soi tient au sentiment de bien-être qui accompagne le fait de s'être exprimé. Savoir que l'on a parfaitement le droit de s'exprimer et se sentir libre de manifester ses sentiments, voilà les meilleures récompenses.

Vous verrez que, en règle générale, s'affirmer fait bouger les choses. Mais que vous réussissiez ou non, rappelez-vous le bien-être qui vous envahit lorsque vous faites valoir vos droits. Vous avez fait de votre mieux, même si vous n'avez pas obtenu le résultat espéré. Si vous avez vraiment donné le meilleur de vous-même, vous ne pouvez pas demander plus.

Une dernière mise en garde: rien ne dégoûte autant les gens qu'une attitude vertueuse. Évitez le piège dans lequel tombent certains de nos participants qui se croient *tenus* de s'affirmer dans toutes les situations et à tout prix. Pratiquez la modération, la considération pour les autres et le bon sens! (Lisez le chapitre 9 à ce sujet.)

Prêt à continuer? Le chapitre 12 vous indique comment procéder, étape par étape.

CHAPITRE 12

Un pas à la fois

*Croyez en la vie! Les êtres humains pro-
gresseront toujours vers une vie plus épa-
nouie, plus ouverte et plus riche.*
W.E.B. DuBois

Comment apprendre à s'affirmer étape par étape:

Étape 1. Observez votre comportement. Vous affirmez-vous
d'une manière appropriée? Êtes-vous satisfait des résultats obtenus
dans vos relations? Relisez votre journal et les explications des chapitres 1 à 6, et évaluez votre sentiment à l'égard de vous-même et de
votre comportement.

Étape 2. Notez vos progrès. Tenez soigneusement votre journal
pendant une semaine. Décrivez-y chaque jour les situations dans lesquelles vous vous êtes affirmé, celles où vous avez échoué et celles
que vous avez évitées parce que vous ne vouliez pas avoir à vous affirmer. Soyez honnête avec vous-même et systématique: suivez les
lignes de conduite du chapitre 7 touchant l'évaluation de soi-même.

Étape 3. Fixez-vous des objectifs réalistes. Votre évaluation personnelle vous aidera à établir des objectifs précis à atteindre au cours
de votre démarche de croissance personnelle. Choisissez des situations
ou des personnes dans lesquelles et avec lesquelles vous voulez vous
affirmer davantage. Assurez-vous de commencer par une étape facile

comportant peu de risques afin de maximiser vos chances de succès. (Voir le chapitre 8.)

Étape 4. Concentrez-vous sur une situation précise. Fermez les yeux quelques instants et imaginez comment vous agiriez dans un cas précis (on ne vous rend pas la monnaie exacte au supermarché, un ami vous retient au téléphone alors que vous êtes débordé, votre patron vous prend pour un minus parce que vous avez commis une erreur négligeable). Imaginez la scène dans tous ses détails, sans oublier les sentiments éprouvés sur le coup et après coup. L'annexe A renferme de nombreux exemples de situations à partir desquelles vous pourrez vous exercer.

Étape 5. Passez vos réactions en revue. Décrivez, dans votre journal, le comportement imaginé à l'étape 4. Reportez-vous aux composantes du comportement affirmatif décrites au chapitre 6 (contact visuel, posture, gestes, physionomie, voix, contenu du message, etc.) Examinez attentivement les composantes de votre comportement pendant l'incident revécu, sans oublier vos pensées. Notez vos points forts. Soyez conscient des éléments propres à un comportement non affirmatif ou agressif. Si votre réaction est en grande partie teintée d'anxiété, relisez les explications du chapitre 10. Ne vous obligez pas à affronter des situations très pénibles, mais n'évitez pas non plus les occasions de grandir lorsqu'une situation ne vous cause qu'un léger malaise.

Étape 6. Observez un modèle efficace. À ce stade-ci, vous auriez intérêt à observer une personne qui se tire très bien de la même situation. Ici encore, surveillez les composantes décrites au chapitre 6, en particulier le *style* (les mots ont moins d'importance). Si votre modèle est un ami ou une amie, discutez avec lui (ou elle) de son mode d'approche et des conséquences de celui-ci.

Étape 7. Envisagez diverses réactions. Quels sont les autres comportements que vous pourriez adopter dans les circonstances? Pourriez-vous affronter la situation d'une manière plus directe? Avec une plus grande fermeté? D'une manière moins agressive? Reportez-vous au tableau du chapitre 4 et faites la différence entre une réaction non affirmative, affirmative et agressive.

Étape 8. Imaginez que vous affrontez la situation. Fermez les yeux et imaginez que vous affrontez la situation avec efficacité. Vous pouvez imiter le modèle choisi à l'étape 6 ou adopter une tout autre conduite. Affirmez-vous, mais restez vous-même autant que possible. Trouvez des façons de dépasser vos blocages pendant cet exercice de visualisation. Si l'anxiété vous envahit, calmez-vous. Si des pensées négatives viennent s'immiscer dans votre esprit, remplacez-les par des énoncés positifs. Rectifiez votre attitude au fur et à mesure. Remédiez en pensée aux lacunes de votre comportement affirmatif. Répétez cette étape aussi souvent que nécessaire jusqu'à ce que vous puissiez vous imaginer en train d'affronter sereinement la situation en question.

Étape 9. Pratiquez la pensée positive. Consacrez un peu de temps à la relecture du chapitre 9. Dressez une liste de brefs énoncés positifs vous concernant, en rapport avec la situation (par exemple: «J'ai déjà passé des entrevues et je m'en suis très bien tiré»). Entraînez-vous à vous répéter ces affirmations à plusieurs reprises. Rappelez-vous qu'il ne s'agit pas d'un «scénario» que vous devrez redire à un tiers, mais d'un «souffleur» qui vous indique les mots que vous devrez vous formuler à vous-même.

Étape 10. Demandez de l'aide au besoin. Comme nous l'avons déjà mentionné, apprendre à vous affirmer peut exiger un grand effort de votre part. Si vous vous sentez incapable d'affronter seul les situations que vous avez imaginées, recherchez l'aide d'un professionnel qualifié (voir l'annexe C).

Étape 11. Faites un essai. Vous avez imaginé votre comportement, envisagé différentes réactions, observé un modèle dont les réactions sont bien adaptées à la situation, et répété des énoncés positifs à propos de vous-même. Vous êtes maintenant prêt à essayer de nouvelles façons d'affronter la situation délicate qui vous fait peur. Vous éprouverez peut-être le besoin de passer en revue les étapes 6, 7, 8 et 9 jusqu'à ce que vous soyez prêt. Vous devez à tout prix adopter un comportement différent et plus efficace dans la situation choisie. Vous désirerez peut-être copier l'attitude de votre modèle. Agissez comme bon vous semble, mais souvenez-vous que vous êtes unique. Peut-être trouverez-vous que le mode d'approche de votre modèle ne vous convient pas.

Ayant choisi un comportement plus efficace, faites un jeu de rôle avec un ami, un partenaire de travail, un professeur ou un thérapeute. Essayez de vous en tenir au nouveau modèle de réaction que vous avez choisi. Comme aux étapes 2, 4 et 5, observez attentivement votre comportement, en vous servant d'un magnétophone ou d'un magnéto-scope si possible. Ne vous inquiétez pas si vos objectifs ne sont pas parfaitement clairs. En essayant de nouvelles réactions, vous prendrez davantage conscience de ce que vous voulez atteindre au juste dans cette situation précise.

Étape 12. Révisez vos réactions. Cette étape est essentiellement la même que l'étape 5, sauf qu'elle met davantage l'accent sur les aspects positifs de votre comportement. Concentrez-vous sur les points forts de votre performance et essayez d'améliorer vos points faibles.

Étape 13. Façonnez votre comportement. Vous devez répéter les étapes 8, 9, 11 et 12 aussi souvent qu'il le faut pour «façonner» votre comportement (grâce à ce processus d'approximations successives) jusqu'à ce que vous soyez prêt à affronter la situation avec succès.

Étape 14. L'épreuve du feu. Vous êtes maintenant prêt à soumet-tre votre nouveau modèle de réaction à l'épreuve du feu. Jusqu'ici, vous vous êtes préparé dans un environnement plutôt sécurisant. Néanmoins, un entraînement minutieux et des exercices répétés vous ont préparé à réagir de manière quasi automatique. Vous devriez être prêt à faire un essai. Si vous ne l'êtes pas, il vous faut peut-être d'autres répétitions ou de l'aide (refaites les étapes 8 à 12). Passer de la parole aux actes (vous affirmer face à vous-même) est peut-être l'étape la plus importante de toutes!

Étape 15. Un entraînement supplémentaire. Refaites les étapes précédentes en imaginant d'autres situations qui vous embarrassent afin de vous habituer à adopter les comportements désirés. Cherchez, dans le chapitre 5 et l'annexe A, des exemples susceptibles de vous aider à planifier votre programme de changement.

Étape 16. Renforcement social. Comme toute dernière étape du processus d'acquisition d'un modèle de comportement indépendant, il est important que vous compreniez la nécessité d'obtenir un appui constant et des récompenses. Afin de conserver vos nouvelles aptitudes à vous affirmer, établissez un système de récompenses dans votre propre milieu. Par exemple, vous connaissez désormais le sentiment de bien-être qui accompagne l'affirmation de soi et vous pouvez être assuré de la constance de cette satisfaction. Vous jouirez également de l'admiration des autres, autre réaction positive durable face à vos progrès. Dans votre journal, dressez une liste de renforcements précis propres à votre milieu et à vos relations.

Si nous avons expliqué en détail ce processus graduel, c'est que son efficacité ne fait plus aucun doute pour nous. Même si nous soulignons l'importance qu'il y a à procéder systématiquement, nous vous conseillons de tenir compte de vos besoins, de vos objectifs et de votre style d'apprentissage. Créez un milieu d'apprentissage qui vous aidera à vous affirmer de plus en plus. Aucun système ne convient à tout le monde.

Un certain nombre de méthodes destinées à l'apprentissage de l'affirmation de soi ont donné d'excellents résultats. Consultez la bibliographie, à la fin de cet ouvrage, et lisez les textes qui vous intéressent.

Rien, bien sûr, ne peut remplacer la *pratique active* des pensées et des comportements positifs pour apprendre à s'affirmer et à récolter les bienfaits de cette attitude.

Comment allez-vous?

Ici et là dans cet ouvrage, nous avons inséré une «pause» afin de vous inciter à faire le point. Il s'agit d'une petite vérification périodique pour vous aider à rester sur la bonne voie.

Prenez un moment pour répondre aux questions ci-dessous. Soyez honnête avec vous-même et laissez vos réponses guider vos prochains pas.

• Avez-vous lu et compris tous les points exposés dans les chapitres précédents?

• Nos explications et nos exemples concordent-ils avec votre expérience personnelle?

Si ce n'est pas le cas, pouvez-vous les adapter à vos besoins?

• Faites-vous les exercices suggérés et répondez-vous aux questions?

• Le terme «s'affirmer» commence-t-il à prendre une signification concrète pour vous?

• Vous êtes-vous fixé des objectifs préliminaires concernant vos progrès sur le plan de l'affirmation de soi?

• Tenez-vous un journal?

• Avez-vous demandé de l'aide si vous souffrez d'anxiété ou si vous vous heurtez à d'autres obstacles?

• Avez-vous identifié vos faiblesses, c'est-à-dire ce qui vous empêche de vous affirmer: anxiété, réserve, timidité excessive?

CHAPITRE 13

Des relations fondées sur l'égalité grâce à l'affirmation de soi

L'unité est plurielle et comprend au moins deux éléments.

R. Buckminster Fuller

«Défendez-vous!» voilà le slogan fréquemment associé à l'idée d'affirmation de soi. La première édition de notre livre préconisait d'ailleurs presque uniquement ce type de comportement. Dans une critique de cette édition, publiée dans la revue professionnelle *Behavior Therapy*, feu le psychiatre Michael Serber, un collègue qui exerça une influence déterminante sur notre travail, soulignait cette lacune. Il écrivait (1971):

> *Certes, il est urgent d'acquérir les aptitudes comportementales nécessaires pour affronter les multiples situations personnelles, sociales et professionnelles auxquelles se heurtent la majorité des gens. Mais qu'en est-il des autres aptitudes, tout aussi nécessaires, comme l'aptitude à donner et à recevoir de la tendresse? Exprimer son affection à d'autres, n'est-ce pas également s'affirmer?... La capacité d'exprimer sa chaleur et sa tendresse, de donner et de recevoir des sentiments, y compris la colère, a drôlement besoin... d'une attention spéciale... les buts humanistes et les techniques comportementales peuvent tous deux entraîner l'apparition de nouveaux comportements significatifs et concrets.*

Nous avons remarqué que, pour beaucoup, il est plus difficile d'exprimer des sentiments positifs et affectueux que de «se défendre». Les manifestations de tendresse sont souvent réprimées, surtout chez les adultes. La gêne, la crainte du ridicule ou du rejet, la croyance en la supériorité de la raison sur l'émotion, voilà des excuses pour ne pas exprimer spontanément sa chaleur, sa tendresse et son amour.

Certaines personnes trouvent même difficile de dire «merci». Gérard était à la tête d'une gigantesque organisation; il avait la réputation d'être avare de compliments envers les membres de son personnel. Il était rare qu'il reconnût, récompensât ou soulignât, de quelque façon que ce soit, un travail bien fait. Parce que le PDG avait peur d'adopter une attitude chaleureuse et positive (il risquait de paraître «mou» ou d'autres pouvaient *s'attendre* à des récompenses), le moral du personnel de cette entreprise était au plus bas.

Dans notre société, exprimer ouvertement son affection semble être un comportement à «haut risque». Quel dommage pour nous tous que nous réprimions ainsi nos sentiments! S'entraîner à s'affirmer peut nous inciter à exprimer plus librement nos sentiments positifs à l'égard d'autrui.

«Ce dont le monde a aujourd'hui besoin...»

Il y a trente ans, le psychanalyste Erich Fromm énumérait cinq types d'amour dans son excellent ouvrage *L'art d'aimer*. Malgré son âge, les principes énoncés dans ce livre sont éternels: amour fraternel, amour maternel, amour érotique, amour de Dieu et amour de soi.

Aujourd'hui, le porte-parole de l'«amour» à la mode est Léo Buscaglia, psychologue scolaire et ancien professeur à l'université Southern California. Buscaglia invite les gens à réfléchir à l'amour et à en parler en tant que culture populaire. Reste à voir si son influence sera aussi durable que celle d'Erich Fromm. Il n'en reste par moins qu'il est sain, pour une société, de parler ouvertement de l'amour — surtout lorsque, comme la nôtre, elle insiste tellement sur la guerre, la violence et la criminalité.

L'amour fraternel, soit celui que l'on porte à nos frères humains, diffère grandement de notre conception de l'«amour» romantique. Or, il est vital pour notre petite planète où les êtres humains vivent dans une étroite interdépendance.

S'affirmer et s'exprimer d'une manière efficace ne peuvent que nous aider à établir des contacts positifs et égalitaires indispensables dans toute relation humaine.

Certaines personnes ne sont, bien sûr, pas d'accord avec nous. Elles identifient l'affirmation de soi à l'idéal narcissique des années soixante-dix, où cette discipline était présentée par des formateurs négligents, peu qualifiés et parfois carrément immoraux, qui prétendaient vous aider à n'en faire qu'à votre tête: «Ouais, n'est-ce pas là qu'on apprend à marcher sur les pieds des autres?» Certains ouvrages populaires, axés sur l'affirmation de soi, prônaient également la manipulation et l'égoïsme.

Or, l'affirmation authentique de soi n'a *rien* à voir avec tout cela. Nous croyons que le monde est trop petit et les relations humaines trop vitales pour que l'on puisse penser ainsi. Nous espérons que vous serez d'accord avec nous et que vous mettrez votre aptitude à vous affirmer au service de relations saines, aimantes et fondées sur l'égalité.

Aller vers les autres

Exprimer sa tendresse à quelqu'un, c'est certainement s'affirmer. Et, comme c'est souvent le cas quand on s'affirme, l'action en soi est plus importante que les mots qu'on emploie. Cela est encore plus vrai des manifestations de tendresse. Rien n'est plus personnel qu'une attitude qui exprime: «Tu es important pour moi en ce moment.»

Voici quelques façons de transmettre ce message:

• Une poignée de main chaleureuse, ferme et prolongée.

• Une étreinte, un serrement de bras, un bras passé autour des épaules de l'autre, une tape amicale dans le dos, la pression d'une main affectueusement tenue.

• Des mots chaleureux et sincères comme:

«Merci.»

«Tu es merveilleux/merveilleuse!»

«Je comprends vraiment ce que tu veux dire.»

«J'aime ce que tu as fait.»

«Je suis là.»

«Je te crois.»

«J'ai confiance en toi.» (Ou, encore mieux, donner une preuve *de confiance.)*

«Je t'aime.»

«Je crois en toi.»

«Je suis heureux/heureuse de te voir.»

«Je pense à toi depuis quelque temps.»

• Un sourire chaleureux.

• Un contact visuel prolongé.

• Un présent (fabriqué par le donneur ou choisi spécialement pour celui à qui il est destiné.)

Ces messages ne sont pas nouveaux pour vous. Pourtant, vous ne vous permettez peut-être pas de dire ces mots ou de poser ces gestes. On s'empêtre trop facilement dans la gêne ou on suppose que l'autre sait ce qu'on éprouve ou ne souhaite pas entendre ces paroles. Mais *qui* ne le souhaite pas? Nous avons tous besoin de nous sentir aimés, admirés et utiles. Si ceux qui nous entourent expriment de façon trop détournée ou trop réservée leur attachement ou leur satisfaction, nous pouvons facilement nous mettre à en douter et à rechercher de la tendresse ailleurs.

Souvent, dans les relations très intimes, amoureuses par exemple, chaque partenaire tient pour acquis que l'autre connaît ses sentiments. Or, ces présomptions risquent de les mener tout droit devant le thérapeute conjugal: «Je ne sais jamais ce qu'il ressent», «Elle ne me dit jamais qu'elle m'aime», «Nous ne nous parlons plus.» Souvent, il est nécessaire de rétablir un modèle de communication dans lequel chacun des partenaires exprime ouvertement ses sentiments, et surtout son affection. Les manifestations de tendresse ne régleront pas tous les problèmes d'un mariage en difficulté, mais elles peuvent en «étayer les fondations» en aidant les partenaires à se rappeler ce qu'ils appréciaient autrefois dans leur relation!

Nous avons demandé à un groupe d'étudiants de niveau universitaire de nous dire ce qui leur procurait un sentiment particulier de bien-être. Certaines de leurs expériences préférées se retrouvent dans la liste ci-dessous (remarquez le nombre d'entre elles qui supposent l'affection d'un tiers!):

Une invitation acceptée
Réaliser quelque chose
Affection
Approbation
Assurance
Compliments de la part du sexe opposé
Encouragements
Intérêt manifesté par un tiers
Amitié
Obtenir un A à un examen
Complimenter quelqu'un
Bonnes notes
Saluer quelqu'un
Avoir un ami/une amie
Être salué/saluée par quelqu'un
Aider les autres
Mettre des idées en pratique
Indépendance
Travaux terminés
Prendre soin de mes plantes
Rire
Me faire de nouveaux amis
Témoignages d'amour de la part de mon amoureux/mon amoureuse
Être satisfait de moi-même
Commentaire positif
Éloge
Recevoir un compliment
Être reconnu quand je parle
Invitation à reprendre un travail déjà fait
Satisfaction

Sécurité
Chanter
Affirmation verbale
Toucher

Nous avons tous besoin de contacts positifs avec les autres. Les thérapeutes voient de nombreux clients qui sont malheureux précisément parce qu'ils n'obtiennent pas assez de «caresses» dans leur vie.

Imaginez les scènes ci-dessous:

... Alors que vous errez seul au milieu d'une foule, un inconnu engage la conversation avec vous et vous ne vous sentez plus ni anxieux ni perdu.

... Trois jours après votre arrivée dans un nouveau quartier, vos voisins viennent vous souhaiter la bienvenue avec un pot de café et un gâteau maison.

... Vous vous trouvez en pays étranger et cherchez en vain le nom d'une rue. Un habitant du pays vous offre son aide.

Prenez quelques instants pour noter dans votre journal ce que vous ressentiriez dans chacune de ces situations.

Ces actes pleins d'égards ne constituent pas seulement des «caresses» pour le bénéficiaire, ils produisent également des sentiments chaleureux chez la personne qui s'est affirmée et lui a tendu la main. On hésite souvent à établir ce genre de contact par peur du rejet, prétexte couramment utilisé pour éviter de s'affirmer! Ces initiatives demandent de la considération pour l'autre ainsi qu'un certain courage. Pourtant, qui pourrait rejeter une telle gentillesse?

Ces gestes sont souvent plus faciles à faire qu'on ne le croit. En pénétrant dans une salle de cours, un autocar, un avion, songez combien il serait facile de s'approcher simplement d'un siège libre et de demander à la personne la plus proche s'il est vacant. Non seulement vous aurez trouvé un siège, en supposant qu'il soit libre, mais *vous aurez engagé la conversation!* Ayant ainsi établi le contact, rien ne vous empêche de chercher à en savoir davantage sur la personne: «Où allez-vous?», «Avez-vous déjà entendu ce conférencier?»

N'attendez pas que les autres fassent les premiers pas. Courez le risque d'aller vers eux! C'est là une façon essentielle de vous aimer et d'aimer les autres, et un pas important vers une affirmation de soi et un plaisir accrus!

«Merci, c'est exactement ce dont j'avais besoin!»

Malheureusement, les *compliments* sont une source fréquente de malaise. Vous avez peut-être de la difficulté à complimenter une personne pour ce qu'elle est ou à reconnaître ce qu'elle a accompli. Ici encore, nous vous encourageons à vous exercer. Faites un effort pour complimenter les autres, pas d'une manière malhonnête ou insincère, mais chaque fois que l'occasion se présente. Ne vous souciez pas de trouver les bons mots. *Le seul fait d'agir* traduira votre considération, l'expression honnête de vos sentiments. Dites simplement: «J'aime ce que vous avez fait» ou «C'est magnifique!» avec un grand sourire.

Accepter un compliment, c'est-à-dire recevoir des propos flatteurs ou entendre une personne prononcer son éloge devant des tiers, est peut-être encore plus embarrassant, surtout quand on ne s'aime pas. Cela n'en reste pas moins une façon de s'affirmer, valorisante pour les deux parties.

Songez-y: vous n'avez absolument pas le droit de nier la *perception* qu'une autre personne a de vous. Si vous dites: «Oh, c'est un de mes bons jours aujourd'hui!» ou «Je n'ai rien fait de spécial» ou «C'est par hasard que tout a bien marché», vous dénigrez en fait le jugement de votre interlocuteur. C'est comme si vous lui disiez: «Vous avez tort!» Laissez aux autres le droit de ressentir ce qu'ils veulent et s'ils ont des sentiments positifs à votre égard, soyez assez courtois — pour eux et pour vous-même — pour les accepter.

Point n'est besoin de passer votre temps à vous complimenter ou à endosser les succès qui ne vous appartiennent pas. Toutefois, quand une personne vous fait un compliment sincère, *laissez-la* s'exprimer, sans faire de commentaire. Essayez peut-être de dire: «C'est difficile pour moi d'accepter cela, mais merci» ou, ce qui est encore plus simple, «Vos paroles me font du bien» ou «J'aime entendre cela.»

L'amitié

«Nicole m'a vu sous mon plus mauvais jour; elle m'a vu commettre des erreurs stupides; elle a supporté mes explosions de colère injustifiées; elle était là lorsque je tombais en miettes. Et elle est encore mon amie!»

Il n'y a pas de relation plus belle et plus forte que l'amitié. Pas aussi passionnée ou irrationnelle que l'amour et pourtant plus intense qu'un attachement superficiel, l'amitié est peut-être la plus méconnue des relations humaines.

Nos *connaissances* actuelles sur l'amitié restent assez vagues; la plupart des recherches sur les interactions humaines portent sur les relations entre étrangers ou entre amoureux. Par ailleurs, la sagesse populaire nous éclaire un peu sur le lien qui unit les amis:

... Les amis ont des intérêts communs.

... Les amis ont une relation continue, avec des contacts périodiques (pas nécessairement réguliers).

... Les amis se font confiance, du moins dans une certaine mesure, pour tout ce qui touche l'information, l'argent, la sécurité et les autres relations.

... Les amis peuvent se dire «non» et demeurer amis.

... Les amis peuvent voir et accepter leurs travers respectifs.

... Les amis ont rarement le sentiment d'être l'«obligé» de l'autre; chacun fait librement des concessions (à l'intérieur, parfois, de certaines limites!).

... L'amitié est caractérisée par la compréhension, la communication, l'acceptation, l'absence de gêne, la confiance.

L'amitié est un sentiment intérieur, une attitude à l'égard d'une autre personne, un peu comme l'amour, la colère ou les préjugés. Elle n'exige aucune manifestation extérieure, mais simplement un certain *engagement* qui repose souvent sur la conviction que l'autre nous aime et qu'il apprécie la relation, lui aussi. Si nous aimons suffisamment l'autre pour penser à lui ou à elle de temps en temps, et que cela soit réciproque, nous resterons probablement amis même si nous sommes séparés pendant des années.

Il est courant d'assister, dans les aéroports ou les soirées, à des retrouvailles émues entre amis séparés depuis des années. L'amitié survit souvent à des contacts aussi restreints qu'une carte de souhaits annuelle! Qu'est-ce qui la nourrit? Peut-on vraiment parler alors d'«amitié»? Pourquoi pas?

Mais qu'est-ce que cela a à voir avec l'affirmation de soi, direz-vous? Comment une conduite affirmative stimule-t-elle l'amitié ou vice versa?

Nous soumettons la théorie suivante, non confirmée, à votre approbation: *si vous vous affirmez la plupart du temps, vous aurez sans doute des relations plus satisfaisantes que si vous adoptez une conduite non affirmative ou agressive.* Nous ne pouvons pas prouver cette théorie et nous n'avons même pas imaginé de projet de recherche en ce sens (si vous avez une idée là-dessus, faites-nous-en part!). Mais le fait d'avoir observé des gens capables de s'affirmer pendant de nombreuses années nous porte à croire que notre hypothèse pourrait bien être fondée!

En vous fiant à notre hypothèse, donc, et en supposant que vous aimeriez avoir des relations satisfaisantes, nous vous invitons à appliquer les aptitudes à l'affirmation de soi que vous apprenez actuellement à la consolidation d'une amitié:

... Courez les risques nécessaires pour transformer une relation superficielle en relation d'amitié.

... Permettez-vous d'être tel que vous êtes avec votre ami ou votre amie.

... Faites-lui une confidence sur vous-même que vous garderiez pour vous en temps normal.

... Soyez spontané avec notre nouvel ami; proposez-lui une activité sur l'inspiration du moment; écoutez-le vraiment lorsqu'il parle de ce qui compte dans sa vie; offrez-lui un présent sans raison.

... Consultez votre ami au sujet d'un problème ou sollicitez son aide pour réaliser un projet (en vous rappelant qu'un ami qui sait s'affirmer peut dire «non» et continuer de vous aimer quand même!)

... Dites-lui simplement que vous l'aimez bien.

... Éclaircissez la situation entre vous; si vous êtes ennuyé ou soupçonnez votre ami de l'être, parlez-lui-en.

... Soyez *honnête*. Ne fondez pas votre relation sur des supposi-tions. Si votre relation ne supporte pas l'honnêteté, elle ne durera pas longtemps, de toute façon; mais dans le cas contraire, vous ferez des progrès énormes!

En tant qu'adultes, l'amitié nous aide à nous définir, un peu comme notre famille quand on est enfant. (L'absence d'ami en dit long sur nous également.) Une attitude affirmative de votre part peut contribuer pour beaucoup à nourrir vos amitiés. Peut-être avez-vous déjà trop tardé?

Une famille qui s'affirme

Combien d'années ont passé depuis que vous avez joué à la bascule? Souvenez-vous comment vous pouviez influencer le mouvement de l'autre en déplaçant votre poids vers l'avant ou vers l'arrière. Lorsque vous vous penchiez d'un mouvement brusque vers l'avant, votre ami retombait lourdement sur son siège! En vous penchant très loin vers l'arrière, vous pouviez le garder suspendu dans les airs.

Les familles et les autres systèmes interpersonnels sont dotés d'un système d'équilibre semblable à celui de la bascule. Un changement chez un membre de la famille se répercute généralement sur tous les autres membres, perturbant ainsi l'équilibre du système tout entier. Les familles résistent souvent fortement au changement par souci de sauvegarder l'équilibre délicat du système, même si celui-ci est pénible ou même destructeur.

Apprendre à s'affirmer est manifestement un changement qui risque de troubler l'équilibre familial.

Prenez l'exemple d'Hélène, qui avait été une épouse et une mère passive pendant des années. Sa décision de s'affirmer fit peser de lourdes contraintes sur les rapports familiaux. Les enfants, qui avaient l'habitude de la manipuler facilement, durent trouver des moyens nouveaux et plus directs pour obtenir ce qu'ils voulaient. À contrecœur, son mari dut apprendre à repasser ses chemises et à effectuer sa part des tâches ménagères puisque sa femme avait décidé de suivre des cours à temps plein.

De tels changements exigent une adaptation difficile pour tout le monde. La perpective de perturber ainsi l'équilibre familial peut représenter un obstacle de taille pour quiconque veut apprendre à s'affirmer. Un partenaire conservateur peut résister activement à des changements exigeant un partage plus équitable des responsabilités inhérentes au bien-être familial. Quant aux enfants, ils doivent faire face à de nouvelles situations et essayer d'acquérir une autonomie accrue.

La vérité sort de la bouche des enfants

On a dit que «la dernière frontière à dépasser, au chapitre des droits de la personne, est celle des droits de l'enfant». En dépit des succès obtenus récemment par les minorités, les femmes et d'autres groupes opprimés ainsi que de l'importance grandissante accordée aux droits de la personne, nous avons peu modifié notre conviction de base selon laquelle les enfants sont des citoyens de second ordre. Les médias, la mode, la musique et les écrits ont beau porter la «jeunesse» aux nues, nous n'accordons pas le même respect aux droits des jeunes.

Sans discuter des questions bien relatives de la naïveté et de l'inexpérience par opposition à celles de l'âge et de la sagesse, disons simplement que les enfants qui s'affirment, comme les adultes, sont en meilleure santé et plus heureux, plus honnêtes et moins manipulateurs. Étant mieux dans leur peau, ces jeunes ont plus de chances de s'épanouir à l'âge adulte.

Nous croyons que les familles, les écoles, les églises et les organismes publics doivent faire un effort pour encourager les jeunes à s'affirmer. Créons des conditions propres à tolérer, et même à soutenir, leur spontanéité naturelle, leur honnêteté et leur ouverture d'esprit, plutôt que de sacrifier ces qualités à l'anxiété des parents et aux autorités scolaires.

Mettons les points sur les *i*: nous ne prônons pas une éducation totalement permissive. Le monde réel nous impose des limites à tous, et les enfants doivent apprendre cela très vite afin d'acquérir les aptitudes essentielle à la s-u-r-v-i-e. Toutefois, nous croyons qu'il est vital que les familles, les écoles et les autres systèmes axés sur l'éducation des enfants considèrent ceux-ci comme des êtres humains dignes de respect, honorent leurs droits fondamentaux, apprécient qu'ils expriment honnêtement leurs sentiments et leur enseignent les aptitudes nécessaires à l'acquisition d'une personnalité affirmative.

Les enfants ne peuvent que tirer profit de leur aptitude à s'affirmer avec leurs pairs, leurs professeurs, leurs frères et sœurs, et leurs parents. Mike Emmons animait récemment deux groupes destinés à s'entraîner à s'affirmer dans une école élémentaire (1re à 3e année et 4e à 6e année). Les jeunes répondirent avec enthousiasme et proposèrent des situations tirées de leur vie courante:

Que faire quand quelqu'un vous vole votre place dans la file d'attente du déjeuner?

Ma sœur emprunte mes affaires sans ma permission. Que dois-je lui dire?

Lorsque Jean fait un hors-jeu au handball, il refuse de quitter le jeu.

Que faire quand quelqu'un vous taquine ou vous insulte?

La femme dont je garde les enfants a oublié de me payer. Je l'ai dit à maman, mais elle pense que c'est à moi de l'appeler. Mais je suis trop timide pour le faire.

Les enfants ont compris très vite ce que c'était que s'affirmer. Ils se sont exercés à adopter les différentes aptitudes, trouvant particulièrement amusant de se voir sur vidéo. Même les commentaires formulés sur leur performance respective étaient précis et utiles. Les enfants peuvent apprendre l'abc de l'affirmation de soi et l'appliquer dans leur propre vie.

Les parents ont souvent de la difficulté à différencier l'affirmation de soi et l'agressivité lorsqu'ils veulent discipliner leurs enfants. La définition de l'affirmation de soi s'applique aussi aux relations parents-enfants! Même si chaque situation est unique, la clé de l'affirmation de soi, dans les relations familiales, est le *respect mutuel*. Les enfants, comme les parents, sont des être humains indépendants qui méritent un traitement équitable et une discipline non agressive. La plupart des principes et des méthodes proposés dans ce livre s'appliquent au développement de l'aptitude à s'affirmer chez les enfants.

Ils finissent par grandir, n'est-ce pas?

S'affranchir par rapport à ses parents est certainement l'événement le plus important de la vie et constitue, sans contredit, l'axe autour duquel tourne la croissance. Une certaine dose de révolte est normale et saine chez les adolescents et elle les aide à acquérir leur indépendance. La domination parentale et la répression des adolescents peuvent ralentir ce processus et retarder les étapes nécessaires pour atteindre l'indépendance adulte.

Des liens non résolus avec leurs parents restreignent parfois l'indépendance des adultes de tous âges. D'après notre expérience, une attitude affirmative chez l'«enfant» peut clarifier la situation aussi bien à ses yeux qu'à ceux du parent, et permettre l'expression nécessaire des sentiments chez les deux parties.

Ce type de confrontation est presque toujours douloureux et le parent comme l'enfant courent un risque considérable en mettant à jour d'anciennes blessures. En dépit de cela, nous croyons que le prix du silence est trop lourd. Les adultes qui évitent d'affronter leurs parents ou leurs enfants adultes comme n'importe quel autre adulte dont ils se sentent particulièrement proches peuvent éprouver un incommensurable sentiment de culpabilité, de négation de soi, d'inhibition, de colère réprimée et même de dépression.

Les psychologues newyorkaises Janet Wolfe et Iris Fodor ont fait un excellent travail sur la relation qui existe entre mères et filles adultes, et les cinq étapes qui, selon elles, président à l'établissement d'une nouvelle relation mère-fille fondée sur l'affirmation de soi peuvent servir à quiconque aborde cette question:

... Reconnaître les problèmes propres au cycle de vie que chaque femme est amenée à traverser (indépendance économique, ménopause, retraite, etc.)

... Identifier les attitudes ou les croyances qui bloquent la communication affirmative («Ne réplique pas quand ton père te parle.»)

... Déterminer les droits et les buts de chaque partie.

... Identifier les émotions en jeu (anxiété, culpabilité) qui nuisent à la poursuite des objectifs.

... Essayer de nouvelles formes de relation (d'adulte à adulte plutôt que de parent à enfant).

Sommaire

Pour résumer cette partie sur l'affirmation de soi dans la famille, disons que:

• Un caractère affirmatif profite aussi bien aux individus eux-mêmes qu'à leurs relations.

• Une communication honnête, ouverte et affirmative sans être blessante est souhaitable et précieuse au sein de la famille.

• Les enfants comme les adultes devraient apprendre à s'affirmer au sein de la famille et à l'extérieur.

• Les principes et les méthodes décrits dans ce livre et servant à définir et à apprendre l'affirmation de soi s'appliquent aussi bien aux adultes qu'aux enfants (par exemple, modelage, répétition, réaction en retour, entraînement, renforcement, respect mutuel et respect des droits individuels).

Changer le système familial est plus difficile, demande plus de temps et d'énergie et est plus risqué (les familles peuvent se disloquer et certaines le font) que changer un comportement individuel. Nous vous conseillons d'évaluer soigneusement la situation, de procéder par étapes, d'engager ouvertement la participation de tous les membres de la famille, d'éviter la coercition, d'accepter les échecs et de vous rappeler que personne n'est parfait, pas plus qu'aucune méthode d'ailleurs! Malgré tout, nous vous encourageons à travailler au développement d'une «famille capable de s'affirmer», qui peut offrir un milieu extraordinaire de croissance personnelle et de vie!

Un dernier mot avant de clore ce chapitre sur les relations. Nous vivons tous dans des réseaux de relations qui commencent avec nous en tant qu'individus, touchent nos familles et nos amis les plus proches et englobent nos voisins, les membres de nos groupes sociaux, du quartier, de la région, du pays, de l'hémisphère, du monde (et même de l'univers). Dans les années quatre-vingt, nous avons assisté à une résurgence des nationalismes dans le monde; espérons que nous ne perdrons pas de vue notre *statut de citoyen du monde*. La terre est petite; nous ne pouvons pas nous permettre l'arrogance et l'ethnocentrisme d'une séparation politique. Nos relations avec les autres commencent à la maison, dans la rue et en ville; mais elles doivent s'étendre à tous nos frères humains sur ce globe minuscule. C'est la survie de notre espèce qui en dépend.

CHAPITRE 14

Le mot colère n'est pas un gros mot

*Quand vous êtes en colère, comptez
jusqu'à quatre. Quand vous êtes très en
colère, jurez.*

Mark Twain

La confusion courante qui existe entre des *sentiments* de colère et un *comportement* agressif constitue un énorme obstacle à l'expression de l'émotion naturelle, saine et universelle que nous appelons la colère.

Certains disent: «Je n'éprouve jamais de colère.» Impossible! Tout le monde éprouve de la colère. Certaines personnes se maîtrisent tellement bien qu'elles ne *montrent* pas leur colère ouvertement. Nous sommes convaincus qu'il est sain d'exprimer sa colère et qu'on peut le faire d'une manière constructive. Les gens qui apprennent à affronter leur colère d'une manière affirmative et non destructrice n'auront plus besoin de poser de gestes agressifs dans leur vie.

Trop souvent, les gens expriment leur colère, leur frustration ou leur déception à l'égard d'un tiers par des moyens indirects et blessants. Si le but désiré est de modifier le comportement de la cible visée, ces attitudes produisent rarement les résultats escomptés.

Marthe et Jean, mariés depuis peu, sont un exemple «classique» de ce phénomène. Au cours des premiers mois de leur mariage, Marthe a découvert, chez Jean, de multiples habitudes qu'elle trouvait inacceptables. Malheureusement pour eux deux, elle ne pouvait — ou ne voulait — pas exprimer ouvertement son mécontentement. Elle choisit plutôt des façons «non risquées» de le faire en se confiant à sa mère. Comme si ses entretiens téléphoniques quasi quotidiens avec celle-ci ne suffisaient pas, Marthe profita également des rencontres familiales pour réprimander son mari devant tout le monde.

Ce type de comportement — «voyez-comme-il-est-vilain» (qui consiste à confier à une ou à plusieurs personnes ce qui nous déplaît chez quelqu'un) — peut avoir des conséquences désastreuses pour une relation. Jean se sent blessé, gêné et en veut à Marthe de s'en prendre ainsi à lui. Il aurait souhaité qu'elle choisisse un moment où ils seraient seuls pour faire part de ses griefs. Loin de l'inciter à modifier ses habitudes, l'attitude de sa femme le rend amer et il décide de se venger en exagérant les comportements mêmes qu'elle voudrait voir changer chez lui.

Si Marthe s'était affirmée en exprimant directement ses sentiments à Jean, elle aurait jeté les bases d'un effort commun pour modifier et le comportement de Jean et sa réaction intempestive.

Si Jean s'était affirmé assez tôt, il aurait pu prévenir l'aggravation des attaques de Marthe et éviter de se laisser envahir par l'amertume et le ressentiment. Au lieu de cela, son désir de vengeance élargira sûrement le fossé entre eux deux et les conduira presque certainement au divorce.

Julien apporta un jour sa voiture à un atelier de mécanique où on devait lui faire d'importantes réparations. Comme cet atelier fonctionne sur le principe du «premier arrivé, premier servi», Julien se présenta à huit heures et avisa le gérant qu'il viendrait reprendre sa voiture vers la fin de l'après-midi.

Lorsqu'il revint, voici l'entretien qu'eurent les deux hommes:

Julien: Bonjour, je m'appelle Julien Z., et je viens chercher ma voiture.

Gérant (consultant ses dossiers): Je suis désolé, Monsieur, mais nous n'avons pas encore commencé les réparations sur votre voiture.

Julien: Bon sang! Mais qu'est-ce que vous faites donc! Vous prétendez que le «premier arrivé» est le «premier servi» et j'étais là à huit heures! Que s'est-il passé? Ça me met vraiment en colère!

Gérant: Eh bien, nous avons été débordés aujourd'hui. Nous avons mis votre voiture à l'arrière et nous n'avons pas eu le temps de nous en occuper.

Julien: Eh bien, merde, cela me fait une belle jambe! Ce n'est pas pratique pour moi de vous laisser ma voiture toute la journée.

Gérant: Je le sais et je vous fais mes excuses. Je vous promets de m'en occuper dès la première heure demain si vous me la rapportez.

À ce stade-ci, Julien a le choix entre plusieurs solutions: exiger du gérant qu'il paie un employé en heures supplémentaires pour qu'il répare sa voiture le jour même; faire réparer sa voiture ailleurs; revenir le lendemain; exiger une voiture de courtoisie; se montrer agressif.

Jusqu'ici, Julien a réussi à exprimer sa colère au gérant sans sortir ses griffes. Il était vraiment en rogne et l'a dit et fait sentir au gérant sans l'humilier personnellement. Il aurait pu réagir avec agressivité: «Vous pouvez vous mettre cette réparation là où je pense» et sortir en trombe ou «Vous feriez mieux de réparer ma voiture *tout de suite,* espèce de con!» Il est probable que ces deux attitudes auraient piqué le gérant au vif et n'auraient rien donné.

Il est possible et souhaitable d'exprimer sa colère sans blesser l'autre (physiquement et émotivement). L'expression honnête et spontanée de vos sentiments peut bloquer une colère inappropriée et destructrice, tout en vous aidant à atteindre votre but. Même si le fait de vous affirmer ne vous donne pas ce que vous voulez, cela désamorce la colère que vous auriez pu diriger contre vous si vous n'aviez rien fait.

L'expression constructive de la colère joue un rôle important, car elle vous aide à assumer la responsabilité de vos sentiments. C'est vous qui éprouvez de la colère et cela ne rend pas l'autre «stupide» pour autant, ni «con», ni responsable de votre sentiment.

Décharger son agressivité (en frappant l'autre avec un bâton fait de mousse ou en criant des injures) n'est *pas* psychologiquement sain. Les manifestations physiques d'hostilité ne peuvent résoudre le problème. Donner des coups de poing sur la table, taper du pied, crier et gesticuler, frapper un oreiller, sont des moyens de libérer temporairement des sentiments puissants sans agressivité envers l'autre personne. Toutefois, ces moyens ne sont pas efficaces pour affronter la colère.

Qui plus est, contrairement à la croyance populaire, on ne «libère» pas ses sentiments de colère par le biais de gestes agressifs, on apprend simplement à l'affronter avec agressivité.

Examinons de plus près les résultats des recherches les plus intéressantes portant sur la colère.

Faits, théories et mythes concernant la colère

Nous cherchons toujours des solutions faciles.

Nous élisons des représentants qui nous offrent des solutions spécieuses aux questions incroyablement complexes du jour, comme si on pouvait identifier les bons et les mauvais d'entre eux à la couleur de leur chapeau. Nous tentons de simplifier à outrance les relations entre les «causes» apparentes et leurs «effets». À la question «Pourquoi est-ce que j'agis ainsi?», nous voudrions pouvoir répondre simplement «Parce que tu as été entraîné trop vite à la propreté». Nous cherchons des équations commodes pouvant «expliquer» les mystères du comportement humain.

La colère est l'un de ces phénomènes qui constituent une cible facile pour une psychologie simpliste. On lui prête diverses épithètes telles que «mauvaise» (et donc à éviter à tout prix), «libératrice» (et donc à exprimer à tout prix), en passant par tous les degrés intermédiaires.

Les recherches sur la colère ont, jusqu'à présent, été assez limitées et obscures, et c'est ce qui explique le manque de méthodes pertinentes permettant d'affronter la colère. À l'heure actuelle, on voit émerger un ensemble plutôt cohérent de données qui pourrait très bien déboucher sur un modèle de travail théoriquement valide et utilisable face à la colère.

La page 126 comporte un tableau qui résume certaines notions courantes concernant la colère, regroupées sous trois rubriques: les *faits,* soit les résultats clairement démontrés par une recherche soignée ou qui parlent d'eux-mêmes; les *théories,* soit les idées qui ne sont pas entièrement prouvées et qui parfois nous induisent en erreur; et les *mythes,* soit les idées qui, même si elles sont répandues, sont fausses ou encore semblent en apparence justes, mais sont fondées sur des présomptions erronées. Ce tableau représente un résumé de nos connaissances sur la colère, conformément aux études les plus récentes et les plus dignes de foi. Si vous voulez en apprendre davantage sur le sujet, nous vous conseillons l'excellent ouvrage de Carol Tavris, *La colère: apprivoisez la colère, faites-en bon usage.*

«J'ai peur de ma colère refoulée»

La colère exerce une influence puissante sur notre pouvoir de comprendre et d'exprimer nos sentiments et sur notre santé mentale en général. Pourtant, elle demeure l'une des émotions les plus difficiles à exprimer pour bien des gens. Nous perdons souvent des participants à nos ateliers lorsque vient le temps d'apprendre à s'affirmer en exprimant sa colère. Nombreux sont ceux qui ont simplement peur de leur colère. L'ayant «enterrée» depuis des années, ils sont terrifiés à la perspective de ce qui pourrait arriver si soudain ils la libéraient.

La colère: faits, théories et mythes

Faits	Théories	Mythes
La colère est un sentiment qui s'accompagne de réactions physiologiques.	Les personnes timides, déprimées ou qui se suicident tournent leur colère contre elles-mêmes.	Décharger sa colère (en criant, en battant un oreiller, en frappant l'autre avec un bâton fait de mousse «libère» la colère et, par conséquent, la «résoud»).
La colère n'est pas un mode de comportement.	On devrait toujours exprimer sa colère spontanément et sur-le-champ.	Les femmes se mettent moins souvent en colère que les hommes.
Tous les êtres humains éprouvent de la colère.	On devrait toujours retenir sa colère jusqu'à ce qu'on puisse l'exprimer d'une manière calme et rationnelle.	Certaines personnes n'éprouvent jamais de colère.
La répression de la colère augmente les risques de maladies cardiaques chez les hommes comme chez les femmes.	Il est toujours préférable d'exprimer sa colère verbalement.	La frustration entraîne inévitablement de la colère.
Ce qui compte au fond, c'est de régler le problème. C'est pourquoi la façon dont on exprime sa colère est importante, elle aussi.	Dans notre culture, les hommes expriment leur colère plus facilement que les femmes.	La colère est toujours une émotion «secondaire» qui en cache une «réelle».
Décharger sa colère — faire une «catharsis» — est valable seulement dans la mesure où cela permet d'amorcer la résolution du problème.	En général, les femmes expriment moins facilement leur colère en raison du conditionnement social que leur impose notre culture.	Une personne qui se comporte d'une manière agressive est toujours en colère.
L'agressivité fait boule de neige et ne permet pas de résoudre les conflits.		La violence télévisée, les sports mouvementés et la concurrence au travail contribuent à «libérer» la colère.
La colère ne répond pas à un phénomène de «cocotte-minute»; elle ne s'accumule pas pour finir par exploser.		L'agressivité est un comportement instinctif chez les humains.
La plupart du temps, notre colère se manifeste à l'endroit de nos proches et non d'étrangers.		La colère est une émotion indésirable et destructrice.

L'expérience nous a montré que certaines personnes ont peur de libérer graduellement l'expression de leur colère. Ne connaissant aucune façon d'exprimer ce sentiment d'une manière constructive et affirmative, elles supposent que toute colère manifestée ouvertement sera blessante pour l'autre. «Je préfère souffrir en silence que de blesser qui que ce soit» est la désolante raison couramment invoquée.

Or, la colère réprimée cause de grands dommages aux relations humaines. Les deux parties en souffrent. Celle qui est en colère fulmine en silence tandis que l'autre continue à la contrarier tout en se demandant pourquoi sa relation s'en va à vau-l'eau.

Vous n'êtes pas une cocotte minute!

Une importante distinction s'impose ici. Des recherches récentes ont démontré la fausseté de la théorie populaire qui compare nos émotions à une «cocotte minute». Bien des gens croient qu'en *exprimant* leur colère, ils la feront disparaître et éviteront ainsi les problèmes associés à une «accumulation intérieure» de sentiments. Nous savons maintenant qu'exprimer sa colère n'est qu'un début.

En réalité, il nous arrive de nous *rappeler* des incidents ennuyeux et l'évocation de ces souvenirs ravive alors notre colère. Mais il y a une grande différence entre une «cocotte minute» d'émotions bouillonnantes et une «banque mnémonique» d'expériences accumulées. Affronter efficacement sa colère, cela ne veut pas dire frapper un oreiller jusqu'à épuisement, mais plutôt trouver une *solution* au conflit, grâce à la négociation, à la confrontation, au pardon, à un changement d'attitude ou à la psychothérapie.

On éprouve un soulagement émotif seulement quand l'expression de la colère marque l'amorce de la résolution du problème qui est à l'origine de ce sentiment. Exprimer ses sentiments, même d'une manière affirmative, ne fait que «préparer le terrain». Résoudre le conflit avec l'autre ou en soi est l'étape primordiale qui fait toute la différence.

L'absence de ce mécanisme d'adaptation ou de résolution de conflit risque en fait d'intensifier la colère *qu'on ait ou non exprimé celle-ci*. Donc, épanchez votre colère, mais faites suivre votre libération de sentiments d'actions visant à résoudre votre problème. Vous pouvez négocier des solutions d'une manière affirmative avec la personne qui vous a mis en colère ou encore résoudre le conflit en vous-même (avec l'aide d'un thérapeute ou d'un ami proche). Quoi qu'il en soit, ne vous contentez pas de dire: «Je vois rouge!» Poursuivez en disant: «... et voici ce que nous pouvons faire, selon moi...»

«Pourquoi ai-je de tels accès de colère?»

Voici quelques points à considérer pour répondre à cette question:

Votre environnement. Examinons d'abord la scène. Dans quelles situations vous mettez-vous en colère? Pensez à la température, à la pollution, au climat. Avez-vous été coincé dans un bouchon? Avez-vous été bousculé au milieu d'une foule? Avez-vous fait la queue pendant longtemps? Vivez-vous dans un climat d'oppression politique? (On comprend facilement la colère des Noirs d'Afrique du Sud!) Éprouvez-vous des difficultés financières? (Difficile de se sentir bien dans ce cas!) Appartenez-vous à une minorité souvent traitée inéquitablement? (Femmes, Noirs, Amérindiens, Espagnols, Juifs, homosexuels... bien des gens ont de bonnes raisons de *commencer leur journée* en colère.)

Vous-même. Êtes-vous en bonne santé? Souffrez-vous de graves incapacités? Êtes-vous presque toujours fatigué? Tendu? Consommez-vous une nourriture équilibrée? Avez-vous passé un examen médical dernièrement pour vous assurer que rien ne cloche dans votre chimie interne? Tous ces facteurs peuvent contribuer à vous irriter le cas échéant.

Vos attitudes et vos attentes. Croyez-vous que les autres devraient vous traiter équitablement? Est-ce important pour vous qu'on reconnaisse ce que vous faites? Possédez-vous un sens profond de la justice? Y a-t-il une «bonne» façon de faire les choses? Des règles que tout le monde devrait respecter? Ces attitudes, croyances et attentes, quoique très humaines, peuvent stimuler votre courroux à l'égard de la façon dont on vous traite, vous et d'autres, dans la réalité.

Votre travail. Travaillez-vous avec des gens irrationnels? Vos relations personnelles et intimes vous rendent-elles heureux? Retirez-vous des satisfactions et des gratifications de votre travail? Si vous êtes *sans* emploi, vous devez, la plupart du temps, avoir une forte propension à la colère.

«Que puis-je faire avec ma colère?»

Il existe des manières constructives d'affronter sa colère. Voici, selon nous, une façon saine d'aborder ce sentiment:

Avant de vous mettre en colère

1) Reconnaissez que la colère est un sentiment naturel, sain et humain qui n'a rien de maléfique. Tout le monde en éprouve, mais ne l'*exprime* pas nécessairement. Vous n'avez pas besoin d'en avoir peur.

2) Rappelez-vous que vous êtes responsable de vos sentiments. Vous vous êtes mis en colère; personne ne vous a «fait» cela.

3) Rappelez-vous que la colère et l'agressivité sont deux choses différentes! On peut exprimer sa colère tout en s'affirmant.

4) Apprenez à vous connaître. Reconnaissez les attitudes, les situations, les événements et les comportements qui vous exaspèrent. Comme on dit: «Si vous connaissez vos points sensibles, vous saurez quand ils sont touchés!» (Relisez la section précédente.)

5) Évitez les situations qui vous font sortir de vos gonds. Si les longues files d'attente (à la banque, sur la route, etc.) vous font monter la moutarde au nez, trouvez d'autres façons d'accomplir vos transactions bancaires, empruntez une route différente pour vous rendre au travail et profitez du temps perdu pour chercher des solutions à vos problèmes.

6) Apprenez à vous détendre. Développez votre capacité de vous relaxer et apprenez à vous en servir une fois votre colère déclenchée. Vous pouvez approfondir cette technique en vous «désensibilisant» à certaines situations qui vous font fulminer (voir le chapitre 10).

7) Élaborez plusieurs stratégies pour affronter la colère: relaxation, effort physique, «immunisation au stress», recherche de solutions en soi-même, et autres méthodes énumérées à la fin de ce chapitre.

Concentrez-vous sur vos objectifs en termes de relations et sur la manière de s'affirmer.

8) Pratiquez des méthodes affirmatives d'*expression* de la colère, en suivant les principes décrits dans ce livre: soyez spontané; ne laissez pas votre ressentiment s'accumuler; affirmez directement votre colère; évitez les sarcasmes et les sous-entendus; employez un langage honnête et expressif; évitez les injures, le dénigrement, les attaques physiques, les airs de supériorité, l'hostilité. Voici certaines expressions utiles:

Je suis très fâché(e).

Je sens la moutarde me monter au nez.

Je ne suis pas du tout d'accord avec vous.

Cela m'énerve quand vous parlez ainsi.

Je suis très perturbé par toute cette histoire.

Cessez de m'importuner.

Ce n'est pas juste.

Ne faites pas cela.

Cela me dégoûte vraiment.

Vous n'avez pas le droit de faire cela.

Cela ne me plaît pas du tout.

Je suis hors de moi et je ne supporterai pas cela plus longtemps!

9) Élaborez des façons affirmatives de *résoudre* votre colère. Prenez la responsabilité de vos sentiments et de vos attitudes. Utilisez les méthodes de gestion des conflits (plus loin dans ce chapitre). Écoutez vraiment. Soyez conscient des attitudes en vous qui ont pu déclencher votre colère. Soyez précis. Cherchez des solutions plutôt que quelqu'un ou quelque chose à blâmer.

Arrêtez-vous un moment pour étudier le rôle que joue la colère dans votre vie. Prenez des notes dans votre journal sur ce qui vous irrite et sur ce que vous pourriez faire pour améliorer la situation. Puis passez à la section suivante et voyez comment vous pouvez affronter votre colère.

Quand vous sentez monter l'exaspération

10) Employez les stratégies élaborées à l'étape 7, ci-dessus, ainsi que celles que nous énumérons à la fin de ce chapitre.

11) Prenez le temps de voir si la situation mérite vraiment que vous lui consacriez du temps et de l'énergie et quelles seraient les conséquences si vous vous exprimiez.

Si vous décidez d'agir

12) Exprimez verbalement votre inquiétude (tout en vous affirmant).

13) Réfléchissez quelques instants afin de voir si vous voulez éclaircir la situation seul ou avec la personne concernée.

14) Si vous pouvez régler spontanément votre litige, tant mieux; sinon, prévoyez un moment pour régler le problème (avec l'autre personne ou seul). (Voir aussi l'étape 19 ci-dessous.)

15) Énoncez directement vos sentiments en émettant les signaux non verbaux appropriés (si vous êtes vraiment en colère, ne souriez pas!).

16) Assumez la responsabilité de vos sentiments (voir le point 2 à la page 129).

17) Tenez-vous-en aux faits précis et à la situation du moment. Évitez les généralisations sur toute l'histoire de votre relation!

En règle générale

18) Recherchez une *solution,* non une «victoire».

19) Ne laissez pas la confusion s'installer dans votre vie. Réglez vos problèmes au fur et à mesure, au moment où vous ressentez un sentiment et non après l'avoir laissé «mijoter» pendant des heures, des jours ou des semaines. S'il vous est impossible de résoudre vos conflits sur-le-champ, prévoyez un moment précis où vous pourrez le faire et faites-le!

Allez-y! Mettez-vous en colère! Mais trouvez une façon positive et affirmative d'exprimer votre sentiment. Vous l'apprécierez, ainsi que les membres de votre entourage.

Quand un tiers est en colère contre vous

Bon, vous savez maintenant comment affronter votre colère. Mais l'un des besoins les plus importants exprimés par nos participants touche les façons d'affronter la colère des *autres*. Que faire quand quelqu'un est furieux et dirige toute son hostilité contre vous?

Suivez les étapes ci-dessous:
• Laissez la personne décharger sa bile.
• Commencez par accepter son sentiment («Je vois que vous êtes vraiment fâché.»)
• Inspirez profondément et restez aussi calme que possible.
• Proposez à la personne de discuter du problème à un autre moment, afin de lui donner le temps de s'apaiser («Je pense que nous avons tous deux besoin de réfléchir. J'aimerais en reparler avec vous... dans une heure/ ... demain/ ... la semaine prochaine.»)
• Inspirez à nouveau profondément.
• Déterminez un moment précis pour discuter de la question.
• Rappelez-vous que vous ne trouverez sans doute pas de solution tout de suite.
• Lors de la rencontre suivante, suivez les stratégies de résolution des conflits décrites ci-dessous.

La résolution constructive de la colère et des conflits

Comment pouvons-nous améliorer le processus qui mène à la résolution des conflits entre les personnes et les groupes? La plupart des principes sont conformes aux méthodes présentées dans ce livre, et nombre d'entre elles recoupent les explications de ce chapitre concernant la façon d'affronter la colère.

Il est plus facile de résoudre un conflit quand les deux parties...
... se montrent franches et honnêtes l'une envers l'autre.
... sont prêtes à affronter le problème ouvertement, plutôt qu'à l'éviter ou à se le cacher.
... évitent les attaques personnelles et s'en tiennent au problème.

... mettent l'accent sur les points d'entente comme pierre angulaire du débat sur les points litigieux.

... reformulent mutuellement leurs propos afin d'être sûres qu'elles se comprennent bien. («Voyons si j'ai bien compris. Veux-tu dire que...?»)

... assument la responsabilité de leurs sentiments («Je suis en colère!» et non «Tu m'exaspères!»)

... évitent la position gagnant-perdant. Si l'une des parties adopte l'attitude «je gagne et tu perds», les *deux* parties seront sans doute perdantes. En demeurant flexibles, elles peuvent toutes deux gagner, du moins en partie.

... possèdent les mêmes renseignements sur la situation. Comme les perceptions de chacun sont souvent différentes, on n'est jamais trop explicite.

... se fixent des buts essentiellement compatibles. S'il nous importe davantage de préserver la relation que de gagner, nous augmentons nos chances de résoudre notre conflit.

... clarifient leurs besoins du moment dans la situation donnée. Il est probable que je n'ai pas besoin de *gagner,* mais que j'ai besoin d'obtenir un résultat précis (un changement de comportement de ta part, plus d'argent), et de conserver mon estime de moi.

... cherchent des solutions au lieu de décider qui doit être blâmé.

... s'entendent sur des moyens de négociation ou d'échange. (Je pourrais sans doute céder sur certains points si tu cèdes sur d'autres!)

... négocient en vue d'arriver à un compromis acceptable pour les deux, ou simplement s'entendent pour ne pas être d'accord.

Lorsque de profonds sentiments de colère sont en jeu, bon nombre de gens craignent de les exprimer ouvertement, peut-être parce qu'on leur a dit et redit que ce n'était pas bien de se mettre en colère. Reconnaître la valeur de la colère, épancher ce sentiment naturel d'une manière non destructrice et chercher à résoudre le problème, voilà les conditions nécessaires à la résolution des conflits et à l'établissement de relations saines et plus enrichissantes.

Techniques efficaces pour affronter la colère

• Tenez un journal de la colère.

• Faites-vous un contrat d'autogestion, qui comprendra des résolutions et des affirmations.

• Apprenez divers comportements à adopter quand vous êtes en colère.

• Apprenez à feindre d'ignorer la provocation ou à «vous fermer» à elle.

• Élaborez des systèmes d'alarme:

Apprenez à connaître vos points sensibles.

Familiarisez-vous avec vos sensations physiques.

• Retardez vos réactions en comptant jusqu'à dix.

• Apprenez un exercice de détente que vous ferez quand vous sentirez l'exaspération ou la contrariété vous gagner.

• Concentrez-vous sur votre tâche immédiate et sur vos buts.

• Fuyez les situations qui vous irritent.

• Essayez d'apaiser votre colère en vous parlant à vous-même.

• Exagérez vos sentiments jusqu'au ridicule, puis riez de vous-même.

• Cherchez le côté humoristique de la situation.

• Cherchez des façons calmes et amicales de réagir dans des situations susceptibles d'exacerber votre colère ou face à l'hostilité des autres.

• Lisez tout ce qui existe sur la façon d'affronter la colère, surtout des ouvrages d'histoire, de littérature et de philosophie ancienne.

• Apprenez les techniques d'immunisation contre le stress.

• Élaborez un système de croyances rationnelles; débarrassez-vous des convictions irrationnelles du type: «Il devrait y avoir une justice dans le monde».

• Apprenez à exprimer votre colère tout en vous affirmant.

CHAPITRE 15

Faut-il accepter les paroles et les gestes dénigrants?

Celui qui se respecte est à l'abri des autres; il porte une cotte de mailles que nul ne peut percer.
Henry Wadsworth Longfellow

Vous souvenez-vous des moments de votre vie où vous vous êtes senti déprécié par le regard, l'expression ou le haussement d'épaules de quelqu'un? Ou rabaissé par les propos d'un tiers?

Vous êtes perplexe! Au lieu de vous sentir mieux, vous vous mettez à douter de vous et à vous sentir déprimé. Les paroles et les gestes dénigrants nous plongent dans la confusion et demeurent parfois imprimés dans notre esprit pendant des années.

Vous vous dites: «Bien sûr, cela arrive souvent, mais rien d'étonnant à cela puisqu'il y a tant de choses à critiquer!» Peut-être. Les gens méprisent certains styles, vêtements, modes de vie, manies, performances professionnelles, discours. Il est facile de faire sentir aux autres qu'ils ne sont pas dans le ton.

La plupart d'entre nous, non seulement se laissent rabaisser par les autres, mais se rabaissent aussi eux-mêmes. Si vous étiez seul dans le bois en train de manger un sandwich et que vous le laissiez tomber accidentellement, que feriez-vous? La forêt ou encore votre tête vous renverrait sûrement en écho quelque remarque caustique sur votre gaucherie. Nous avons tendance à aggraver l'opinion des autres en y ajoutant nos propres critiques à notre égard.

Explorons maintenant les divers comportements dénigrants et les façons de les corriger: attaques directes; attaques indirectes; attaques non verbales; et autocritiques.

Les attaques directes

Ce type de comportement est évident: une personne vous abreuve d'injures. Imaginez, par exemple, que vous avez accidentellement frôlé quelqu'un en sortant de l'ascenseur. La personne réagit immédiatement avec hostilité: «Bon sang! Pourriez pas faire attention, espèce d'abruti! Vous auriez pu me blesser!» Son intention est évidente, n'est-ce pas? Comment réagir à cette réaction excessive, dont la signification saute aux yeux, devant un geste tout à fait innocent de votre part?

Voici les étapes qui permettent d'affronter efficacement ce type de comportement:
• laissez la personne se calmer ou épancher ses sentiments;
• admettez vos torts, même si elle vous insulte;
• reconnaissez les sentiments de la personne;
• affirmez-vous face à sa réaction;
• dites une courte phrase afin de mettre un terme à l'échange.

Ces étapes vous aideront à venir à bout d'un entretien mortifiant avec une personne dont l'intention agressive est manifeste.

Dans la situation ci-dessus, laissez la personne vider sa colère jusqu'à ce qu'elle se calme. Puis, dites-lui: «Je m'excuse de vous avoir frôlé, c'était tout à fait accidentel. Je vois que vous êtes fâché, mais je n'aime pas qu'on m'insulte ni qu'on me crie après. Je peux comprendre ce que vous éprouvez sans cela.» Ce n'est là qu'une façon d'appliquer les étapes proposées ci-dessus.

Les attaques indirectes

Comment réagissez-vous devant cette remarque de votre patron? «Votre rapport d'hier était excellent. Ses nombreuses fautes de grammaire lui donnaient un ton familier et populaire.» Ou devant celle-ci, de la part de votre conjoint: «J'adore te voir porter cet ensemble; les vieilleries te siéent à ravir.» Peut-être vous demandez-vous si vous avez bien entendu ou vous sentez-vous perplexe? À quoi riment ces paroles?

Ces propos allusifs sont l'indice d'une *agressivité indirecte*. Dans leur ouvrage *The Assertive Woman*, Stanlee Phelps et Nancy Austin décrivent ainsi le comportement agressif indirect: «... pour arriver à ses fins, l'individu peut recourir à la tromperie, à la séduction ou à la manipulation.» Elles soulignent que les personnes visées se sentent confuses, frustrées et ont le sentiment d'être manipulées. Ce type de comportement prend la forme d'une attaque déguisée; les auteures comparent la personne qui se conduit ainsi à «un chien enragé déguisé en mouton».

Pour affronter cette situation, commencez par demander des éclaircissements. Dans les deux situations présentées ci-dessus, vous pourriez rétorquer ainsi: «Que dites-vous/dis-tu?» ou «Que voulez-vous/veux-tu dire?» Cette réaction vous aidera à clarifier les intentions véritables de la personne (vous vous êtes peut-être mépris sur celles-ci!)

Votre réaction suivante dépendra de la réponse obtenue. Dans cette situation, toutefois, vous voulez indiquer à l'autre une nouvelle façon de se comporter avec vous. Si votre patron vous fait savoir qu'il est satisfait de votre travail, vous aimeriez peut-être lui dire: «Merci beaucoup, mais si mes fautes de grammaire vous inquiètent vraiment, j'espère que vous me le direz franchement. J'ignorais si vous étiez satisfait ou non de mon travail.» Vous demandez ainsi à votre patron d'être plus direct avec vous.

Entre conjoints toutefois, un peu de taquinerie ne fait pas de mal et peut même être amusant. Il arrive trop souvent, cependant, que les taquineries cachent une hostilité latente. Votre partenaire plaisantait peut-être, mais il y a des façons plus directes et moins destructrices de le faire.

Et s'il ne plaisantait pas? Et si votre patron réagissait avec une agressivité accrue? Tout dénigrement indirect peut entraîner une attaque directe. Ayant prié la personne de clarifier sa pensée, vous pourriez essuyer une réaction encore pire que la précédente. Nous vous conseillons de continuer à vous affirmer en suivant les étapes proposées ci-dessus dans le cas d'attaques directes. Soyez prêt à vous affirmer encore davantage si votre question vous attire une autre remarque désobligeante.

Par ailleurs, si vous demandez des éclaircissements, vous obtiendrez peut-être des renseignements précieux sur votre comportement. Rappelez-vous qu'un des objectifs principaux de l'affirmation de soi est de donner aux *deux* parties la chance de s'exprimer honnêtement et sans détour. La plupart d'entre nous hésitent à manifester ouvertement leur contrariété devant le comportement d'un tiers. C'est pourquoi nous la camouflons sous des critiques indirectes. Chercher à en savoir davantage peut améliorer votre relation future avec la personne.

Attaques non verbales

«La pluie de vos injures n'atteint pas le parapluie de mon indifférence», voilà ce que, enfants, nous répondions à ceux qui nous injuriaient. Malheureusement, aucune réponse n'a encore été inventée pour faire face à ceux qui nous dénigrent *sans* paroles. Quelle est la meilleure façon de répondre à un geste obscène ou à un regard furieux? Comment réagir devant une moue, une grimace idiote ou un sourire narquois quand on ne peut vérifier les intentions de l'autre parce qu'il ne dit rien?

Les attaques non verbales sont beaucoup plus difficiles à affronter en raison, tout d'abord, de l'absence de mots, ensuite, parce que la personne n'est peut-être même pas consciente de son intention. En outre, on ne peut pas être assuré d'avoir bien interprété son message.

Si le geste de la personne à votre égard est manifestement *agressif,* essayez de l'amener à exprimer verbalement ses sentiments. Vous pouvez vous affirmer en disant: «Pouvez-vous formuler votre intention? Je ne sais trop au juste ce que vous ressentez si vous ne me le dites pas ouvertement.» Préparez-vous à essuyer, à ce moment-là, une remarque désobligeante et réagissez en suivant nos conseils concernant les attaques verbales.

L'attaque non verbale et *non affirmative* est la plus indirecte de toutes. Il y a peu de risque que vous interprétiez mal le geste de la personne qui vous brandit son poing sous le nez! Par contre, si vous présentez une requête à quelqu'un qui se met à regarder ailleurs ou à faire des grimaces, vous risquez de mal saisir ses intentions. La personne qui recourt au dénigrement non verbal indirect le fait sans doute d'une manière automatique et routinière. Nous avons tous des manies destinées à remplacer les mots. Bien qu'on ne puisse pas éliminer tous les messages non verbaux, nous croyons qu'il vaut mieux les verbaliser s'ils risquent d'être mal compris.

Supposons que vous désirez payer un achat et que la caissière vous regarde, fait la grimace et pousse un soupir exaspéré. Peut-être ne vous sentirez-vous pas concerné et vous direz-vous que la caissière est de mauvaise humeur aujourd'hui. Si l'incident vous dérange, toutefois, pourquoi ne pas prendre le taureau par les cornes? Demandez des explications: «Je n'ai pas compris votre mimique» ou «J'ignore ce que vous voulez dire» ou encore «Vous ai-je contrarié de quelque façon que ce soit?» Vous affrontez ainsi directement la réaction non verbale et clarifiez la situation.

Si vous avez contrarié quelqu'un, vous méritez de le savoir. Votre réaction suivante dépendra de la réponse de la personne, mais nous croyons que c'est une bonne idée de souligner la difficulté d'interpréter ce type de message non verbal.

L'autocritique

Les conflits extérieurs, comme ceux dont nous venons de parler, ne sont que l'envers du décor, car nos conflits intérieurs nous poussent aussi à nous dénigrer. Dans ce cas, c'est nous qui sommes les coupables. Tout dénigrement résulte d'un conflit extérieur ou intérieur et pour y remédier, une seule solution: s'affirmer.

Vous pouvez adopter un comportement non affirmatif ou agressif
à l'égard de vous-même comme des autres. Attention à la façon dont
vous vous traitez. Essayez de ne pas fuir ni de négliger (comportement
non affirmatif) vos critiques à l'égard de vous-même. Évitez aussi
d'être excessivement caustique (comportement agressif) et de con-
damner vos pensées et sentiments. Adoptez la voie modérée: affirmez-
vous face à vous-même. Soyez honnête, ouvert et direct. Ne condam-
nez ni ne fuyez les dénigrements, qu'il s'agisse des vôtres ou de ceux
des autres.

Sommaire

Personne n'aime les conflits qu'entraînent les paroles et les
gestes de dénigrement. En risquant une clarification ouverte et directe
avec l'autre personne ou avec vous-même, vous pourrez presque toujours régler le problème.

Il faut cependant une certaine retenue pour éviter d'être blessé et
de se replier sur soi ou d'invectiver l'autre. Les satisfactions liées à la
communication honnête valent souvent la peine qu'on se donne.

Vous pouvez surmonter la contrariété que provoquent en vous les
critiques en «faisant un pas affirmatif en avant». Insistez pour régler le
problème seul ou avec la personne concernée, et récoltez les bénéfices
qui résulteront de votre décision de clarifier la situation, d'exprimer
vos sentiments, d'apprendre à mieux vous connaître et à mieux connaître l'autre, et de résoudre le conflit réel ou imaginaire que vous
affrontez.

CHAPITRE 16

S'affirmer est efficace
au travail aussi

*Précieuses sont les œuvres, qui, autrement
que par les traces de l'âge, témoignent de
notre existence.*

Leon Batista Alberti

S'affirmer au travail peut être particulièrement difficile. La crainte de subir des représailles de la part de ses supérieurs ou de ses collègues et même la peur, tout simplement, de perdre son emploi, constituent de fabuleux obstacles pour beaucoup.

Or il existe d'innombrables façons de s'affirmer au travail. Dans ce chapitre, nous en explorerons plusieurs que nous accompagnerons d'exemples visant à clarifier l'utilité de s'affirmer dans votre cas particulier.

Nous avons ordonné nos explications selon une séquence naturelle en commençant par la recherche d'emploi, puis en poursuivant sur la manière d'aborder un nouvel emploi, de travailler harmonieusement avec les autres, de remplir les fonctions de cadre. Nous concluons ce chapitre en abordant certaines questions concernant vos priorités et en vous présentant diverses situations de travail grâce auxquelles vous pourrez vous exercer à vous affirmer. Vous trouverez peut-être utile de lire le chapitre au complet ou préférerez peut-être passer directement au problème de l'affirmation de soi au travail qui se rapproche le plus de vos intérêts et de vos besoins précis.

La quête d'un emploi

À notre sortie de l'université, vers la fin des années cinquante, les emplois ne manquaient pas pour les titulaires de diplôme. Or, les choses ont beaucoup changé depuis un quart de siècle; de nos jours, il est difficile de trouver un emploi dans bien des domaines, avec ou sans diplôme.

Chercher un emploi peut être un «travail» à temps plein. Trop de gens s'attendent à remplir quelques formulaires, à donner quelques coups de téléphone et à passer une entrevue ou deux pour dénicher l'emploi de leurs rêves. Malheureusement, cela est utopique. Il faut investir beaucoup d'efforts pour trouver du travail et savoir s'affirmer est l'un des outils les plus utiles dans ce cas.

Richard Nelson Bolles, dans son célèbre ouvrage intitulé *Chercheurs d'emploi, n'oubliez pas votre parachute,* propose un plan exhaustif à l'intention des chercheurs d'emploi et des personnes désireuses de changer de carrière. Ses conseils sont aussi valables que ceux d'un autre et l'auteur expose à grands traits les notions d'affirmation de soi. Ses idées pratiques et inventives vous aideront à clarifier vos désirs et vos besoins, à dénicher des occasions, à communiquer avec les employeurs, à passer des entrevues et à décrocher l'emploi désiré.

Parmi ses recommandations, mentionnons celles-ci:

• Planifiez votre quête d'emploi ou votre recherche d'une nouvelle carrière en ayant un objectif précis à l'esprit: déterminez ce que vous voulez faire, où vous voulez le faire et pour qui.

• Recherchez les activités qui vous plaisent: vous les exécuterez mieux et avec plus d'enthousiasme, et votre satisfaction durera plus longtemps.

• Faites valoir au mieux vos compétences et vos qualifications; vous aurez de meilleures chances de trouver un emploi et celui-ci sera mieux adapté à vous.

• Identifiez l'homme ou la femme pour lequel vous voulez travailler et qui a le pouvoir de vous embaucher, et montrez-lui comment vos talents contribueront à la bonne marche de son entreprise.

Entrevues

Même si vous avez suivi les conseils de Bolles et créé votre propre emploi, vous aurez sans doute l'occasion de passer quelques entrevues en cours de route.

Enfin un employeur vous propose un rendez-vous! Vous avez travaillé d'arrache-pied pour cela et l'occasion se présente enfin d'exposer vos talents. L'impatience vous ronge. L'anxiété aussi d'ailleurs. Après tout, votre succès dépend fortement de votre aptitude à vous présenter sous le jour le plus favorable qui soit durant cette courte rencontre.

Savoir vous affirmer peut alors grandement vous aider. Nous vous conseillons de prendre les choses comme elles viennent:

Avant l'entrevue...

... Suivez les principes décrits dans ce livre pour développer votre aptitude à vous affirmer.

... Préparez-vous à affronter votre anxiété en pratiquant les exercices de relaxation et de restructuration cognitive décrits aux chapitres 9 et 10.

... Écrivez et mémorisez trois ou quatre des qualités dont vous voulez être sûr que l'employeur se rappellera; assurez-vous qu'elles sont tout à fait pertinentes dans le cas du poste convoité.

... Exercez-vous à passer une entrevue avec un ami ou un conseiller. Si possible, utilisez un magnétoscope et une caméra pour pouvoir observer votre style. Regardez la bande et servez-vous-en pour améliorer votre performance.

Pendant l'entrevue...

... Abordez l'employeur avec une attitude amicale et n'ayez pas l'air de répéter un rôle.

... Rappelez-vous que la plupart des employeurs préfèrent engager une personne douée d'un puissant désir de travailler et de participer qu'une «vedette» qui pourrait essayer d'éclipser le personnel déjà en place.

... Essayez de vous détendre, amusez-vous et faites connaissance!

... Montrez à l'employeur que vous avez pris la peine de vous préparer à l'entrevue et de vous renseigner sur son entreprise.

... Posez des questions judicieuses sur le milieu de travail, le moral du personnel, les possibilités d'avancement, les attentes de l'employeur.

... Évitez de poser des questions dont vous devriez déjà connaître les réponses si vous avez fait une enquête préalable (gamme de produits de la société, détails concernant les programmes de retraite et d'assurance-maladie, etc.).

... Laissez à l'employeur un échantillon de votre travail ou tout autre objet susceptible de l'aider à se souvenir de vous et de vos compétences.

Après l'entrevue...

... Écrivez un petit mot à l'employeur pour le remercier; attirez son attention sur tout fait important vous concernant et mentionnez les détails que vous pourriez avoir omis de préciser pendant l'entrevue.

... Prenez un moment pour évaluer et critiquer votre performance afin de vous préparer à faire encore mieux la fois suivante.

... Continuez à contacter d'autres employeurs et à prévoir d'autres entrevues jusqu'à ce que vous trouviez l'emploi que vous désirez!

Le «nouveau» peut-il s'affirmer?

Lorsqu'on commence un nouvel emploi, il importe avant tout de beaucoup *écouter* pour en apprendre le plus possible sur les règlements du milieu de travail, les attitudes et les opinions de vos supérieurs et de vos collègues, sur les facteurs liés à la sécurité d'emploi, les attentes quant à votre rôle et la façon dont il s'inscrit dans un contexte plus global, etc.

Il ne vous suffira sans doute pas d'écouter pour obtenir tous les renseignements dont vous aurez besoin. À mesure que vous vous familiariserez avec votre nouveau milieu de travail, vous devrez aussi poser des questions. Et c'est ici qu'intervient de nouveau la capacité de s'affirmer.

Rappelez-vous que vous devez conserver un *équilibre*. Vous voulez paraître consciencieux et intéressé par votre travail, mais vous ne voulez pas être casse-pied et poser trop de questions sur des détails qui ne vous concernent peut-être pas.

Nous suggérons la ligne de conduite suivante:

... Ne posez que les questions pertinentes concernant votre travail.

... Ne soyez pas trop pressé de poser des questions, car vous obtiendrez peut-être les réponses en temps et lieu.

... Prenez note des questions qui vous passent par la tête et posez-les au moment opportun.

... Interrogez votre patron à ce sujet: préfère-t-il que vous posiez vos questions au fur et à mesure, dans le cadre de réunions ou à un moment précis?

... Ayez des initiatives personnelles. N'attendez pas de votre patron ou de vos collègues qu'ils complètent votre *préparation* (à moins que vous ne suiviez un programme de formation).

... Quand vous posez des questions, affirmez-vous: n'y allez pas par quatre chemins, ne vous mettez pas sur la défensive («Cette question est peut-être idiote...»), soyez précis, regardez votre interlocuteur dans les yeux, pensez à votre voix, choisissez le bon moment, etc.

... Évitez de proposer des changements jusqu'à ce que vous soyez familier avec le fonctionnement de l'entreprise.

... Ne cédez pas à la tentation de décrire comment procédait votre ancien employeur sauf si on vous le demande. Faites comme si l'idée venait de vous ou laissez tomber tout simplement.

Les relations de travail

Bien s'entendre avec ses collègues consiste essentiellement à se tailler une place au sein du groupe de travail. À la maison, la famille n'a d'autre choix que de vous accepter. À l'école, même si vos pairs vous acceptent difficilement, *vous* n'avez pas le choix, vous *devez* être là.

En ce qui concerne le travail, cependant, la plupart d'entre nous diposent d'une certaine latitude. En effet, nous *pouvons* quitter un emploi — ce qui n'est pas le cas avec la famille ou l'école —, même si cela exige de nous un prix élevé. Bien s'entendre, c'est donc décider de se tailler une place, ce qui signifie nouer des relations fondées sur le respect mutuel entre collègues de travail.

Voici quelques conseils utiles:

... Soyez honnête; évitez de jouer un jeu.

... Comptez jusqu'à dix avant de vous mettre en colère (lisez le chapitre 14).

... Laissez parler l'autre personne, même si vous n'êtes pas d'accord avec elle.

... Mettez-vous à sa place.

... Exprimez vos opinions, mais rappelez-vous que ce ne sont que des opinions, et non des paroles d'évangile.

... Demandez-vous s'il importe davantage que vous soyez une «vedette» ou que vous fassiez votre travail.

... Affirmez-vous lorsque cela compte.

... Assumez la responsabilité de vos erreurs et le crédit de vos réussites.

Voici deux situations auxquelles vous pouvez réfléchir:

... Une collègue emporte chez elle le matériel de la société qu'elle compte utiliser à des fins personnelles. Elle sait que vous le savez, mais s'attend à ce que vous gardiez le silence.

... Votre voisine adore mâcher du chewing-gum, ce qu'elle fait bruyamment. Sa manie vous dérange et vous distrait.

Les rapports avec ses supérieurs

Certains patrons agissent comme s'ils regrettaient l'ancien temps où tous les employés étaient des esclaves. En général, cependant, le milieu de travail est devenu beaucoup plus humain qu'autrefois. Les patrons continuent de surveiller le rendement de leurs employés, mais ils respectent généralement leurs lois et leurs coutumes, et traitent leurs subalternes avec respect.

Néanmoins, il y a des situations où un employé doit inévitablement exprimer une idée, une opinion ou une objection avec fermeté, même si son patron n'est pas d'accord avec lui.

Ne commettez pas l'erreur de vous dénigrer chaque fois qu'on vous critique au travail. Vous vous êtes peut-être trompé, mais vous devez affronter la situation en corrigeant le problème et non en vous rabaissant. Aidez votre patron à être *précis* dans ses critiques afin que vous puissiez apporter les améliorations nécessaires à votre travail.

Si vous faites un effort pour connaître précisément les attentes et les critiques de votre patron, vous clarifierez la situation et augmenterez votre efficacité. Par contre, si vous agissez comme une «victime», en grommelant contre votre patron, non seulement vous piétinerez, mais vous vous ferez un ennemi du même coup.

Essayez de discerner des constantes, des *modèles* dans les critiques de votre patron. Si vous pensez en avoir découvert un, demandez-lui des précisions d'une manière affirmative («Préférez-vous que je présente mes recommandations en même temps que les renseignements connexes?»). En clarifiant ainsi toute source de malentendu, vous gagnerez du temps et vous éviterez d'autres critiques similiaires dans l'avenir.

Le choix du bon moment est peut-être l'élément le plus important de l'affirmation de soi au travail, surtout avec son patron. Si vous confrontez votre patron devant des tiers ou lorsqu'il est absorbé par un autre problème, il ne vous accordera sans doute pas toute son attention. Prévoyez plutôt (en choisissant un moment précis) de faire vos commentaires à votre patron lorsque vous serez seuls et que vous ne risquez pas d'être interrompus trop souvent.

Voici quelques exemples de situations qui vous permettront d'exercer votre aptitude à vous affirmer devant un supérieur:

... Vous avez une idée géniale pour simplifier un procédé courant.

... Votre patron exige de vous un nombre déraisonnable d'heures supplémentaires sans vous offrir de compensation quelconque.

... Votre patron critique injustement la qualité de votre travail.

... Vous êtes plus compétent que votre supérieure, mais elle insiste pour que vous utilisiez sa méthode.

... Votre patron vous confie des tâches qui, selon vous, lui incombent.

... Votre patron s'attend à ce que vous prépariez de fausses «notes de frais».

... Votre patron vous demande (un quart d'heure avant la fermeture des bureaux) de rester pour préparer un rapport destiné à la réunion du conseil du lendemain. Or vous aviez des projets pour ce soir-là.

S'affirmer en dirigeant

Ça y est, vous avez réussi! Vous vous êtes si bien affirmé au travail (tout en faisant un boulot formidable) que vous avez été promu. Maintenant c'est *vous* le patron. Nouvelles responsabilités, nouvelles occasions,... nouveaux maux de tête!

Comment les principes liés à l'affirmation de soi s'appliquent-ils au rôle de cadre? Pouvez-vous faire en sorte que le travail se fasse, traiter votre personnel avec respect, exercer une autorité appropriée, tout cela en même temps?

Il existe bien des théories relatives à la direction d'entreprise et des centaines de bonnes idées sur la façon de diriger les autres. Bien que ce ne soit pas ici l'objet de notre propos, les lignes de conduite ci-dessous associent notre conception de l'affirmation de soi avec quelques-unes des meilleures théories:

... Élaborez votre style de direction en vous inspirant des principes inhérents aux bonnes relations de travail décrites précédemment: honnêteté, responsabilité, collaboration, travail d'équipe, respect mutuel.

... Prêtez attention à ce que vos subalternes ont à dire.

... Roulez vos manches et mettez la main à la pâte *avec* votre personnel.

... Circulez parmi vos employés et apprenez d'eux-mêmes ce dont ils ont besoin.

... Rappelez-vous que nous sommes tous égaux sur le plan humain.

... Énoncez vos instructions clairement et directement.

... Acceptez la responsabilité de la direction, y compris celle de prendre des décisions.

... Ne soyez pas avare d'éloges: concentrez-vous sur le rendement, non sur la personne.

... Dites-vous qu'un dirigeant doit à la fois *diriger* son personnel et lui offrir un *soutien* indispensable.

Voici quelques situations de supervision avec lesquelles vous pourrez vous exercer — afin de conserver une perspective plus juste:

... Un de vos employés propose une méthode de travail nouvelle et intelligente. Vous savez que le directeur général s'y opposerait sans doute en raison des coûts de départ.

... Un cadre de votre niveau, qui travaille dans un autre service, vient vous voir pour vous emprunter des outils. Le règlement de la société interdit ce genre de pratique.

... À titre de contremaître, vous vous heurtez à un jeune employé qui refuse d'obéir à vos ordres.

... Les rapports sur le rendement doivent être remis la semaine prochaine. Vous devez critiquer deux employés dont le travail laisse à désirer sur plusieurs plans.

... À titre de nouveau chef d'équipe dans une usine d'assemblage, vous devez superviser le travail de plusieurs ouvriers beaucoup plus âgés que vous. L'un de ces hommes au moins est persuadé que sa méthode est la bonne et refuse de se plier à votre autorité.

... Un employé qui appartient depuis longtemps à votre service est arrivé en retard presque tous les jours de la semaine sans explication aucune.

... Vous savez qu'une de vos employées est alcoolique, mais elle refuse de l'admettre ou de se faire soigner.

Ne pas confondre ses priorités

Travailler peut être vraiment agréable. Si vous aimez ce que vous faites et si vous êtes compétent, vous verrez sans doute votre salaire et vos attributions augmenter régulièrement. Résultat, vous serez porté à assumer encore plus de responsabilités.

Cette sorte d'engagement envers votre travail, s'il devient excessif, peut ruiner votre vie personnelle. Vous travaillez de plus en plus souvent le soir et les week-ends, vous emportez du travail à la maison et vous multipliez les voyages d'affaires. Très vite, il ne vous reste que très peu de temps pour vous-même ou pour votre famille.

Pouvez-vous vous affirmer face à vous-même? Pouvez-vous choisir de sauter des occasions d'avancement afin d'avoir plus de temps pour vous et pour votre famille? Quelles sont vos priorités? C'est facile de dire que sa famille passe en premier, mais plus difficile d'agir en conséquence.

Certaines personnes veulent tout avoir: une carrière, une famille, une vie sociale, du temps pour soi. Elles jonglent avec tous ces aspects pendant un certain temps, mais les contraintes de la vie courante nous permettent rarement de préserver cet équilibre précaire.

S'affirmer avec soi-même, c'est clarifier ses priorités personnelles, reconnaître qu'on ne peut pas tout faire, du moins pas tout le temps, faire les choix appropriés et dire «non» quand on a atteint ses limites. Gardez vos objectifs à l'œil (relisez le chapitre 8 et votre journal au besoin).

Mettez-vous à l'épreuve en affrontant les situations ci-dessous. Qu'est-ce qui compte *vraiment* pour vous?

... On vous offre une importante promotion. En fait, vous songiez à démissionner, mais l'emploi que vous convoitez dans une autre société n'est pas encore disponible.

... Vous passez de plus en plus de soirées et de week-ends à rédiger des rapports pour votre travail. Votre famille se plaint de votre manque de disponibilité. Vous croyez pouvoir obtenir une importante promotion si vous continuez de travailler à ce rythme.

... Vous voulez poursuivre votre carrière, mais vous savez que toute promotion au sein de votre société exigerait que vous suiviez un cours supplémentaire pour obtenir une maîtrise en administration, par exemple, ce qui vous obligerait à remettre à plus tard le projet d'avoir des enfants, alors que votre mari et vous en désirez ardemment.

Autres situations

Rapportez-vous aux étapes du chapitre 12 afin d'aiguiser vos aptitudes et exercez-vous à affronter les situations exposées ci-après:

... Votre patron vous bat soudainement froid sans explication aucune. Vous voulez lui demander ce qui se passe.

... Bien que vous soyez le plus ancien dans le service, vous occupez toujours un poste à temps partiel. Néanmoins, on fait souvent appel à vous pour former les nouveaux ou répondre à leurs questions comme si vous étiez un cadre. Or, votre salaire est inférieur à celui d'un cadre et vous ne possédez aucune autorité réelle.

... Vous avez passé plusieurs entrevues dernièrement, mais vous êtes demeuré très passif. Vos interviewers semblent déçus de voir que vous ne vous «vendez» pas.

... Le directeur d'un autre service, qui occupe un poste influent au sein de la société, vous a fait des avances pas très subtiles.

... Vous avez consacré plusieurs heures à l'élaboration d'un projet, mais le supérieur hiérarchique de votre patron a fortement critiqué vos résultats.

... On vous demande de remplir une tâche qui dépasse largement votre champ de responsabilité et de compétence. Vous pensez qu'on vous «teste» pour connaître vos limites.

Même si vous n'occupez pas d'emploi régulier à l'heure actuelle, il y a de bonnes chances pour que vous le fassiez tôt ou tard. Réfléchissez aux questions soulevées dans ce chapitre. Servez-vous de votre journal pour évaluer votre aptitude à vous affirmer au travail et les façons de vous améliorer. Vous donnerez un meilleur rendement au travail, vos collègues et vos supérieurs vous respecteront davantage et vous aurez plus de plaisir à travailler!

CHAPITRE 17

Affirmation de soi et sexualité

*Menez une vie aussi remplie que possible;
ce serait une erreur de ne pas le faire. Peu
importe ce que vous faites tant que vous
avez bien vécu votre vie. Si vous n'avez pas
eu cela, qu'aurez-vous eu?*

William James

L'affirmation de soi et la sexualité semblent d'étranges compagnons de lit (ce jeu de mots est tout à fait intentionnel!) et ont beaucoup de choses en commun.

La sexualité touche aussi bien les individus, les couples que la société pour former un tissu complexes d'attitudes, d'émotions, d'éléments physiologiques, de mœurs, de valeurs, et même de principes politiques et économiques. Et la sexualité de chacun est complexe et unique. «Tout le monde sait cela, direz-vous. Personne n'a jamais affirmé que cela allait de soi.» C'est vrai, mais la plupart d'entre nous ont tendance à l'oublier et c'est alors que commencent bon nombre de nos problèmes sexuels.

En 1975, l'Organisation mondiale de la santé reconnaissait la complexité de la sexualité dans une définition officielle du bien-être sexuel:

La santé sexuelle est l'intégration des aspects somatiques, affectifs, intellectuels et sociaux de l'être sexuel, d'une manière enrichissante et propre à stimuler la personnalité, la communication et l'amour.

Personne d'autre ne possède un corps pareil en tous points au nôtre et cette unicité exerce une influence directe sur notre sexualité.

Les aspects affectifs, intellectuels et sociaux de la sexualité jouent, eux aussi, un rôle unique. Quelles croyances, attitudes, conduites importantes reflètent votre façon à *vous* d'exprimer votre sexualité? Comment vos amitiés, vos relations familiales, votre travail, vos idées sur la vie et vos sentiments sur vous-même influent-ils sur l'expression de votre sexualité ou sur son absence? Et que dire des influences culturelles? Votre religion, votre ethnie et même vos opinions politiques sont peut-être révélatrices de la façon dont vous vous exprimez sexuellement.

La communication est l'essence de la sexualité et la communication intime est particulièrement complexe. Les deux partenaires essaient de faire la meilleure impression possible l'un sur l'autre, mais les apparences sont trompeuses. On cache ses sentiments véritables et on se leurre parfois soi-même. Nous, les humains, sommes très habiles à être ce que nous ne sommes pas lorsqu'il s'agit d'exprimer notre sexualité.

Arnold Lazarus, psychologue et professeur à Rutgers, identifiait récemment de nombreux «mythes» fauteurs de trouble dans bien des relations. Dans son livre intitulé *Marital Myths* (Mythes conjugaux), il soutient que le mythe voulant que «les personnes qui s'aiment vraiment connaissent d'emblée les pensées et les sentiments de l'autre» nuit particulièrement aux relations sexuelles. Ne tenez rien pour acquis! Ne faites pas de suppositions! Dialoguez!

Quel imbroglio! La complexité de l'expression sexuelle plus celle, non moins exigeante, de la communication intime, suffiraient vraiment à détourner toute personne sensée de l'une ou de l'autre, ou même des deux! Mais heureusement, il n'en est rien.

La révolution sexuelle est-elle terminée?

Au cours des deux dernières décennies, on a beaucoup mis l'accent sur les techniques visant à améliorer les relations sexuelles. Kinsey nous a peut-être orientés, mais ce sont Masters et Johnson qui nous ont véritablement mis sur la voie de la connaissance de la révolution physique.

Maintenant, les médias prétendent que la «révolution sexuelle» est terminée. Le magazine *Time* déclarait, en page couverture d'une livraison de 1984, que l'obsession de l'Amérique à l'égard du sexe pour le sexe diminuait peu à peu. Nous sommes passés d'une époque où nous mettions lourdement l'accent sur la dimension physique du sexe à celle où nous nous intéressons davantage à la relation elle-même. Au lieu d'explorer de nouvelles zones érogènes, nous parlons d'intimité vraie, de dévouement et d'engagement.

Certains voient ce phénomène comme un retour au «bon vieux temps». Il serait plus exact de voir le processus entier comme une évolution, dont la «révolution» constituait un élément clé. L'accent que nous plaçons aujourd'hui sur l'engagement tient compte des progrès réalisés grâce à une expression sexuelle plus libre. On ne peut ni revenir au bon vieux temps ni faire fi des récentes découvertes.

La révolution a permis de déterrer des attitudes, croyances, stéréotypes et comportements bien ancrés qui inhibaient notre sexualité. Même si nous avons remis en question les valeurs traditionnelles, nous ne les avons pas abandonnées. Aujourd'hui, nous progressons grâce à de nouvelles aptitudes, une ouverture d'esprit, une conscience de soi et un sentiment d'égalité accrus.

Le tableau de la page 157, *Attitudes et comportements sexuels des hommes et des femmes,* résume ce qu'étaient les comportements anciens et ceux que nous connaissons aujourd'hui en matière de sexualité pour les deux sexes. Et le changement ne cesse de se poursuivre.

Hommes et femmes tentent encore de surmonter les barrières qui les empêchent d'accéder à une saine sexualité. Aujourd'hui, les couples peuvent construire leur relation sexuelle sur la base de nouvelles connaissances et de nouvelles techniques, d'une liberté accrue et d'une nouvelle égalité entre les sexes.

Vers quoi allons-nous? La communication et l'engagement sont les pierres angulaires de la nouvelle sexualité. Notre nouveau vocabulaire englobe des termes comme affirmation de soi, d'adulte à adulte, négociation, dévouement, fidélité, loyauté et intimité. Nous entrons dans une nouvelle époque de communion... tout en bénéficiant de nouvelles données sur la dimension physique du sexe.

S'affirmer sexuellement

Dans les chapitres précédents, nous avons mentionné que tous les êtres humains avaient besoin de s'exprimer. L'expression sexuelle met en jeu une application particulière des principes de l'affirmation de soi présentés dans *Comment s'affirmer*. L'anxiété, les aptitudes, les attitudes et les obstacles sont tous des éléments de la communication sexuelle de même que les composantes des comportements verbaux et non verbaux décrits au chapitre 6. Ce que vous savez déjà sur l'affirmation de soi peut servir de tremplin à une communication sexuelle affirmative.

**Attitudes et comportements sexuels
des hommes et des femmes**

Femmes

Autrefois

Passivité
Compassion mal placée
Silence et souffrance
Aliénation
Soumission
Retenue
Manipulation
Timidité, embarras
Fragilité, faiblesse

Aujourd'hui

Égalité
Compassion
Plaisir franc
Initiative
Participation active
Franchise
Honnêteté
Confiance, enjouement
Force, obligeance

Hommes

Autrefois

Silence
Absence d'émotion
Isolement
Force
Contrôle
Machisme
Inflexibilité
Exploitation
Goût de gagner

Aujourd'hui

Expression
Ouverture, acceptation, fluidité
Engagement
Vulnérabilité
Réciprocité
Gentillesse
Patience
Égalité
Capacité de réaction

Un élément semble plus présent au sein des relations sexuelles que dans d'autres relations; il s'agit de l'agressivité indirecte, qu'on appelle aussi «comportement passif-agressif». Ce comportement vise à créer chez l'un des partenaires des sentiments de malaise ou de culpabilité, à rejeter la responsabilité sur lui ou à le manipuler pour l'inciter à poser un geste précis. Les méthodes employées sont très variées: flatterie, fausse timidité, moue, quête de sympathie, gémissements, pleurs, blâme, fausse réserve, et même mensonge.

Le tableau intitulé *Types de communication sexuelle* illustre quatre façons d'exprimer ses sentiments face à l'interaction sexuelle. Pour chacun des styles, cinq sous-catégories contribuent à préciser notre pensée: caractéristiques, pensée, affirmation, affect, langage corporel.

Plusieurs éléments entrent en ligne de compte lorsqu'on étudie les quatre types de communication sexuelle.

Premièrement, nul n'appartient à un seul type. Chaque individu présente une tendance dominante, mais nous adoptons tous les quatre comportements à certains moments. Allons, admettez-le, oui, même vous! On vous a déjà vu faire la moue, vous exprimer avec un peu trop de véhémence ou chercher maladroitement vos mots, n'est-ce pas? Et, bien sûr, il y a des moments où vous êtes ouvert et plein d'assurance. Nous voudrions tous pouvoir nous affirmer en tout temps, mais personne n'est parfait!

Deuxièmement, le but de la communication sexuelle est de vous donner la possibilité et le choix de réagir comme vous le voulez. Bon nombre d'entre nous réagissent par défaut, en l'absence des aptitudes, des attitudes ou des comportements nécessaires pour être pleinement conscients de leur expression sexuelle et la maîtriser. Ceux qui persévèrent dans leurs efforts, cependant, commencent à trouver leurs relations plus satisfaisantes et plus enrichissantes.

Troisièmement, nous ne sommes pas toujours conscient de ce qui nous pousse à adopter un certain comportement. Nous nous leurrons nous-même. Bien sûr, nous croyons toujours comprendre ce qui motive nos réactions, mais la psychologie abyssale nous donne un tout autre son de cloche. Les sentiments non résolus semblent s'extérioriser sous des comportement inattendus.

Quatrièmement, toute communication sexuelle est bilatérale et réciproque. Ceci nous ramène à la question du dévouement et de l'engagement. Il ne s'agit ni de manipuler l'autre, de le tromper ou de toujours lui plaire, ni d'avoir toujours raison, mais bien de chercher des solutions ensemble, de comprendre qu'on est, en matière de communication sexuelle, à égalité.

Cinquièmement, le langage corporel et le langage parlé sont tous deux vitaux dans l'expression sexuelle. Le tableau de la page précédente suggère les éléments clés de ces deux types de langage. Rappelez-vous que s'affirmer sexuellement va beaucoup plus loin que les mots. Ici, plus peut-être que dans n'importe quelle autre situation, le langage du corps joue un rôle primordial!

Situations faisant appel à l'aptitude à s'affirmer sexuellement

Voici deux exemples illustrant chacun des types de communication sexuelle ainsi qu'une réaction «typique» pour chaque situation.

Langueur au lit

Depuis six mois, votre partenaire manque d'empressement au lit. Vous faites l'amour moins souvent et votre partenaire ne se montre ni très tendre ni très enthousiaste pendant les rapports sexuels. Vous faites beaucoup d'efforts pour stimuler son ardeur, mais sans succès. Frustré, vous optez pour la solution suivante:

a) Vous décidez de vous armer de patience. L'idée vous effleure que vous manquez peut-être de sex appeal. Vous essayez de répondre avec prévenance au moindre besoin de votre partenaire.

b) Vous dites à votre partenaire que vous avez vu un médecin et que, selon lui, votre taux d'hormones est très bas. Vous laissez entendre que des rapports sexuels plus fréquents pourraient vous aider.

c) Vous vous répandez en invectives. Votre contrariété a atteint son point limite. La morosité de vos derniers rapports sexuels est la goutte qui fait déborder le vase. Votre partenaire rétorque. La querelle dure des heures. Bouillonnant toujours de rage, vous passez la nuit sur le canapé et la semaine à bouder.

Types de communication sexuelle

Comportement	Caractéristique	Pensée
Non affirmatif	Hésitant, timide	«Elle est beaucoup trop brusque avec moi pendant les rapports sexuels.» «Il m'a blessée en disant que je manquais d'enthousiasme ce soir.»
Indirect et agressif	Dissimulé, manipulateur, sournois	(Fâché d'avoir essuyé un refus) «Je vais la piquer au vif... en insinuant qu'elle a une liaison.» «Beurk! Faire l'amour ce soir! Je feindrai un terrible malaise.»
Agressif	Exigeant, arrogant, insistant	«Quelle façon idiote de me caresser!» «Pourquoi veut-il toujours faire l'amour dans la même position? Il est tellement conventionnel!»
Affirmatif	Honnête, ouvert, franc	«Nos préliminaires sont très brefs depuis quelque temps.» «Elle n'est pas très passionnée depuis quelque temps.»

Affirmation	Affect	Langage corporel
«N'étais-tu pas un peu brusque ce soir?»	Irrité	Obscur
«Je suis désolé, je n'étais pas très passionnée ce soir.		
«As-tu lu cet article disant que les personnes qui ne veulent pas faire l'amour avec leur conjoint ont habituellement une liaison?»	Fâché	Distant
Bâille, a l'air désespéré, soupire, se frotte l'estomac à plusieurs reprises.		
«Ce que tu peux être maladroite ce soir!»	Hostile	Railleur
«Eh bien quoi? Toute le monde le fait!»		Cherche la querelle
«Il me semble que nos préliminaires ont été très courts ces derniers temps. J'aime beaucoup ces moments et je voudrais les prolonger.»	Lumineux	Franc
«Je trouve que tu n'es pas très passionnée depuis quelque temps.»		Direct

d) Vous dites à votre partenaire que votre patience est à bout et que vos rapports sexuels doivent changer. Vous vous montrez à la fois ferme et calme. Vous proposez des solutions: un nouveau livre dont vous avez entendu parler; un atelier animé par un sexologue; une consultation avec un thérapeute conjugal. Votre partenaire se cabre et répond: «Vas-y, toi; c'est ton problème.» Vous vous entêtez, tout en reconnaissant votre responsabilité et en soulignant que le problème vous nuit à tous deux. Vous réitérez votre désir de le régler à deux.

L'amour alcoolique

Votre partenaire boit toujours trop avant de faire l'amour. À votre avis, cette habitude nuit à la qualité de vos rapports sexuels et il est temps de remédier à la situation:

a) Avec hésitation, vous demandez à votre partenaire si, par hasard, il ne boirait pas trop avant de faire l'amour. Votre partenaire s'offusque et réplique en disant que son habitude de boire est sociale et tout à fait normale.

b) Vous devisez tout haut et en présence de votre partenaire pendant les rencontres sociales sur les «méfaits de l'alcool». À la maison, vous «égarez» les bouteilles, par erreur; quand vous servez à boire, vous laissez échapper «accidentellement» le verre de votre partenaire.

c) Au beau milieu des rapports sexuels, vous criez: «Sale ivrogne!», vous vous retirez avec emphase et sortez en trombe de la chambre pour aller dormir sur le canapé.

d) Vous adressant directement à votre partenaire à un moment où vous êtes seuls, vous exprimez votre crainte que l'alcool consommé avant les rapports sexuels ne nuise à la qualité de vos ébats. Vous vous expliquez avec franchise en soulignant que votre relation amoureuse est très importante pour vous.

Quelques aptitudes fondamentales pour s'affirmer sexuellement

Il existe un modèle de base de la communication sexuelle et des situations types qui surviennent fréquemment dans les relations. En voici plusieurs, accompagnées de «paroles sages» que vous trouverez peut-être utiles:

Dire non. Parce que la communication sexuelle est fragile, il n'est pas interdit de faire preuve d'empathie et de compréhension lorsqu'on dit non.

«Je ne veux pas te blesser, mais non, je ne veux pas faire cela.»

«Je t'aime, mais je suis vraiment trop fatigué ce soir. Pourquoi ne pas remettre cela à demain?»

Dire oui. Nous aimons tous que l'autre fasse preuve d'un peu d'enthousiasme, surtout quand nous proposons une activité amoureuse!

«D'accord. Avec grand plaisir!»

«Cela me paraît formidable. D'accord!»

«Oui, faisons l'amour ce soir!»

Savoir jouer. Essayer du nouveau. Personne n'a dit que les rapports sexuels devaient être ennuyeux et monotones. Pourquoi ne pas courir des risques, explorer des situations ensemble, essayer du nouveau? Nous avons besoin d'une approche plus libre, plus créatrice et plus ludique de la sexualité.

«Chéri, je suis en train de lire un nouveau livre et j'aimerais beaucoup essayer la position 85 ce soir.»

«Et si on se massait avec de l'huile d'amande douce? On pourrait même faire brûler de l'encens!»

«Contentons-nous de baisers et de caresses ce soir.»

Écouter. Les situations ci-dessus comportent des paroles. L'envers de la médaille, c'est-à-dire l'écoute, est un art qui se perd, surtout au sein des relations intimes. Prenez le temps d'*écouter* vraiment ce que vous dit votre partenaire.

Les thérapeutes conjugaux ont des exercices destinés à apprendre aux couples à s'écouter. Par exemple, essayez de reformuler les paroles de votre partenaire et demandez-lui si vous avez bien saisi son message avant de lui répondre. Puis, inversez les rôles: votre partenaire doit vous écouter attentivement avant de vous répondre. Se sentir écouté, sentir qu'on a de la valeur, est vraiment enrichissant.

Négocier, faire des compromis. Ces aptitudes sont utiles à tous les aspects du mariage ou de la relation amoureuse. Apprendre à donner et à recevoir, faire connaître ses désirs, échanger les rôles, toutes ces aptitudes sont essentielles à une sexualité fondée sur l'affirmation de soi.

La sexualité des célibataires

Les personnes seules n'expriment plus leur sexualité comme autrefois. Elles semblent s'orienter dans la même direction que leurs pairs mariés: vers des relations durables. Certains experts sont d'avis que les célibataires se sont lassés des rencontres fortuites pour deux raisons principales: en premier lieu, ils désirent, eux aussi, l'intimité et l'engagement; et en second lieu, ils craignent de contracter le sida ou l'herpès. Quoi qu'il en soit, un certain conservatisme sexuel semble avoir remplacé l'échange de partenaires autrefois en vogue.

L'expression sexuelle des célibataires revêt deux formes différentes. Bon nombre d'entre eux vivent ensemble et sont engagés, jusqu'à un certain point, dans leur relation. D'autres reviennent aux fréquentations avant le mariage. Quoi qu'il en soit, nous croyons que les idées précédentes concernant l'affirmation de soi au niveau sexuel sont valables dans le cas des célibataires.

La communication sexuelle efficace est importante, qu'on ait ou non prononcé des vœux. Plus tôt vous adopterez une attitude de partage, d'honnêteté et d'ouverture, mieux vous vous sentirez.

L'engagement

Pour beaucoup, le terme *engagement* comporte une idée de passivité très victorienne; l'attitude du cramponne-toi-quoi-qu'il-arrive; le dévouement tranquille quelle que soit la situation. Eh bien, les temps ont changé!

L'engagement d'aujourd'hui découle d'un sentiment d'obligation envers son partenaire. Cette nouvelle forme d'engagement crée chez les partenaires une détermination à rester ensemble, fondée sur une franche communication. C'est un processus actif et changeant et non passif et immuable. L'engagement oblige les partenaires à s'affronter, à certains moments, et à franchir ensemble des obstacles.

L'engagement n'est pas le silence à tout prix.
L'engagement n'est pas l'acceptation entêtée de tous les défauts de l'autre.
L'engagement n'est pas ennuyeux.
L'engagement n'est pas aveugle.
L'engagement n'est pas ignorant.
L'engagement n'est pas passif.
L'engagement n'est pas immobile.
L'engagement n'est pas naïf.
L'engagement n'est pas capricieux.
L'engagement n'est pas communion.

L'engagement est actif.
L'engagement exige des efforts.
L'engagement est fondé sur la communication.
L'engagement grandit.
L'engagement est encourageant.
L'engagement exige des affrontements.
L'engagement est joyeusement vivant.
L'engagement est vibrant.
L'engagement est dynamique.
L'engagement est une responsabilité partagée.

L'engagement ne tolère pas les manies sexuelles unilatérales, le sadisme, les traumatismes affectifs. Il ne laisse aucune place à la violence et aux agressions physiques ou sexuelles ni ne les refrène sommairement. Il y a des moments où on doit exprimer son opinion avec force et se fixer une limite. L'engagement a des limites.

À mesure qu'ils grandissent ensemble, les partenaires se rendent compte qu'accepter les conditions (tolérables) qu'ils ne peuvent changer fait partie de l'engagement. Cette prise de conscience est souvent difficile. Pendant des années, vous êtes convaincu que vous êtes ouvert, et vous acceptez les habitudes et les défauts que vous ne pouvez pas changer chez l'autre. Mais au plus profond de votre cœur résidait encore l'espoir qu'un jour votre partenaire voudrait faire l'amour plus souvent, ou échanger davantage de caresses et d'affection, ou s'habiller d'une manière plus sexy ou cesser de sombrer dans le sommeil aussitôt après l'amour.

Même si le fait de connaître ensemble de multiples joies et inquiétudes contribue, avec le temps, à accentuer le degré d'engagement et de dévouement des partenaires, certaines réalités sont néanmoins pénibles à affronter. Peu importe que vous soyez aimant, aidant, compréhensif et utile, vous ne réussirez pas à changer certaines manies ennuyeuses ou certaines habitudes irritantes chez l'autre.

De même que l'anneau nuptial est circulaire, nous revenons à la vérité des vœux que nous avons prononcés sans trop les comprendre. Nous n'avions pas compris toute la signification de l'expression «dans le bonheur ou les épreuves». L'acceptation est le commencement de l'amour véritable et la mort de l'ego. C'est la véritable intimité.

Dans ce livre, nous avons souvent mentionné que s'affirmer authentiquement était un moyen d'établir l'égalité au sein d'une relation, et pas simplement d'exprimer ses propres besoins. Nulle part ailleurs ce fait n'est aussi vrai qu'au royaume intime des relations sexuelles. Dans une relation fondée sur l'égalité, l'amour, l'intimité, l'expression honnête de soi-même et l'engagement, la dimension sexuelle peut procurer d'immenses satisfactions aux partenaires. Sans ces qualités, il est difficile d'avoir une relation sexuelle épanouissante.

CHAPITRE 18

Aider les autres à vivre avec l'être nouveau qui s'affirme en vous

Tous les chemins mènent au même but:communiquer aux autres ce que nous sommes.
Pablo Neruda

Maintenant que vous êtes davantage capable de vous affirmer, vous remarquez des changements qui s'opèrent chez les personnes de votre entourage. Votre famille, vos amis, vos collègues et d'autres trouvent étrange de voir que vous avez changé et ne s'en réjouissent pas forcément.

La plupart des gens aiment pouvoir prédire le comportement des autres dans une situation précise...

«Maman ne sera pas contente!»

«Tu vas y goûter quand papa rentrera!»

«Le patron va tomber à la renverse!»

«Jean sera vraiment content»

... et se montrent habituellement surpris lorsqu'ils constatent qu'ils se sont trompés...

«Pourquoi Marie est-elle si différente ces jours-ci?»

«Quelle mouche a donc piqué Georges?»

«Cela ne te ressemble pas de parler ainsi.»

«Tu n'avais pas l'habitude de te formaliser lorsque j'empruntais ton...»

Votre aptitude croissante à vous affirmer aura des effets directs sur les membres de votre entourage qui seront heureux de voir que vous vous comportez avec une efficacité accrue, ou bien seront mal à l'aise de constater que vous «répliquez» ou les empêchez de dominer entièrement certaines situations. Vous pouvez les préparer aux changements qui s'opèrent en vous; ils seront plus disposés à vous soutenir dans votre démarche de croissance.

À quoi cela ressemble-t-il, vu de l'extérieur?

«Quelque chose cloche chez Henri ces jours-ci. Il se comporte d'une manière étrange. Je lui ai demandé la permission de prendre sa voiture et il m'a dit noh!»

On remarquera votre nouvelle attitude. On se demandera pourquoi vous ne vous laissez plus marcher sur les pieds et avez cessé de vous plaindre. Certains applaudiront, d'autres pousseront les hauts cris, mais tous remarqueront le changement qui s'est produit en vous.

Il n'est pas rare que les novices en matière d'affirmation de soi fassent un excès de zèle, ce qui rend les changements encore plus notoires. Des gens constateront peut-être que vous êtes devenu *agressif* et ils auront peut-être raison. Si vous dites «non» pour la première fois de votre vie, vous prendrez peut-être plaisir à le crier à pleins poumons: «NON, et ne me le demande plus!»

Si vous réagissez avec excès, et «faites étalage» de votre nouvelle assurance, certains vous en tiendront rigueur. Non seulement ils sont incapables de prévoir votre réaction, mais en plus vous leur cassez les pieds! Aux yeux de vos amis et des membres de votre famille, vous apparaissez peut-être comme un être arrogant... qu'ils préféreraient voir disparaître.

Si, par contre, vous vous affirmez avec trop d'hésitation, les autres remarqueront peut-être que quelque chose a changé en vous, mais ils ne comprendront pas le sens de vos efforts.

Il serait peut-être avisé d'expliquer à vos proches ou du moins aux personnes en qui vous avez confiance ce que vous tentez de faire et peut-être même de solliciter leur aide. Si vous réussissez à vous affirmer, vos amis finiront par être concernés et il n'y a pas de raison de le cacher à ceux qui pouraient vous aider en cours de route. Nous en reparlerons plus loin dans ce chapitre.

Soyez conscient de l'effet que vous produisez sur les autres

Vous devrez développer une certaine sensibilité aux réactions des autres à l'égard de votre attitude affirmative. Entraînez-vous à observer les effets de votre comportement et à surveiller les indices subtils que vous donnent les autres sur leur réaction.

Bien des comportements non verbaux associés à l'affirmation de soi sont en jeu ici. Vous avez appris à surveiller vos contacts visuels, vos postures, vos gestes, vos expressions, votre voix et la distance que vous maintenez avec les autres... Observez ces mêmes composantes chez vos interlocuteurs afin de connaître l'effet que vous produisez sur eux et leur réaction.

Réactions hostiles potentielles

Alors que nous aidons les gens à apprendre à s'affirmer depuis presque vingt ans, nous avons vu peu de résultats négatifs. Il peut arriver, toutefois, que certaines personnes réagissent d'une manière désagréable face à quelqu'un qui s'affirme. C'est pourquoi, même si on sait s'affirmer d'une manière appropriée, sans se montrer ni timoré ni agressif, on doit parfois affronter des réactions défavorables.

En voici quelques exemples:

Médisance. Après que vous vous êtes affirmé, la personne concernée peut être quelque peu contrariée, même si elle ne le montre pas ouvertement. Ainsi, si vous protestez auprès de la personne qui s'immisce devant vous dans une file, celle-ci s'en ira peut-être à la queue, mais, en passant près de vous, elle marmonnera des choses du type: «Pour qui se prend-il, celui-là?», «La belle affaire!», «Espèce d'enfoiré!», etc. À notre avis, mieux vaut ignorer ce comportement puéril, car si vous réagissez d'une façon ou d'une autre, vous risquez seulement d'envenimer la situation en reconnaissant avoir été «touché» par les paroles de l'autre.

Agressivité. Votre interlocuteur peut se montrer franchement hostile à votre égard. Il pourrait pousser les hauts cris ou avoir des réactions physiques comme vous pousser ou vous frapper. Ici encore, évitez d'envenimer la situation. Vous pouvez exprimer vos regrets de l'avoir contrarié tout en persistant dans votre attitude affirmative. Cela vaut surtout si vous êtes destiné à revoir cette personne. Si vous reculez, vous ne ferez que récompenser sa réaction négative et, à la prochaine rencontre, vous risquez fort d'essuyer une nouvelle réaction agressive.

Explosion de colère. Dans certains cas, vous aurez à vous affirmer face à une personne habituée à commander. Celle-ci peut réagir en se montrant blessée, en invoquant une santé fragile, en vous accusant de ne pas l'aimer, en pleurant, en s'apitoyant sur elle-même ou en essayant de vous dominer ou d'éveiller en vous un sentiment de culpabilité. De nouveau, vous avez le choix, mais il vaut toujours mieux ne pas tenir compte de ces comportements.

Réactions psychosomatiques. Certaines personnes peuvent vraiment tomber malades, si vous contrariez une habitude bien ancrée en elles. Douleurs abdominales, maux de tête et sentiment de faiblesse ne sont que quelques-uns des symptômes possibles. Choisissez de demeurer ferme dans votre attitude affirmative et dites-vous que la personne s'adaptera bien vite à la nouvelle situation. Adoptez une attitude cohérente chaque fois que vous vous trouvez dans la même situation avec cette personne-là, sinon elle risque de ne plus savoir où elle en est et de ne plus tenir compte de vos affirmations.

Excuses excessives. Dans de rares occasions, il se peut que votre interlocuteur se confonde en excuses ou s'humilie devant vous. Dites-lui qu'il n'a pas besoin de se comporter ainsi. Si, lors de vos prochains entretiens, il semble vous craindre ou se montre plein de déférence, ne tirez pas parti de la situation. Vous pourriez lui montrer comment s'affirmer en vous inspirant des méthodes décrites dans ce livre.

Vengeance. Si vous avez une relation stable avec une personne envers laquelle vous vous affirmez, elle peut vouloir se venger. Au début, il se peut que vous compreniez mal où elle veut en venir; mais avec le temps, vous comprendrez mieux l'objet de ses sarcasmes. Dès que vous aurez la certitude qu'elle essaie de vous rendre la vie dure, prenez le taureau par les cornes et confrontez-la ouvertement. Cette attitude suffit habituellement à couper court aux tactiques de vengeance.

Comment intégrer les autres à sa démarche d'apprentissage

Plus tôt dans ce chapitre, nous vous proposions d'associer vos meilleurs amis à votre travail sur l'affirmation de soi. Essayez ceci:

... Dites à votre meilleur ami (assurez-vous de pouvoir lui faire entièrement confiance) que vous apprenez à mieux vous affirmer.

... Rappelez-vous que vous devez être prudent lorsque vous confierez votre démarche à certaines personnes. Celles qui ne veulent que *votre* bien vous soutiendront dans vos efforts, mais d'autres (même des amis proches ou des personnes intimes) peuvent tenter de saper votre travail. Soyez sélectif.

... Confiez à votre ami ce que s'affirmer signifie pour vous et expliquez-lui la différence entre l'affirmation de soi et l'agressivité.

... Demandez-lui s'il désire vous aider.

... S'il accepte, choisissez ensemble certains comportements précis qu'il observera et demandez-lui de vous faire périodiquement ses commentaires sur vos progrès dans ces domaines, en insistant sur les composantes non verbales du comportement (Chapitre 6).

... Reconnaissez que, pour vous affirmer, vous devrez parfois dire «non» à votre ami ou encore faire ou dire quelque chose qui va à l'encontre de *ses* préférences. Discutez de cela à l'avance et au moment où cela se produit.

... Évitez de clamer «À partir de maintenant, je m'affirme!» comme pour excuser votre brusquerie ou tout autre comportement inapproprié, ou encore comme prétexte pour ne pas assumer la responsabilité de vos actes.

... Si vous apprenez à vous affirmer dans le cadre d'une thérapie quelconque, vous n'avez pas besoin de le dire à tout le monde. Contentez-vous de parler de vos buts et soulignez que vous vous inspirez de ce livre.

… Si vous travaillez avec un thérapeute ou un autre formateur, vous pouvez, si vous le désirez, organiser avec cette personne une séance d'orientation ou de formation à l'intention de votre ami.

… Si vous décidez de vous ouvrir de vos projets à un ami, le texte ci-dessous pourrait le renseigner sur la manière d'apprendre à s'affirmer. Libre à vous de le copier mais n'oubliez pas d'ajouter la référence à la fin.

Que peut faire un ami/une amie pour m'aider…
Quelqu'un vous fait suffisamment confiance
pour solliciter votre aide.

Un ami, un parent, un colocataire, un amoureux ou une «personne importante» vous a demandé de lire ces lignes parce qu'il ou elle a décidé de changer. La démarche qu'a entreprise votre ami s'appelle «apprendre à s'affirmer» et son but est de montrer aux gens comment exprimer leur personnalité.

On confond souvent l'affirmation de soi avec l'agressivité, aussi désirons-nous clarifier ce point d'entrée de jeu. Apprendre à *s'affirmer,* ce n'est pas apprendre à marcher sur les pieds des autres pour arriver à ses fins. C'est faire valoir ses droits, exprimer ses sentiments avec franchise et fermeté, et établir des relations fondées sur l'égalité et le respect des besoins des *deux* parties.

Il se peut que votre ami lise un livre, suive un cours, travaille avec un conseiller, s'exerce seul ou en groupe, car l'affirmation de soi peut s'apprendre de multiples façons. Cela peut prendre des semaines, des mois même, mais vous constaterez des changements. Votre ami donnera peut-être son avis sur le restaurant où vous dînerez, sur ce qui cloche au gouvernement, sur les tâches domestiques que vous pouvez assumer… ou peut-être vous refusera-t-il une faveur… prendra-t-il davantage l'initiative dans la conversation… sera-t-il moins avare de compliments… ou se mettra-t-il même en colère à l'occasion.

Ne vous inquiétez pas. Si ces nouveaux comportements constituaient une menace pour vous, votre ami ne vous aurait pas demandé de lire ceci!

La plupart des gens préfèrent la compagnie des personnes capables de s'affirmer. Elles sont plus spontanées, moins inhibées, plus honnêtes et plus directes, mieux dans leur peau et elles jouissent peut-être même d'une meilleure santé!

Alors, quel est votre rôle dans tout ceci?

Votre ami vous a demandé de lire ce texte afin que vous compreniez mieux ce qui se passe dans sa vie en ce moment et les changements que vous observerez peut-être en lui au cours des semaines et des mois à venir.

Il est clair que votre ami vous fait confiance, car il peut être risqué de divulguer aux autres les changements qu'on compte apporter chez soi. C'est un peu comme de raconter ses rêves ou ses résolutions du Nouvel An. Si tout ne marche pas comme elle le souhaite, la personne s'expose à de réelles blessures.

Nous vous demandons d'honorer ce témoignage de confiance de la part de votre ami.

Voici en quoi vous pouvez lui être utile...

... Familiarisez-vous avec les changements que votre ami souhaite apporter afin de savoir à quoi vous attendre.

... Lorsque le changement souhaité se produit (même s'il est minime), félicitez votre ami.

... Soyez honnête dans vos rapports avec votre ami... et n'hésitez pas à lui signaler son «excès de zèle» dans ses efforts pour s'affirmer.

... Lisez des ouvrages sur l'affirmation de soi.

... Proposez activement certains changements à votre ami: un meilleur contact visuel, par exemple, ou un ton de voix plus approprié.

... Servez-lui de modèle en vous affirmant vous-même.

... Aidez votre ami à «répéter son rôle» dans certaines situations particulières (entrevue, confrontations, etc.).

Votre gentillesse vous sera mille fois payée de retour et vous apprendrez peut-être même quelque chose en cours de route!

* * * * *

CHAPITRE 19

Au-delà de l'affirmation de soi

Mon Dieu, donnez-moi la sérénité d'accepter les choses que je ne peux pas changer, le courage de changer celles qui peuvent l'être et la sagesse d'en connaître la différence.
Reinhold Niebuhr

Tout au long de notre ouvrage, nous avons mis l'accent sur le *choix individuel* et la valeur de l'affirmation de soi pour les personnes en quête d'autodétermination. Le lecteur perspicace aura reconnu certaine lacunes et certains dangers inhérents à l'affirmation de soi. Il faut faire preuve de sensibilité pour tenir compte de certaines limites et des conséquences potentiellement négatives de l'affirmation de soi.

Même si le fait de s'affirmer comporte en soi ses propres récompenses, ses répercussions peuvent, à l'occasion, en diminuer la valeur à nos yeux. Pensez, par exemple, au garçonnet qui s'affirme et refuse de prêter son nouveau vélo à une brute qui lui fait un œil au beurre noir! Il avait parfaitement le droit de s'affirmer, mais l'autre n'était pas disposé à essuyer un refus. C'est pourquoi, sans aller jusqu'à vous conseiller de ne pas vous affirmer si cela comporte des risques, nous vous incitons à envisager les *conséquences* probables de votre conduite. Dans certains cas, le comportement affirmatif pèse bien peu dans la balance en regard de la réaction probable qu'il provoquera!

La réaction des adultes est parfois plus subtile que celle de la brute décrite ci-dessus. Aline heurta de vieux amis à elle en critiquant la façon dont ils «gâtaient» leur fils. La blessure mit presque un an à guérir. Entre-temps, Aline se demandait si elle avait bien fait de s'affirmer.

Si vous *savez comment* vous affirmer, vous êtes libre de *choisir* de le faire ou non. Par contre, si vous êtes *incapable* de vous affirmer, vous n'avez pas le choix: vous serez à la merci des autres et votre bien-être en souffrira. *Notre principal objectif en écrivant ce livre est de VOUS donner le choix!*

Choisir de ne pas s'affirmer

Cela vaut la peine d'être répété: le mot *choix* est un mot clé en ce qui concerne l'affirmation de soi. Tant que vous êtes convaincu (parce que vous l'avez déjà fait avec succès dans le passé) que vous *pouvez* vous affirmer, vous pouvez décider de ne pas le faire dans une situation donnée. Voici certains cas où on peut *opter* pour la non-affirmation de soi:

Les personnes excessivement sensibles. À l'occasion, vous pouvez conclure, grâce à votre perspicacité, qu'une personne est incapable d'accepter la moindre velléité d'affirmation de soi. Dans ce cas, mieux vaut vous résigner plutôt que de subir de pénibles conséquences. Même si d'aucuns prétendent être faibles afin de mieux manipuler les autres, certaines personnes se sentent si facilement menacées que le moindre désagrément les fait se replier sur elles-mêmes (et se blesser) ou exploser (et blesser les autres). Si vous devez fréquenter ce type de personne, mieux vaut être tolérant, accepter la personne et vous accommoder de la situation.

Redondance. De temps à autre, une personne qui a profité de vous se rend compte de ce qu'elle a fait (avant même que vous n'ayez eu le temps de vous exprimer) et corrige la situation d'une manière appropriée. Ce n'est plus le moment alors d'ouvrir la bouche et de vous affirmer. Il ne s'agit pas d'attendre en *espérant* que la personne remarquera son erreur. Néanmoins, n'hésitez pas à vous affirmer si la personne ne s'amende pas alors qu'elle devrait le faire selon vous.

Se montrer compréhensif. Il y a des cas où vous pouvez choisir de ne pas vous affirmer parce que vous constatez que la personne se trouve en difficulté; il faut tenir compte des circonstances atténuantes. Dans un restaurant où nous dînions, il était évident que le cuisinier avait des ennuis. Constatant qu'on ne nous servait pas exactement ce que nous avions commandé, nous avons choisi de ne pas nous affirmer plutôt que de créer des problèmes supplémentaires au cuisinier.

Si quelqu'un que vous connaissez traverse un dur moment et que son humeur s'en ressent, vous pouvez *choisir* de passer outre ce qui cloche dans votre relation ou de remettre une discussion à un moment plus productif. *Attention:* il est facile de ne pas s'affirmer sous prétexte qu'on ne veut pas «blesser les sentiments de l'autre» alors qu'il serait plus approprié de le faire. Si vous recourez plus qu'occasionnellement à cette excuse, nous vous invitons à examiner attentivement vos motifs véritables.

Les manipulateurs et les incorrigibles. Chacun compte, dans son entourage, des personnes franchement difficiles! Vous avez beau vous affirmer, dans les moments opportuns, avec cette personne-là, vous vous attirez presque à tout coup une réaction indésirable. Certaines personnes sont tellement désagréables que cela ne vaut tout simplement pas la peine de les affronter. Et parfois le résultat obtenu ne vaut pas le prix à payer. Nous appuyons votre *choix* de ne pas vous affirmer dans ces circonstances-là. Néanmoins, nous vous prions encore une fois d'examiner très attentivement ces cas; envisagez la possibilité que vous puissiez esquiver une situation difficile mais non impossible à affronter sous prétexte que «le jeu n'en vaut pas la chandelle!»

Quand on a tort

Au début surtout, il se peut que vous vous affirmiez tout en ayant mal apprécié la situation. Ou encore, vous êtes maladroit et vous offensez votre interlocuteur. Quoi qu'il en soit, soyez prêt à admettre vos torts. Point n'est besoin, certes, de se confondre en excuses, mais soyez assez ouvert pour montrer que vous pouvez reconnaître vos torts. Et n'hésitez pas à vous affirmer à l'égard de la personne si la situation l'exige à l'avenir.

«C'est trop tard maintenant!»

Certains participants qui se sentent impuissants à régler un problème survenu il y a longtemps nous interrogent sur la conduite à tenir dans ce cas. Frustrés face aux conséquences de leur ancien manque d'aptitude à s'affirmer, ils se sentent incapables de remédier à la situation aujourd'hui.

Charlotte, une dirigeante fort occupée, terminait souvent ses lettres et ses rapports tard dans la journée de sorte que Georges, son secrétaire, devait rester après la fermeture des bureaux pour taper ses documents en prévision de la réunion du lendemain. La première fois, Georges crut que cette requête était inhabituelle et il accepta volontiers de faire sa part. Très vite, il s'aperçut que cette «demande exceptionnelle» revenait en fait deux ou trois fois par semaine. Bien qu'il aimât son travail, ces heures supplémentaires nuisaient à sa vie privée et il commença à envisager de démissionner.

Il s'inscrivit à un groupe d'apprentissage de l'affirmation de soi au sein duquel il exposa sa situation. Le formateur et les membres du groupe appuyèrent son point de vue. Choisissant une femme relativement capable de s'affirmer dans le groupe, il «joua» avec elle un scénario dans lequel il exposait ses sentiments à Charlotte. Au début, il se défendit plutôt mal, s'excusant et se laissant convaincre par sa «patronne» que son poste exigeait à tout prix cette sorte de «loyauté envers la compagnie». Mais grâce aux commentaires et à l'apuui du groupe, Georges apprit à exprimer plus efficacement ses sentiments et à ne pas se laisser intimider par la réaction de sa directrice.

Le lendemain, il rencontra Charlotte à son bureau, vida son sac et élabora un calendrier de travail plus raisonnable pour ces projets spéciaux. Au cours des deux mois qui suivirent, Charlotte ne lui présenta que deux «requêtes spéciales» et ce, dans des circonstances manifestement inhabituelles. Tous deux furent satisfaits de leur nouvelle entente.

Notre but, en présentant cet exemple, est de montrer qu'il n'est jamais trop tard pour s'affirmer, même si la situation a fini par se détériorer. Le fait de s'en ouvrir à la personne concernée (oui, même à un parent, un conjoint, un partenaire, son patron, un employé) en disant honnêtement: «Ceci me préoccupe depuis quelque temps» ou «Je voulais vous parler de ceci...» peut ouvrir la voie à la résolution d'une question délicate tout en favorisant une communication franche et honnête par la suite.

N'oubliez pas qu'il est important d'énoncer vos sentiments d'une manière telle que vous en acceptez la responsabilité: «Je suis préoccupé...» et non «Vous m'avez contrarié...», «Je suis fâché...» et non «Vous m'avez mis en colère...»

Une autre raison importante pour revenir en arrière et régler ses vieux conflits avec les autres, c'est que les affaires non réglées continuent de nous miner. Le ressentiment que provoquent en nous les situations irritantes ou blessantes ne s'évanouira pas comme par enchantement. Ces sentiments accentuent le fossé qui sépare alors les gens, et la méfiance et la rancune qui en résultent sont préjudiciables aux deux parties.

Même si vous n'arrivez pas à résoudre amicalement de vieux conflits, toute *tentative* de réconciliation est très saine et très valable. Nous admettons qu'il peut être pénible et même risqué de rouvrir de vieilles blessures, car le résultat *pourrait* être pire qu'avant. En dépit de cela, nous avons vu certaines personnes éprouver un réel soulagement après avoir résolu de vieux conflits et nous n'hésitons pas à vous encourager à procéder de la même façon.

Autre chose: comme nous l'avons déjà dit, ne faites pas vos premières armes, en matière d'affirmation de soi, avec des relations qui présentent des risques pour vous, c'est-à-dire celles qui comptent *énormément* à vos yeux. Il s'agit là d'une étape plutôt avancée que vous ne devez affronter qu'après avoir maîtrisé les aptitudes de base.

Le retour du pendule

Voici une question qu'on nous pose souvent lorsqu'il est question de l'affirmation de soi:

«J'ai une amie qui a suivi l'atelier sur l'affirmation de soi et qui est intenable maintenant! Cette personne, autrefois calme et paisible, se plaint de tout aujourd'hui! Elle exagère vraiment! Est-ce que l'affirmation de soi ne risque pas de produire des monstres?

Les personnes qui se sont laissé manger la laine sur le dos toute leur vie et qui apprennent à s'affirmer tombent parfois dans l'agressivité verbale. Elles lancent le message suivant: «Maintenant que j'ai une chance de le faire, je vais dire leur fait à certaines personnes!» Les sentiments refoulés ou dissimulés pendant tant d'années sortent souvent de façon «explosive» lorsqu'on apprend à s'affirmer.

L'inverse peut aussi se produire: les personnes plutôt agressives et habituées à manipuler les autres peuvent tomber dans l'autre extrême et manifester une sensibilité ou une réaction excessives à l'égard des autres. Il peut être ahurissant d'être soudainement traité aux petits oignons par une personne autrefois railleuse et calculatrice!

Ces deux changements radicaux de comportement sont des réactions normales étant donné les circonstances. Le pendule était «coincé». Maintenant qu'il est libéré, la personne expérimente toute une nouvelle gamme de comportements. Nous vous conseillons d'être patient avec elle. Le pendule reviendra en place après une période d'expérimentation assez brève et l'entourage finira par comprendre que s'affirmer est finalement la meilleure solution qui soit.

Une perspective holistique de l'affirmation de soi

Les adeptes de diverses thérapies mettent généralement un accent excessif sur leur méthode particulière, rejetant du même coup d'autres méthodes valables. Nous, les psychologues, par exemple, négligeons souvent de chercher au-delà des traitements mentaux une solution aux problèmes de notre clientèle. Toutefois, il n'existe pas de remède unique à tous nos maux.

Apprendre à s'affirmer est un outil tout à fait valable pour augmenter sa confiance en soi et sa maîtrise de soi dans la vie, mais c'est loin d'être une panacée. Cette méthode donne de meilleurs résultats lorsqu'on l'associe à d'autres techniques psychologiques, physiques et spirituelles. Nous prônons un traitement holistique et éclectique qui intègre une grande variété de méthodes psychologiques tout en tenant compte des aspects physiques et spirituels de la personne.

Les dimensions mentales, physiques et spirituelles de l'être humain étant inséparables, chaque personne doit être considérée comme un tout.

Si vous vous lancez dans une analyse de votre fonctionnement psychologique, soyez attentif aux aspects physiques et spirituels de votre personnalité. Les antécédents médicaux, la condition physique du moment, les habitudes alimentaires et les exercices physiques, les forces et les faiblesses spirituelles, sont tous d'importants éléments à considérer pour évaluer à fond son bien-être. Ne croyez pas que l'apprentissage de l'affirmation de soi puisse, à lui seul, venir à bout de votre incapacité de vous affirmer. Votre problème pourrait avoir une origine alimentaire! Examinez toutes les possibilités et consultez un médecin, un maître spirituel ou un psychologue si vous en ressentez le besoin.

L'idée de «santé holistique» est très à la mode actuellement dans notre société et pourtant les racines historiques des méthodes holistiques remontent à l'ancienne Égypte. Des facteurs comme l'activisme accru des consommateurs, les coûts exorbitants des programmes de santé, le mouvement de libération de la femme et la vogue de l'affirmation de soi ont contribué à régénérer cette notion. Malgré la tendance à la spécialisation qui prévaut dans notre société, les professionnels de la santé, dans tous les domaines, adoptent une perspective de plus en plus holistique.

Afin de placer l'affirmation de soi dans un contexte holistique, identifions les principes de santé holistique auxquels se rallient généralement les praticiens holistiques: 1) la santé holistique met l'accent sur le bien-être physique, psychologique et spirituel de la personne; 2) chaque personne est responsable de sa santé; 3) la santé doit être évaluée en fonction du contexte familial, communautaire et culturel de la personne; 4) aucune méthode de guérison n'est parfaite à elle seule; 5) on doit, autant que possible, privilégier les méthodes naturelles et éviter les drogues; 6) la santé globale dépend du pouvoir de guérison du corps et du pouvoir de l'esprit; 7) la santé est un processus de toute une vie qui englobe la prévention et la guérison des maladies, la préservation de la santé et la recherche d'un bien-être optimal.

Pour de plus amples détails concernant les méthodes holistiques, nous vous recommandons de lire *La médecine holistique* de Kenneth Pelletier (voir la bibliographie).

Nous vous invitons fortement à adopter un mode de vie fondé sur l'affirmation de soi et à vous occuper de vous, d'une manière holistique!

L'affirmation de soi et le bon sens

Dans ce livre, nous avons mis l'accent sur l'action. Lors de nos premiers ateliers sur l'affirmation de soi, qui remontent à la fin des années soixante, nous trouvions notre méthode efficace dans le cas des clients qui éprouvaient de la difficulté à s'exprimer. La plupart étaient timides, ne s'affirmaient pas et répugnaient à prendre des initiatives. Dans leur cas, la méthode la plus efficace semblait être de les *stimuler,* de les faire bouger, de leur montrer à «se défendre, à faire valoir leurs droits et à répliquer».

Plus tard, nous comprîmes que bien des gens prenaient nos conseils comme une permission de se comporter d'une manière agressive. Certains formateurs demandaient aux participants — à titre d'exercice — d'entrer dans des restaurants pour demander simplement un verre d'eau. Ou d'aller dans une station-service demander qu'on lave simplement leur pare-brise (à l'époque, on y offrait ce genre de service).

Nous voulons ici faire appel à votre bon sens:

Évitez de manipuler. L'affirmation de soi peut faire des miracles quand on l'utilise de manière appropriée. Mais il ne faut pas s'en servir pour manipuler les autres ou comme façon d'«arriver à ses fins» aux dépens des autres (agressivité), ni y recourir constamment.

N'en faites pas une habitude. Vous n'avez pas besoin de «vous affirmer» tout le temps. C'est manquer de savoir-vivre que de passer son temps à élever la voix et à s'imposer. Faites de l'affirmation de soi *un outil* de votre répertoire de comportements, une manière d'agir que vous pouvez utiliser quand c'est important et nécessaire. Rien n'est bon tout le temps! Trop d'une bonne chose, c'est quand même trop!

Soyez gentil. La gentillesse est un mot qu'on n'entend pas assez souvent ces jours-ci, qui est en quelque sorte tombé en désuétude. Depuis le début de nos travaux sur l'affirmation de soi, nous cherchons à inculquer aux êtres humains le respect, la délicatesse et, oui, la gentillesse. Apprendre à s'affirmer, pour ceux qui se sont toujours fait «marcher sur les pieds», c'est obtenir le respect que les autres leur ont toujours refusé.

L'affirmation de soi n'est pas incompatible avec la gentillesse, la délicatesse, la compassion, l'empathie et la politesse. La personne qui sait vraiment s'affirmer se soucie des autres et de leurs droits. On a employé l'expression «affirmation empathique» pour décrire les formes d'expression de soi directement axées sur les besoins d'un tiers.

Soyez vous-même. Certaines personnes interprètent malheureusement l'affirmation de soi comme un concept monolithique, comme s'il n'existait qu'une définition pour qualifier un comportement affirmatif. Nous avons expliqué cela assez longuement au chapitre 4, mais nous voulons le souligner ici en encourageant la reconnaissance des différences individuelles.

Chacun possède une vision unique du monde; c'est là en partie ce qui fait la richesse de l'expérience humaine. N'essayez pas de façonner les autres selon l'image que vous avez d'eux! Ne prétendez pas qu'il n'existe qu'une seule façon de s'affirmer dans une situation donnée! Laissez les autres choisir de ne pas s'affirmer s'ils le désirent. À chacun sa façon d'être!

Soyez tenace, mais non casse-pieds. L'un des aspects le plus important, mais souvent négligé, du comportement d'affirmation est la *ténacité*. Il est rare qu'il faille se contenter de demander simplement ce que l'on veut. Il faut parfois réitérer sa requête, la présenter à une personne bien placée, écrire une lettre, exercer une pression à l'aide d'autres moyens (un groupe de consommateurs, un organisme de réglementation)...

Votre demande est-elle importante? Revenez à la charge si vous n'obtenez pas tout de suite gain de cause. Demandez à voir le gérant. Appelez le président de la société. Formulez une nouvelle plainte à votre voisin au sujet des jappements de son chien. Rappelez à votre patron qu'il vous a promis une augmentation.

N'oubliez de vous affirmer dans votre ténacité; le harcèlement peut devenir agressif!

Exercez-vous, mais ne visez pas la perfection. Certaines réactions soi-disant «affirmatives» peuvent sembler vraiment mécaniques et appri-ses. Même si nous vous conseillons de vous exercer afin d'acquérir un style et des aptitudes à l'affirmation de soi, nous trouvons très impor-tant que vous trouviez un style *personnel,* que vous intégriez l'affir-mation de soi à votre façon singulière d'affronter les gens. Si vous parlez comme dans notre livre ou comme si vous répétiez un «scéna-rio» inventé par un autre dans des situations exigeant que l'on s'affirme, vous perdrez toute crédibilité et on ne vous prendra pas au sérieux.

Les «psy» n'ont pas leur place ici. N'essayez pas de «psychanalyser» les autres! Certains passent leur temps à essayer de «penser comme un psychologue» et à imaginer la réaction des autres, et ils choisissent leur comportement en fonction de son influence probable sur les autres. Rares sont les gens, même parmi les psychologues qualifiés, capables de réussir ce tour de force.

Essayez plutôt d'être vous-même, affirmez-vous, tenez compte des besoins et des droits des autres et respectez-les.

Appartenance à la grande famille humaine

L'auteur d'une pièce populaire décrivait ainsi l'un de ses person-nages: «Jeanne Tremblay, Ferme Tremblay, Pointe Platton, Comté Lotbinière, Québec, Canada, Amérique du Nord, Terre, système solaire, univers, Intelligence de Dieu.» L'auteur manifeste ici un sens remarquable de la citoyenneté universelle; peu d'entre nous ont autant réfléchi sur leurs relations avec la grande famille humaine.

En fait, est-il possible même de concevoir ce concept presque inaccessible? Dans quel sens suis-je un citoyen du monde? Je peux parler avec mes voisins et les voir. Je peux rendre visite sans trop de difficulté aux habitants des provinces voisines ou même de l'autre extrémité du pays et, si j'en ai la chance, du monde entier. Je peux bénéficier, avec d'autres, de services gouvernementaux; voter aux élections régionales, provinciales et nationales; partager un héritage historique et culturel avec d'autres citoyens de mon pays. Qu'ai-je en commun avec les habitants du Népal, du Luxembourg ou du Sri Lanka? Les vois-je vraiment comme mes frères et sœurs humains?

Aucun individu ne peut exister seul. Aucun de nous ne possède les connaissances, aptitudes et ressources personnelles nécessaires pour fonctionner d'une manière tout à fait indépendante dans le monde. Nous sommes interdépendants et, en nous affirmant, nous devons tenir compte des besoins de nos voisins comme des nôtres.

Il n'est pas nécessaire de contempler la Terre de l'espace; il suffit de lire la une des quotidiens pour constater la fragilité de l'ordre mondial. Nous observons les efforts continus des gouvernements de bien des pays pour préserver la paix dans le monde et un certain équilibre sur la planète. Et nous voyons avec quelle facilité l'agressivité et la recherche du pouvoir perturbent cet équilibre.

Tant de questions d'intérêt international demeurent en suspens, attendant que des personnes assez courageuses pour dépasser les frontières nationalistes et prendre en main la *résolution des problèmes* plutôt que d'user de leur pouvoir à mauvais escient, prennent des mesures affirmatives. La faim, le dénuement, les sytèmes sanitaires, l'évacuation des déchets nucléaires et autres déchets dangereux... ne sont que quelques éléments d'une longue liste.

Les principes liés à l'affirmation de soi que nous avons expliqués dans ce livre s'appliquent également à ces questions. La formation à l'affirmation de soi vous a peut-être aidé à améliorer votre vie et vos relations. Nous vous invitons fortement à témoigner du succès de cette aide en vous affirmant en tant que citoyen du monde. Écrivez des lettres d'encouragement aux personnalités publiques qui font des gestes courageux. Communiquez avec vos représentants politiques afin d'exprimer vos opinions sur les questions de l'heure.

Essayez de remplacer l'agressivité par l'affirmation de soi chaque fois que vous le pouvez. Soutenez, par exemple, les mouvements qui exigent le contrôle accru des armes à feu ou la réduction de la violence à la télévision. Certains participeront à des manifestations contre les usines nucléaires ou la prolifération des armes. Peut-être vous ferez-vous le champion de la libre entreprise au détriment des lourdes bureaucraties gouvernementales qui n'offrent pas les services nécessaies. Peut-être choisirez-vous de vous battre pour les droits des minorités. Les programmes régionaux d'aide aux personnes victimes d'agression sexuelle et les programmes de formation destinés aux parents qui veulent protéger leurs enfants ont toujours besoin de votre appui.

Le principe de l'affirmation de soi est bien ancré dans la culture occidentale et constitue un élément clé de la constitution américaine. La désobéissance civile, utilisée quand tous les autres moyens de lutte ont échoué, possède ses lettres de noblesse. Henry David Thoreau reste le «patron» de la désobéissance civile, mais il suffit de lire la Déclaration de l'indépendance ou les récits historiques comme celui du *Boston Tea Party* pour trouver d'autres illustrations respectées et célèbres de ce moyen de lutte.

Certes, toute forme d'action affirmative repose sur la volonté d'assumer les conséquences de ses actes. Le Mahatma Gandhi, Martin Luther King, Desmond Tutu et Lech Walesa sont des exemples modernes de cette responsabilité personnelle et de cette aptitude à s'affirmer publiquement. Quoi que nous pensions des principes qui ont motivé leurs actions, nous devons admirer ceux qui vivent en accord avec leurs croyances profondes, se souciant davantage du bien-être de l'humanité que de leur propre confort et de leur sécurité.

Enfin, les actes posés dans le meilleur intérêt de nos frères humains préservent aussi le nôtre. Si je m'affirme afin de redresser une injustice sociale, j'agis pour le bénéfice de tous les membres de la société, y compris de moi-même. C'est pourquoi, quand je m'affirme, dans le meilleur sens du terme, j'agis dans mon intérêt sans pour autant faire preuve d'égocentrisme!

Un millier de causes valent la peine que nous nous dépensions pour elles. Si vous vous contentez de vous affirmer pour qu'on vous serve votre bifteck comme vous l'aimez ou qu'on vous remette honnêtement la monnaie, votre vie sera peut-être temporairement plus agréable, mais votre contribution à la société ne pèsera pas lourd dans la balance.

Oliver Wendell Holmes nous donne l'heure juste à ce sujet (pardonnez son langage sexiste):

«Un homme doit participer aux actions et aux passions de son époque, faute de quoi son existence sera mise en doute.»

Au-delà de l'affirmation de soi

Voilà. À vous de jouer maintenant.

Rappelez-vous:

... S'affirmer, comme tout autre comportement social, s'apprend. Vous *pouvez* changer si vous le désirez.

... Changer exige des efforts. Tout changement est habituellement lent et progressif. Ne voyez pas trop grand. Fondez votre succès sur des étapes *réalistes!*

... Il n'y a pas de solution miracle. Même si s'affirmer ne produit pas toujours les résultats escomptés (pour nous non plus!), ce comportement est presque tout le temps préférable à tout autre! Ne vous laissez pas décourager par vos premiers échecs.

... Félicitez-vous pour les changements que vous apportez dans votre vie. Même les plus minimes réalisations méritent des félicitations!

... N'hésitez pas à demander de l'aide; au besoin, adressez-vous à des professionnels. Tout le monde a besoin d'aide à l'occasion.

... Vous travaillez sur un matériau infiniment précieux: vous-même. Veillez-y bien!

Vous êtes une personne unique, possédant une taille, une forme, une couleur, un âge, des antécédents ethniques et culturels, un sexe, un mode de vie, une éducation, des idées, des valeurs, une occupation, des relations, des pensées et des modèles de comportement uniques. Dans ce livre, nous avons dû faire beaucoup de généralisations. L'apprentissage de l'affirmation de soi n'est pas la seule méthode et elle ne convient pas à tout le monde. À *vous* de décider ce qui est pertinent dans votre cas. Si vous décidez d'employer la formation à l'affirmation de soi comme outil pour vous aider à devenir ce que vous voulez être, vous devez aussi décider comment appliquer ces principes à votre propre vie.

Rappelez-vous que l'affirmation de soi n'est *pas* un outil servant à manipuler, à intimider les autres ou à parvenir à ses fins. C'est un moyen de faire valoir ses droits, d'exprimer sa colère, de communiquer avec les autres, d'établir des relations fondées sur l'égalité, de manifester son affection, d'être plus direct. Et qui plus est, c'est un moyen de vous épanouir, d'être bien dans votre peau et de montrer que vous respectez les droits des autres.

CHAPITRE 20

Apprendre à s'affirmer

On peut, bien sûr, apprendre à s'affirmer par soi-même. On utilise alors les situations quotidiennes pour employer, par exemple, les procédés décrits dans cet ouvrage. On évalue ses résultats, on table sur ses points forts et on utilise de nouveaux moyens jusqu'à ce qu'on les maîtrise.

On peut, cependant, accélérer fortement le développement de sa compétence à s'affirmer en participant à une formation donnée par un professionnel compétent. Cet apprentissage peut se faire sous forme de consultation individuelle ou mieux encore de formation en groupe.

En sachant mieux comment se déroulent ces séances d'entraînement pratique, on peut décider en connaissance de cause de recourir à cette forme de développement personnel.

Formation individuelle

Voici la description, étape par étape, d'une séance individuelle de formation à l'affirmation.

Étape 1. Identifier les besoins du client

Dans une consultation individuelle, on ne donne pas une formation générale à l'affirmation. Avec le client, on choisit un procédé qui lui convient. On révise ensemble les situations où le client veut apprendre à s'affirmer et en particulier celles qui suscitent le plus d'anxiété chez lui. On établit avec le client une liste des situations spécifiques où il veut s'affirmer puis on les place en ordre, de la plus facile à la plus difficile. De cette façon, on établit un programme d'apprentissage et on emploie des procédés qui suscitent un degré approprié d'anxiété.

Étape 2. Identifier une situation que l'on veut améliorer

Voici un exemple qui illustre bien les étapes suivantes avec des extraits du dialogue entre le formateur et sa cliente.

La cliente: Un de mes collègues de travail m'a invitée à sortir avec lui à plusieurs reprises mais cela ne m'intéresse pas et il ne semble pas comprendre mes signaux. Je ne veux pas le blesser en lui disant la vérité. Qu'est-ce que je devrais faire? Je suis sûre qu'il va me le demander à nouveau!

Étape 3. Situer la scène

Avec la cliente, on structure la situation d'entraînement de façon concrète, pour comprendre cette situation à fond, pour se représenter la scène de façon adéquate, pour bien la simuler dans un entraînement et une répétition de comportement, pour la rendre la plus réaliste possible et pour évoquer les sentiments que suscite la situation réelle.

Le formateur: Tu as décidé qu'il ne te plaît pas.

La cliente: Non, il est gentil, mais nous n'avons tout simplement pas les mêmes intérêts. De plus, je ne suis pas attirée vers lui physiquement, mais je ne peux pas le lui dire, ça le froisserait.

Le formateur: Qu'est-ce qui te fait penser qu'il ne peut pas faire face à cette réponse? Décris-le moi un peu plus et dis-moi ce qu'il te dit.

Étape 4. Discuter des attitudes du client

On discute alors avec la cliente de ses croyances sur la façon dont elle devrait se comporter. On examine ses perceptions de ce que les autres pensent et on remet en question, par exemple, certaines impressions sur les effets qu'on a sur les autres. Dans cet exemple-ci le formateur discutera en particulier des affirmations suivantes: «... je ne veux pas le blesser...» et «... ça le froisserait...»

On travaille à réviser et à transformer ses pensées, ses attitudes et ses croyances. (À ce sujet, on peut se référer au chapitre 9.)

La cliente: Henri, c'est son nom, semble être une personne passablement faible et sensible.

Le formateur: Et tu penses que tu as la responsabilité de faire attention de ne pas le blesser.

La cliente: Je ne veux pas être mesquine.

Le formateur: Alors tu penses que ce n'est pas correct d'être honnête et franche avec les gens et tu veux t'assurer de ne jamais prendre le risque de blesser personne.

La cliente: Je vois ce que vous voulez dire. J'ai l'impression que je ne peux pas toujours marcher sur des œufs de façon à ne jamais blesser personne.

Étape 5. Situer la scène pour une répétition de comportement

Une bonne partie de la séance est consacrée à une «répétition de comportement». Tout comme les acteurs répètent une scène sous la direction du metteur en scène jusqu'à ce qu'ils la possèdent bien, la cliente répète la scène et s'entraîne, avec les indications du formateur, à employer une réponse adéquate. On répète ainsi jusqu'à ce que la cliente se sente à l'aise d'utiliser ce nouveau comportement.

Le formateur: J'aimerais que tu revoies maintenant la situation dans ton imagination. Ferme les yeux et imagine que tu lui parles à nouveau. Laisse venir la réponse qui correspond à ce que tu ressens.

La cliente: (garde le silence et imagine la scène).

Étape 6. Développer des affirmations efficaces

Le formateur: Dis-moi ce que tu te disais en imagination.

La cliente: Au début j'ai pensé «je ne peux pas faire ça». Et alors j'ai vu la scène et j'ai pensé «ah! pauvre Henri, il a vraiment besoin de moi; je ne dois pas lui dire non, ça le tuerait!»

Le formateur: Alors tu as pensé en premier je ne peux pas et puis tu as pensé je ne dois pas.

La cliente: Oui, c'est ça.

Le formateur: Essaie de remplacer ces pensées par des réponses efficaces. Peux-tu en trouver quelques-unes?

À ce point, on peut avoir besoin de discuter à nouveau de ses pensées, de ses croyances et de ses attitudes, pour mieux les remettre en question. Cependant, on ne consacre pas trop de temps à cette étape, parce que l'important c'est l'exercice concret, l'entraînement, la répétition. On peut poursuivre la révision de ses attitudes par des lectures ou des exercices écrits à faire chez soi.

Étape 7. Démontrer une réponse affirmative appropriée à la situation

Si le formateur en dispose, il présente quelques exemples de réponses adéquates enregistrées sur cassette audio ou vidéo. Quelquefois, le formateur présente ses propres réponses filmées au magnétoscope, de sorte que la cliente puisse les regarder autant de fois que nécessaire.

Le formateur: Maintenant, je vais te montrer une façon de l'approcher. Imaginons que je suis toi et que tu es Henri.

La cliente: D'accord, je vais essayer... (jouant le personnage d'Henri) Tiens bonjour! (conversation superficielle) Dis-moi il y a un excellent film qui passe dans un cinéma pas loin d'ici. J'aimerais que tu viennes le voir avec moi vendredi soir. Je serais très déçu si tu ne pouvais pas venir.

Le formateur: (jouant le rôle de la cliente) Je suis vraiment occupée vendredi. Et ça fait un moment que je veux te parler à notre sujet, Henri. J'ai l'impression que j'ai peut-être créé un malentendu avec toi et je voudrais replacer les choses. Je ne veux vraiment pas te blesser, mais je ne vois vraiment pas d'avenir à notre relation.

La cliente: Pourquoi? Qu'est-ce que j'ai fait de travers?

Le formateur: C'est justement ça! Tu n'as rien fait d'incorrect! J'ai tout simplement l'impression que nos intérêts ne sont pas les mêmes et je ne suis pas vraiment attirée vers toi.

La cliente: Ah...

Le formateur: J'espère que tu n'es pas trop déçu. Mais je me devais d'être honnête et sincère envers toi, car je ne voudrais pas te blesser davantage plus tard.

La cliente: Eh bien, j'apprécie ta franchise au moins. Si je comprends bien, je ne devrais plus t'inviter.

Le formateur: Je crois que ce serait mieux ainsi.

Étape 8. Discuter de la façon dont le formateur a traité la situation

On souligne alors les différences entre des réponses affirmatives, non affirmatives et agressives et on met en relief les aspects pertinents de la communication verbale et non verbale. On discute toute préoccupation ou question qui se présente.

La cliente: Vous aviez l'air si parfaitement à l'aise. Quelquefois je ne sais pas vraiment ce que je veux dans une situation. Que faire si je ne suis pas sûre?

Le formateur: Et tu n'es pas sûre que tu veux sortir avec lui?

La cliente: Non, je ne suis pas sûre de ce que je ressens envers lui, sauf que je sais que je ne veux pas sortir avec lui.

Le formateur: Ne pourrais-tu pas lui dire ça... ce que tu viens tout juste de me dire?

La cliente: Vous voulez dire lui expliquer que je ne suis pas sûre de ce que je ressens, mais que je ne veux pas sortir avec lui.

Le formateur: Oui.

La cliente: Je crois que c'est être passablement franche. Mais que faire s'il persiste?

Le formateur: C'est une possibilité, mais il est préférable de demeurer affirmative et d'en rester à ton message fondamental.

La cliente: Ne vaudrait-il pas mieux lui dire quelques mensonges pieux comme «je dois me laver les cheveux», de sorte qu'il comprenne le signal.

Le formateur: Tu as déjà essayé de lui donner de pareils signaux et cela n'a pas marché. Alors, même si ces signaux marchent à l'occasion, tu peux le blesser et te placer toi-même dans l'embarras encore davantage à long terme en n'étant pas honnête ou en n'exprimant pas franchement ce que tu ressens. À mon avis, 90 p. 100 des hommes aiment mieux qu'on leur dise la vérité, même si ça les blesse sur le coup.

Étape 9. Répéter l'étape 5

On répète l'entraînement de comportement et cette fois-ci on encourage la cliente à visualiser une fin réussie, fondée sur une approche efficace.

Étape 10. Répéter la scène une autre fois

Cette fois la cliente joue son propre rôle. Si possible on l'enregistre sur magnétophone ou magnétoscope. On interrompt cette répétition si ça ne marche vraiment pas. On fait un micro-entraînement centré sur les quelques instants problématiques dans la situation. La cliente répète plusieurs fois, et au fur et à mesure qu'elle gagne de la confiance, la scène s'allonge. Le formateur agit comme metteur en scène, donne quelques conseils et répète avec la cliente autant de fois que nécessaire.

Le formateur peut interrompre la répétition pour donner certains conseils, par exemple:

Le formateur: Arrêtons ici un instant. T'es-tu entendue dire «peut-être, une autre fois...» Ça ne correspond pas à ce que tu veux exprimer, à moins que tu penses vraiment que la situation puisse changer. Qu'en dis-tu?

La cliente: Non, j'essayais tout simplement de ne pas le laisser tomber trop abruptement.

Le formateur: Vaut mieux être franche. «Ne pas le laisser tomber trop abruptement» lui donne de faux espoirs. Ça va? Essayons à nouveau.

Étape 11. Réviser la répétition

Après avoir écouté ou visionné l'enregistrement ou simplement révisé la scène de mémoire, le formateur fournit ses commentaires et, lorsque c'est approprié, quelques suggestions. Il commente non seulement ce qui a été dit, mais il insiste sur les signes non verbaux comme le contact visuel, le ton de la voix et la posture qui sont encore plus importants que le contenu du message. Il offre ses encouragements et souligne les progrès de sa cliente.

Le formateur: Tu as fait un excellent travail. J'ai aimé la façon dont tu as maintenu ta position lorsqu'il essayait de te convaincre. Ta voix était un peu faible et hésitante, mais tu as tenu à ton point de vue. Répétons-le encore une fois et cette fois-ci essaie de parler d'une voix plus forte, plus assurée. Et rappelle-toi des progrès que tu as déjà faits depuis quelques minutes.

Étape 12. Répéter les étapes 6 à 11 autant de fois que nécessaire

On alterne des démonstrations avec des simulations de la situation et le formateur fournit autant d'observations et de suggestions que nécessaire pour permettre à la cliente d'apprendre le nouveau comportement à sa satisfaction.

Étape 13. *Appliquer ce procédé dans la vie quotidienne*

La cliente est maintenant prête à essayer sa nouvelle réponse, son nouveau comportement dans la situation réelle.

Jusqu'à maintenant cette préparation a pris place dans le cadre relativement sécuritaire d'une séance de formation. Néanmoins, cette formation précise et cette pratique répétée ont permis à la personne de développer sa capacité de répondre de façon plus adéquate dans cette situation. Le formateur encourage donc sa cliente à l'expérimenter dans la vie réelle. Si elle ne se sent pas prête à le faire, il lui fournit des situations additionnelles d'entraînement et des séances de répétition. Au besoin, il discute avec elle de ce qui la préoccupe ou l'angoisse. Il l'encourage à s'appuyer sur une perception positive d'elle-même, consolidée par ses réussites durant l'entraînement.

Le formateur: Qu'est-ce que tu ressens à l'idée d'employer cette nouvelle approche avec lui lorsqu'il t'accostera à nouveau?

La cliente: Je crois que je suis prête et je sais qu'il va m'aborder bientôt.

Le formateur: Eh bien, je suis très content de la façon dont tu as traité cette situation ici et je pense aussi que tu es prête à y faire face dans la vie courante. Dis-moi ce que tu te dis à toi-même maintenant quand tu revois la scène.

Étape 14. *Encourager le client*

Le formateur incite sa cliente à appliquer cette approche dans la vie réelle et à revenir le plus tôt possible après son essai pour réviser l'application de ce nouveau procédé

Le formateur encourage toute marque de succès réalisé par sa cliente. Il lui offre un encadrement additionnel qui met l'accent sur le développement autonome de ses capacités.

Le formateur: Je t'encourage à noter dans ton journal ce qui se passe, ce qu'il te dit, ce que tu lui réponds, ce que tu en penses, ce que tu ressens à ce propos, etc. Puis aussitôt que tu le pourras, après cette application dans la vie réelle, reviens me voir, nous pourrons réviser ensemble ce que tu as fait.

La cliente: D'accord!

Lentement, mais sûrement

Pour réussir à apprendre à s'affirmer, on choisit des situations dans lesquelles on a de fortes chances de réussir, ce qui permet d'y trouver un encouragement rapide. Quand on commence à s'affirmer, plus on réussit, plus on est encouragé à continuer d'essayer. Aussi, chaque fois qu'on réussit on consolide sa capacité. De plus, le formateur fournit pour chaque affirmation réussie un encouragement qui n'est pas à négliger. Il aide également son client à entretenir des pensées par lesquelles il s'encourage lui-même.

Au début donc, le client commence avec de petites affirmations qui ont de fortes chances de réussir et de l'encourager. De là, il passe à des situations plus difficiles. Idéalement, le client explore et franchit chaque étape avec son formateur jusqu'à ce qu'il soit en pleine possession de ses moyens dans la plupart des situations. Avant d'affronter une situation plus difficile, il s'assure qu'il a la préparation requise et il évite de se lancer dans des situations d'affirmation où il risquerait fort d'échouer car ceci découragerait possiblement toute tentative ultérieure d'affirmation.

Évidemment le client en formation peut avoir quelques ratés. Mais en analysant la situation avec son formateur et en ajoutant l'entraînement requis, il peut regagner confiance. Particulièrement au début, les clients en formation ont quelquefois tendance à employer un procédé inadéquat ou à utiliser une technique avec trop de zèle, au point de frôler l'agressivité. Cet usage déplacé peut éventuellement produire des résultats négatifs, en particulier si le récepteur de ce message devient hostile ou fortement agressif. Grâce à l'encadrement du formateur et à son écoute attentive, le client pourra rétablir sa motivation à s'affirmer.

La plupart du temps, on a plusieurs situations problème dans lesquelles on veut apprendre à s'affirmer. Dans le cas précédent, par exemple, la cliente peut également avoir de la difficulté à retourner au magasin pour échanger une marchandise avariée, ou à affirmer ses droits face à sa colocataire. Alors pour chacune de ces situations on peut employer la même approche avec les variantes appropriées. Le formateur s'adapte à la personnalité particulière de chaque client sans exiger de ce dernier plus qu'il ne peut donner. Il fournit un environnement propice à l'apprentissage où le client sent qu'il peut développer sa capacité de s'affirmer.

Travail chez soi

Le formateur suggère régulièrement un travail à faire chez soi qui correspond au besoin du client dans la situation. Il peut proposer de mettre en pratique un élément spécifique de comportement comme la spontanéité d'expression, la posture, l'écoute.

Dans le cas de la jeune femme exposé précédemment, une tâche à faire chez soi consistait à développer l'assurance dans sa voix et à se superviser elle-même à ce propos en s'enregistrant et en s'écoutant à l'aide d'un magnétophone.

Dans certains cas on utilise un miroir pour développer le contact visuel, certains gestes et certaines expressions faciales. Le client peut se voir confier d'autres tâches à faire chez soi, taillées sur mesure pour des situations spécifiques, telles qu'initier une conversation avec un étranger, retourner un appareil défectueux au magasin, et au fur et à mesure que le client développe son habileté, affronter des situations plus difficiles comme des discussions avec son conjoint.

Préparation à «la vie après l'apprentissage de l'affirmation»

Bien longtemps avant la fin de son apprentissage de l'affirmation (qui peut durer de quelques semaines à quelques mois), le formateur souligne à son client certains points importants pour son orientation future. Il lui suggère de poursuivre un entraînement pratique conscient dans des situations de vie réelle pendant au moins six mois après la formation. Il encourage évidemment ses clients à lire ce livre aussi souvent que nécessaire pour illustrer les façons de procéder et entretenir leur motivation.

Un facteur clé pour établir une forme de comportement autonome et durable est de bien comprendre le besoin de s'encourager soi-même régulièrement. Pour conserver ses habilités d'affirmation récemment acquises, on a besoin d'un soutien immédiat dans son propre environnement; les commentaires d'encouragement du formateur ne seront pas toujours disponibles après la formation. Les clients doivent donc s'organiser pour obtenir leurs propres encouragements à s'affirmer, soit d'eux-mêmes ou d'autres personnes importantes dans leur vie.

D'ailleurs, cette préparation à un fonctionnement autonome commence très tôt dans la formation.

Formation en groupe

La formation en groupe demeure la formule de choix pour tout apprentissage d'habiletés sociales et en particulier pour l'apprentissage de l'affirmation. Pour la plupart des gens, la formule d'apprentissage de l'affirmation en groupe est beaucoup plus efficace que la consultation individuelle. En effet, l'interaction avec les autres fournit des situations riches pour l'entraînement, l'observation et l'appréciation.

La formation en petit groupe comporte plusieurs avantages. Comme les participants éprouvent habituellement une certaine angoisse dans les situations réelles où ils sont confrontés à plusieurs personnes, le groupe fournit un laboratoire où ils rencontrent d'autres personnes avec qui travailler, des gens qui ont des besoins semblables. Chaque personne se sent ainsi moins seule dans sa situation. Le groupe offre un environnement social où chaque participant peut se sentir accepté, compris, soutenu et où il peut se sentir suffisamment à l'aise pour expérimenter de nouveaux comportements.

Lorsqu'on échange avec plusieurs personnes qui participent ensemble à un apprentissage de l'affirmation, on est aussi exposé à un plus large éventail de modèles d'intervention. Chaque participant voit plusieurs autres personnes apprendre à s'affirmer et chacun est capable d'apprendre des forces et des faiblesses des autres.

Un groupe fournit des points de vue plus diversifiés et offre des commentaires plus variés qu'un seul formateur. En entendant des réactions de plusieurs personnes différentes et en particulier de camarades qui n'ont rien à perdre à être francs, on peut accélérer son apprentissage de nouveaux comportements.

Des situations sociales qui impliquent un nombre important de personnes sont aussi de fréquentes sources d'anxiété. En travaillant en groupe, on a une occasion réaliste de faire face à plusieurs personnes et de surmonter cette difficulté dans le cadre relativement sécuritaire d'une formation.

Le groupe est évidemment aussi une puissante source d'encouragement. Sachant que plusieurs autres personnes souhaitent sa réussite et encouragent son effort dans l'apprentissage de nouveaux procédés, chaque participant est plus stimulé à réussir que lorsqu'il travaille seul. De son côté, le groupe encourage toute nouvelle affirmation avec toute la force de son appréciation sociale. Quelquefois cet avantage peut devenir un inconvénient à la fin d'une formation en groupe, à moins que chacun des participants ait pris des mesures pour développer son autonomie.

Avant de participer à un apprentissage de l'affirmation en groupe, il est important d'évaluer ses propres capacités et de voir si on est prêt pour une expérience de groupe. Une entrevue individuelle avec le formateur peut être nécessaire ou souhaitable pour déterminer ensemble si on est prêt pour une telle expérience.

Si après une participation à une première séance de formation en groupe, on se heurte à des difficultés particulières, ce peut être le moment de rencontrer le formateur en entrevue individuelle. Après une exploration plus approfondie de ses propres besoins et de ses capacités, on pourra prendre la décision de poursuivre en groupe ou en rencontre individuelle, ou même de combiner les deux formules.

La préparation des gens à travailler efficacement ensemble dans le même groupe est un élément important de succès. On a avantage à convenir que tous et chacun tireront profit d'une expression franche, sincère et affirmative. Au fur et à mesure que la formation progresse, on voit s'installer un climat de confiance et d'entraide entre les membres du groupe. Le progrès vers des objectifs communs fournit la cohésion nécessaire pour devenir un groupe efficace dans ce travail.

Le formateur qui agit comme guide et comme modèle établit le ton des échanges et par son exemple encourage la confiance, le soutien et la considération positive pour chaque membre du groupe.

La structure et la formule du groupe d'apprentissage

Nombre de participants. Le groupe typique d'apprentissage de l'affirmation réunit de 5 à 15 personnes. Des ateliers avec un plus grand nombre de personnes ne sont pas inhabituels; cependant cette formule permet évidemment moins d'attention individualisée. Un nombre moindre que 5 restreint les possibilités de modèles sociaux différents, limite les sources d'observation et d'appréciation. Dans un trop petit groupe, on ne trouve pas la gamme de styles de comportements requise pour expérimenter une variété de réponses lorsqu'on s'entraîne à de nouvelles formes d'affirmation.

Sexe. Il est préférable d'avoir un nombre équivalent d'hommes et de femmes dans ces groupes puisque les relations sociales avec des membres du sexe opposé sont de fréquentes sources d'anxiété pour les gens agressifs ou non affirmatifs. Un groupe qui présente un nombre égal d'hommes et de femmes offre une meilleure situation pour traiter efficacement des situations sociales qui incluent le sexe opposé.

Un travail productif peut aussi être fait avec des groupes réunissant uniquement des hommes ou des femmes; cela permet alors de travailler des aspects spécifiques du comportement masculin ou féminin. Dans certaines situations, un travail dans des groupes exclusifs d'hommes ou de femmes peut être un préalable souhaitable au travail en groupe mixte. Mais la meilleure solution demeure le groupe hétérogène qui constitue un microcosme du monde réel.

Durée. Comme la plupart des sessions de développement d'habiletés sociales se donnent dans le cadre de cours, les formations ont souvent été conçues pour correspondre au trimestre ou au semestre. Les formules typiques pour des groupes d'apprentissage de l'affirmation comprennent des rencontres de 2 ou 3 heures par semaine, échelonnées sur une période de 10 à 15 semaines, pour un total de 20 à 45 heures.

D'autres formules ont été expérimentées avec succès, y compris des séances d'une heure, deux fois par semaine, ou des rencontres d'une journée à toutes les deux semaines.

Il est important que cette formation s'échelonne dans le temps et permette l'application de ces procédés dans la vie quotidienne entre les rencontres, afin d'intégrer ses habiletés dans les situations réelles.

Une formule qui est souvent employée avec succès consiste à ajouter une ou deux rencontres de relance, un ou plusieurs mois après la fin de la session.

Parfois on propose à certaines personnes des rencontres individuelles comme complément au travail de groupe.

Au cours d'une session de formation à l'affirmation, certaines personnes peuvent découvrir qu'elles ont aussi besoin de formation ou de thérapie reliée à certains aspects spécifiques de leur vie.

Formateur. Les groupes sont habituellement animés par un formateur, mais la formule de deux co-animateurs, en particulier lorsque l'un est un homme et l'autre une femme, offre des avantages évidents. Les deux animateurs possèdent souvent des habiletés différentes et des styles d'animation complémentaires. De plus, la démonstration de certains comportements à la fois par un homme et par une femme est une ressource fort valable pour les participants.

L'apprentissage de l'affirmation en groupe

Voici la formule typique d'un groupe d'apprentissage de l'affirmation. Elle peut évidemment varier selon les besoins et les objectifs des participants, le cadre dans lequel se déroule cet apprentissage, le style du formateur, etc.

Première séance. La première rencontre d'un groupe de formation comprend habituellement:

1. Introduction à l'apprentissage de l'affirmation (durée: 10 à 15 minutes)

2. Exercice pour faire connaissance (durée 20 à 30 minutes)

3. Démonstration, entraînement et répétition d'un comportement (durée: 90 à 100 minutes)

4. Exposé théorique (durée:15 à 20 minutes)

5. Tâches à faire chez soi (durée: 5 minutes)

6. Exercices de relaxation (durée:10 minutes)

1. Introduction à l'apprentissage de l'affirmation

Dans cette introduction, le formateur décrit la nature spéciale de cette formation en groupe. Il explique l'interaction du comportement et des attitudes. Il décrit le processus d'apprentissage, ses étapes et ses obstacles. Il souligne la nature interactive de l'affirmation et de toutes les autres habiletés sociales.

Le formateur souligne que l'apprentissage de l'affirmation n'est pas une panacée et qu'elle n'amène pas de changements miraculeux du jour au lendemain. Il prévient également les participants de s'attendre à quelques ratés qui n'empêcheront pas leurs progrès à long terme.

Il discute des styles non affirmatif, agressif et affirmatif. Il décrit les avantages de l'expression affirmative et fait des distinctions nettes avec les autres approches à l'aide de multiples exemples.

Après cet exposé, le formateur décrit comment le groupe fonctionnera et la sorte d'exercices qui seront présentés. Il insiste sur la nécessité de participer, de s'engager et de prendre des risques pour apprendre. Il souligne également que, pour réussir son apprentissage, il est nécessaire de participer à des exercices individuels et insiste pour obtenir l'encouragement du groupe.

Puis vient la période de questions où le formateur se fait un plaisir d'informer les participants et de les rassurer sur ce qui les préoccupe.

2. Exercice pour faire connaissance

La façon la plus simple consiste à parler chacun son tour. Cette présentation sert d'ailleurs d'exercice préparatoire et de démonstration des procédés d'apprentissage qui seront utilisés dans le groupe. Le formateur demande par exemple aux participants de se présenter en une ou deux minutes et de décrire les motifs qui les amènent à s'inscrire à cette formation. Cette première présentation peut susciter quelque anxiété, mais on peut se rassurer en pensant que tous et chacun sont dans le même bain, que le formateur n'est pas là pour juger mais pour comprendre et que les commentaires d'encouragement sont les seuls qu'on favorise dans ce groupe.

Après cette présentation, on échange brièvement sur ce qu'on a pensé et ressenti durant cet exercice. On découvrira alors sans doute que la plupart des participants ont eu des réactions semblables. Le fait d'échanger sur ce sujet amène un certain soulagement et un sentiment d'identification avec les autres membres du groupe. Une cohésion propice au travail d'équipe commence à s'installer. Et voilà un premier exercice déjà complété!

3. Démonstration, entraînement et répétition d'un comportement

C'est la partie la plus importante de la première séance. Le formateur présente une petite scène très courante puis démontre dans un court jeu de rôle les styles non affirmatif, agressif et affirmatif.

La tâche des membres du groupe est alors d'observer et d'identifier les comportements spécifiques à chaque style et de noter les résultats de chacune de ces trois approches. Le formateur peut inviter des volontaires à participer à ces premiers jeux de rôle de démonstration.

4. Exposé théorique

L'exposé théorique est une brève causerie qui a pour but de changer sa façon de penser face à l'affirmation ainsi que ses attitudes envers soi-même et envers les autres. Après la démonstration, cet exposé répond à plusieurs questions et explique comment et pourquoi ça marche ou ça ne marche pas.

Ces explications cognitives reprennent certains des concepts qu'on retrouve développés dans ce livre. Cette présentation met en relief les avantages et les inconvénients à s'affirmer ou à ne pas le faire. Le formateur peut remettre certains textes ou des fiches qui complètent son exposé. Cet exposé est habituellement suivi d'une discussion.

5. Tâches à faire chez soi

Dès la première rencontre, le formateur confie aux participants des tâches à faire chez soi. Il demande habituellement de tenir un journal de ses progrès en affirmation avec descriptions d'exemples, accompagnées de certains détails spécifiques.

La première tâche consiste habituellement à dresser une liste de comportements particuliers qu'on souhaite changer. Ces comportements se situent sans doute dans la catégorie non affirmative ou agressive, et l'on désire les transformer en comportements affirmatifs.

Un autre travail à faire chez soi peut être de mettre par écrit ce qu'on se dit en soi-même dans ces situations.

6. Exercices de relaxation

Pratiquer un exercice de détente est une bonne façon de terminer la première rencontre; cela permet de réduire l'anxiété qui peut être assez élevée chez plusieurs participants et qui peut faire obstacle à l'apprentissage.

Habituellement on demande aussi aux membres du groupe d'apprentissage de noter dans leur journal les sources d'anxiété qu'ils rencontrent dans la vie quotidienne.

Si les membres du groupe le désirent, le formateur peut consacrer une séance complète à la gestion de son anxiété et proposer par exemple des procédés de désensibilisation ou de réduction du stress dans la formation de groupe.

On doit garder à l'esprit que l'apprentissage de l'affirmation n'est pas un traitement global. Même si on aborde l'anxiété, on ne traite pas de ce sujet en profondeur. Certains participants peuvent trouver utile sinon essentiel de faire un travail sur cet aspect qui dépasse la perspective de ce groupe de formation.

Voilà la description générale d'un groupe d'apprentissage de l'affirmation. Le formateur, avec les participants, adapte cette formule pour répondre aux besoins uniques des membres du groupe. Ainsi, selon les désirs et les besoins de ses participants, il modifie les exercices, les mises en situation et les tâches à faire chez soi. Comme on s'en doute, la formule varie s'il s'agit d'une formation pour développement personnel ou pour perfectionnement professionnel.

Rencontres subséquentes

Tout au long de l'apprentissage, on emploie une formule semblable à celle de la première réunion. L'emphase sur les exposés théoriques diminue et l'accent mis sur l'entraînement pratique, les mises en situation et la répétition de certains comportements augmente. En gros, chaque séance se divise en quatre parties.

1. Retour sur les tâches à faire chez soi
2. Exposé théorique
3. Entraînement pratique à un procédé spécifique d'affirmation
4. Tâches à faire chez soi entre les rencontres

1. Retour sur les tâches à faire chez soi

Dans cette partie, chaque membre du groupe qui le désire décrit ses expériences d'affirmation depuis la dernière rencontre. Ces tâches à faire chez soi sont habituellement un prolongement des exercices pratiqués dans le groupe. Ce travail facilite le développement des habiletés et permet de transférer leur application dans le monde réel.

2. Exposé théorique

Cette présentation met habituellement l'accent sur un aspect important de la philosophie de l'affirmation et présente des idées pour élargir son répertoire de comportements affirmatifs.

Une période est consacrée à répondre aux questions des participants et à en discuter. Mais on évite évidemment que cela se transforme en débat, car il y a plusieurs questions auxquelles on ne peut répondre que par un choix et une expérience personnels. De plus, un tel débat risquerait de gruger une partie importante du temps de formation.

3. Entraînement pratique à un procédé spécifique d'affirmation

Cette partie est la plus importante de l'apprentissage de l'affirmation, car on apprend plus à s'affirmer en le faisant qu'en en parlant. La formule des exercices pratiques ressemble à celle qui a été décrite dans la première rencontre. On présente une situation, on revoit ses réponses individuelles dans sa tête, le formateur (mais quelquefois aussi un participant) simule cette scène dans un jeu de rôle, on discute brièvement du comportement qui vient d'être présenté, on recherche un nouveau comportement qui permettrait de réussir dans cette situation, chaque participant s'entraîne en faisant l'exercice pratique, les participants et le formateur expriment leurs commentaires, appréciations et observations, on favorise alors les messages positifs d'encouragement. Pour chacune des situations présentées, on franchit ces différentes étapes d'apprentissage et d'entraînement à un procédé.

Les exercices sont présentés dans un ordre de difficulté progressif à raison d'un par rencontre.

La liste de ces comportements à développer peut ressembler à celle-ci:

1. S'introduire dans la conversation d'un petit groupe d'étrangers à l'occasion d'une fête

2. Entreprendre et maintenir une conversation avec un étranger dans une classe, dans un train ou lors d'une réunion

3. Retourner un article défectueux ou endommagé au magasin

4. S'affirmer avec les gens avec qui on entretient des relations étroites, ses parents, son conjoint, son colocataire, ses collègues de travail, son patron

5. Dire non à une demande de service

6. Exprimer sa colère de façon affirmative

7. Demander ou refuser une invitation à sortir, au téléphone ou en face à face

8. Exprimer son appréciation, faire des compliments, manifester ses sentiments d'affection, affirmer ses sentiments positifs

9. Parler en public

10. S'affirmer, défendre sa cause face à une personne dominante, dogmatique ou entêtée

On applique ce plan avec beaucoup de flexibilité; ainsi, on peut laisser tomber certaines situations et en ajouter d'autres selon les besoins des membres du groupe.

Ce programme de formation comprend un large éventail d'attitudes et de comportements affirmatifs et s'applique à une gamme variée de situations telles qu'entrevue pour un emploi, invitation à sortir, conversation à entreprendre et à entretenir, etc.

Après avoir complété les exercices de base, on peut apporter au groupe des situations qui causent du souci dans sa vie courante. Des participants présentent alors au groupe des situations qui les concernent telles que «comment dire à mon père d'arrêter de me critiquer», «comment dire à mon cavalier que je ne l'aime pas vraiment», «comment m'affirmer auprès de mon colocataire désordonné», «comment répondre au harcèlement sexuel de mon patron», «comment obtenir l'attention lorsque j'arrive à la maison», «comment me faire comprendre de ma femme et de mes enfants sans hurler».

Plus un climat de confiance s'installe dans le groupe, plus les participants se sentent à l'aise pour exposer des exemples personnels. Au fur et à mesure que l'apprentissage avance, le formateur présente de moins en moins de jeux de rôle d'exemples qu'il a préparés et utilise davantage les situations apportées par les membres du groupe.

Évidemment, les situations de relations intimes sont plus délicates et difficiles à traiter que des exemples de relation avec le commis de la quincaillerie, car elles impliquent un engagement affectif plus profond.

Le formateur ne fournit pas de solution toute faite aux problèmes présentés par chacun des individus, mais, en utilisant les principes généraux de l'affirmation, il propose un comportement qui répondrait aux besoins des participants et offre une mise en situation et un en-traînement pour devenir habile à employer ce comportement.

Des suggestions peuvent également venir des membres du groupe qui demeurent une ressource de premier plan pour la formation. Lorsqu'on participe aux répétitions, jeux de rôle et simulations, on découvre des aspects importants de sa propre personne et de la situation. Ceci peut être vrai en particulier lorsqu'on joue des rôles reproduisant ses relations intimes, car c'est souvent là que beaucoup d'aspects passent inaperçus. On n'a pas à craindre de telles mises en situation car le climat du groupe est habituellement propice au soutien et à l'entraide. La manifestation de l'affection et l'expression de l'entraide sont des habiletés interpersonnelles essentielles à apprendre en groupe. (On en parle de façon particulière dans le chapitre 13 de ce livre.) Dans cette formation, on accorde une attention importante à l'expression verbale de sentiments positifs envers soi-même et envers les autres.

De même, à l'autre pôle de l'expression des émotions, on apprend à mettre sa colère en mots et à exprimer ses sentiments de façon affirmative. Cet exercice est parmi les plus importants d'une formation en groupe. (Voir à ce sujet le chapitre 14.)

4. Tâches à faire chez soi entre les rencontres

Ces tâches sont fondées sur les besoins du groupe et sont reliées aux progrès enregistrés au cours de la séance. La plupart des tâches à faire chez soi consistent à mettre en pratique les procédés d'affirmation appris dans le groupe et à réviser ses attitudes, pensées et croyances concernant l'affirmation. Elles comprennent également quelques exercices de gestion de l'anxiété. Tout au long de la formation, on consigne ses découvertes et on rapporte ses expériences dans un «journal d'affirmation».

Après une mise en situation présentée et répétée dans le groupe, on encourage habituellement les participants à appliquer leurs nouveaux procédés dans leur situation personnelle réelle et on demande de fournir un rapport de ses expériences à la rencontre suivante.

Souvent les participants sont regroupés en paires afin de mieux s'entraider et s'encourager à mener à bien ces tâches à faire chez soi.

Plus l'apprentissage progresse, plus on met l'accent sur la consolidation de ses capacités d'affirmation par leur application dans son milieu de vie personnelle. Le groupe est un important centre d'entraînement et de soutien pour développer la capacité de s'affirmer chez chacun des participants. Cependant, ce laboratoire doit éventuellement se terminer et il est essentiel que chaque participant prenne la responsabilité d'identifier et d'utiliser adéquatement ses propres sources de soutien qu'il tire à la fois de lui-même et de son entourage.

La dernière séance de l'apprentissage de l'affirmation en groupe

Cette dernière séance est consacrée à consolider ses apprentissages, à s'entraider et à s'encourager mutuellement. On complète habituellement cette formation par des exercices d'appréciation mutuelle fondés sur des observations concrètes. Ces encouragements de la part des membres du groupe viennent après que chaque participant a parlé de soi-même en termes positifs pour souligner et manifester sa satisfaction.

Réactions aux commentaires des membres du groupe

Inutile de craindre outre mesure les observations, commentaires et critiques des membres du groupe.

Un des éléments les plus valables dans une formation de groupe est la diversité des points de vue des participants et l'efficacité des observations et des commentaires que chacun reçoit. Dès la première rencontre on apprend à formuler une appréciation qui offre une véritable source d'entraide.

Voici les critères qu'on se donne pour formuler un commentaire utile:

a) décrire précisément un comportement spécifique, verbal ou non verbal

b) éviter de dire «Voici ce que je ferais à ta place»

c) centrer son commentaire sur le comportement et non sur la personne

d) donner des observations et des descriptions et non des opinions et des jugements

e) donner un commentaire qui soit utile à la personne qui le reçoit et non à celle qui le donne

f) donner de l'information et non des directives et permettre ainsi au participant de choisir l'usage qu'il fera de cette information

On apprend dans le groupe à exprimer ses commentaires de façon affirmative. Il est particulièrement utile de recevoir un commentaire immédiatement après avoir posé tel geste ou agi de telle façon.

Exercices en triades

Les exercices d'entraînement et de répétition de comportements spécifiques se font souvent en triades. Une personne agit comme émetteur; c'est celle qui s'entraîne à s'affirmer. Une autre agit comme récepteur et peut par exemple jouer le rôle du conjoint, du commis du magasin, du patron, etc. La troisième observe et peut par la suite exprimer des commentaires et des appréciations spécifiques à la personne en entraînement. Évidemment chacun occupe chacune de ces positions à tour de rôle.

En participant à ces triades avec des personnes variées, on développe, d'une séance à l'autre, un large éventail de points de vue et de comportements.

Selon le style du formateur ou de l'animateur du groupe, la structure ou la formule peut varier, mais elle garde généralement cette approche humaniste que nous avons décrite ici. Le formateur adapte ces procédures pour permettre d'atteindre au maximum les objectifs des participants.

On peut trouver d'excellents formateurs dans les différentes professions des sciences humaines.

Annexe A

Situations d'entraînement

Parce qu'elles exigent un comportement affirmatif, les situations qui suivent embarrassent bien des gens. Chacune d'elles vous est présentée avec un choix de comportements que l'on peut classer dans les catégories «non affirmatif, agressif ou affirmatif» conformes à nos descriptions précédentes.

Les situations ont été choisies pour vous permettre de mettre en pratique le processus par étapes décrit au chapitre 12. Choisissez celles qui correspondent à vos besoins et travaillez lentement, sur un point à la fois. En lisant la description de la situation, complétez-la avec votre imagination.

Suivez les étapes 4 à 7 du chapitre 12 en employant les réactions proposées ici pour chaque situation, et toute autre réaction qui vous vient à l'esprit. Pour chaque situation de votre choix, faites les jeux de rôle et les exercices de révision décrits aux étapes 8, 9, 11 et 12; suivez ensuite les étapes qui restent.

Nos exemples sont regroupés en fonction de plusieurs types caractéristiques de situations: *famille, consommation, emploi, école et communauté*, et *société*. Dans chaque cas, nous ne proposons que quelques situations, bien que le nombre de catégories et d'exemples possibles soit aussi vaste que la vie elle-même. Nous vous invitons fortement à compléter votre entraînement au moyen de vos propres exemples.

Situations familiales

Soirée-hébergement. Votre fille de douze ans donne une soirée pour cinq petites amies qui doivent dormir chez vous. Il est plus de deux heures du matin; les petites filles devraient dormir à l'heure qu'il est, mais elles font encore beaucoup de bruit.

Choix de réactions:

a) Vous vous tournez et retournez dans votre lit en espérant que votre conjoint se lèvera pour parler aux filles. Vous êtes vraiment en colère, mais vous vous efforcez de ne pas entendre le bruit.

b) Vous sautez hors du lit et semoncez vertement les enfants, et surtout votre fille, pour leur conduite.

c) D'un ton ferme, pour qu'elles comprennent que vous ne blaguez pas, vous leur dites que vous en avez assez. Vous mentionnez que vous devez vous lever tôt le lendemain et que tout le monde doit dormir.

En retard au dîner. Votre femme rentre du travail avec plusieurs heures de retard en expliquant qu'elle est sortie prendre un verre avec des amies. Vous constatez qu'elle est ivre.

Choix de réactions:

a) Vous gardez le silence sur son indélicatesse et lui préparez simplement quelque chose à manger.

b) En criant à tue-tête, vous la traitez d'ivrogne, lui dites qu'elle se fiche de vos sentiments et donne un piètre exemple aux enfants. Vous vous demandez ce que diront les voisins. Vous lui dites de se préparer elle-même à dîner.

c) Avec calme et fermeté, vous lui signalez qu'elle aurait dû vous informer de ses projets. L'avisant que son dîner froid l'attend dans la cuisine, vous ajoutez que vous comptez bien discuter de son comportement plus en détail le lendemain.

Visite d'un parent. Tante Marguerite, que vous n'aimez pas beaucoup, est au téléphone. Elle vient de vous dire qu'elle compte passer trois semaines chez vous à partir de la semaine suivante.

Choix de réactions:

a) Vous vous dites: «Oh non!», mais dites: «Votre visite nous fera grand plaisir. Restez aussi longtemps qu'il vous plaira.»

b) Vous mentez en lui disant que les enfants ont une mauvaise grippe, que le lit de la chambre d'invité a un ressort cassé et que vous comptez rendre visite au cousin Richard le week-end suivant.

c) Vous déclarez: «Nous serions heureux que vous nous rendiez visite pour le week-end, mais nous ne pouvons pas vous garder plus longtemps. Une courte visite rendra tout le monde plus heureux et nous aurons très vite le désir de nous revoir. Une foule d'activités scolaires et communautaires occupent la majeure partie de nos soirées après le travail.»

Passé minuit. Votre adolescent vient de rentrer d'une fête scolaire. Il est trois heures du matin et vous vous êtes beaucoup inquiété parce que vous l'attendiez à la maison avant minuit.

Choix de réactions:

a) Vous vous retournez dans votre lit et vous vous endormez.

b) Vous criez: «Où diable étais-tu? As-tu la moindre idée de l'heure qu'il est? Tu m'as gardé éveillé toute la nuit, espèce de bon-à-rien égoïste et écervelé! Je devrais te laisser dormir dehors!»

c) Vous dites: «Je me suis inquiété pour toi, mon garçon. Tu m'avais dit que tu rentrerais avant minuit et je m'inquiète depuis des heures. Est-ce que tout va bien? Tu aurais pu m'appeler au moins! Demain, nous prendrons des mesures concernant tes sorties.»

Situations mettant en jeu des consommateurs
Une coupe de cheveux. Vous êtes chez le barbier. Celui-ci vient de terminer sa coupe et il fait pivoter votre fauteuil pour que vous inspectiez son œuvre. Vous aimeriez vos cheveux plus courts sur les côtés.

Choix de réactions:

a) Vous opinez du chef et dites: «C'est très bien.»

b) D'un ton sec, vous le priez de terminer son travail en ajoutant avec sarcasme: «Vous n'en avez sûrement pas ôté beaucoup sur les côtés!»

c) Vous dites au barbier que vous aimeriez vos cheveux plus courts sur les côtés.

Des dollars manquants. En quittant le magasin où vous venez de faire un achat peu coûteux, vous découvrez qu'il vous manque trois dollars.

Choix de réactions:

a) Réfléchissant un moment, vous vous demandez s'il vaut la peine que vous couriez après vos trois dollars. Au bout de quelques minutes, vous décidez que le jeu n'en vaut pas la chandelle et poursuivez votre route.

b) Vous vous précipitez dans le magasin et exigez à voix haute votre argent, en ajoutant un commentaire désagréable à propos des «caissières qui ne savent pas compter.»

c) Vous pénétrez de nouveau dans le magasin et attirez l'attention du commis sur le fait qu'il vous manque trois dollars. Tout en vous expliquant, vous montrez la monnaie qu'on vous a remise.

File d'attente. Vous attendez, debout près d'une caisse, de payer votre achat et de le faire emballer. La caissière sert d'autres personnes qui sont arrivées après vous. Vous en avez assez d'attendre.

Choix de réactions:

a) Vous renoncez à acheter l'article en question.

b) En criant: «Le service est vraiment pourri dans cette boîte!», vous jetez votre article sur le comptoir et vous sortez du magasin.

c) D'une voix suffisamment forte pour être entendue, vous dites à la caissière que vous étiez là avant les personnes qu'elle vient de servir et vous demandez qu'on s'occupe de vous tout de suite.

La complainte du téléphone. Vous êtes à la maison où vous espérez passer une journée tranquille. Le téléphone sonne et vous décrochez le combiné pour entendre une voix dire votre nom au complet et demander si c'est bien à vous qu'on s'adresse. Comme c'est un interurbain, vous croyez à un appel important. Puis la voix dit: «Ici le magazine *Route Rocheuse*. Nous menons actuellement une enquête sur nos lecteurs. Avez-vous déjà entendu parler de notre revue?»

Choix de réactions:

a) Par politesse, vous évitez d'interrompre votre interlocuteur et répondez à toutes ses questions. Bientôt c'est tout un «boniment publicitaire» que vous entendez plutôt qu'un sondage sur les lecteurs. L'appel dure dix minutes.

b) Vous dites: «Bande d'enfoirés! N'avez-vous aucun respect pour la vie privée des gens? Allez au diable!» et vous raccrochez brusquement.

c) D'un ton ferme, vous dites: «Je ne suis pas intéressée.» Devant l'insistance de votre interlocuteur, vous répétez fermement: «Je ne suis pas intéressée» et vous raccrochez.

Situations liées à l'emploi

Temps supplémentaire. Votre partenaire et vous aviez prévu une sortie depuis plusieurs semaines. Vous comptez partir dès la fermeture des bureaux. Pendant la journée, toutefois, votre patron vous demande de travailler ce soir-là sur un dossier urgent.

Choix de réactions:

a) Vous ne pipez mot à propos de vos projets personnels et restez au travail pour terminer la tâche qui vous a été assignée.

b) D'un ton nerveux et brusque, vous dites: «Non, je refuse de faire des heures supplémentaires!» Critiquant brièvement votre patron pour avoir mal planifié son travail, vous vous remettez au boulot.

c) D'une voix ferme et agréable, vous dévoilez vos projets à votre patron et lui dites qu'il vous est impossible de travailler ce soir-là; vous offrez de l'aider à trouver une solution de rechange.

L'amoureux éconduit. L'un de vos collègues vous fait des avances sexuelles depuis quelque temps. Vous n'êtes pas le moins du monde intéressée et vous commencez à vous sentir harcelée.

Choix de réactions:

a) Vous vous mettez à porter des vêtements moins séduisants, modifiez votre coiffure et baissez les yeux chaque fois que votre collègue s'approche de vous.

b) Si votre collègue renouvelle ses avances, vous vous exclamez: «Tu me pues au nez, espèce d'ordure! Tu es tellement laid que même Frankenstein ne voudrait pas de toi!»

c) Après un incident, vous vous asseyez avec votre collègue pour lui parler. Vous lui signalez que vous vous sentez poursuivie et que vous n'aimez pas cela, et vous illustrez vos propos par des exemples. Finalement, vous lui dites que s'il ne modifie pas sa conduite, vous vous plaindrez à votre employeur.

Rendement insuffisant. L'un de vos subalternes ne fournit pas un travail satisfaisant depuis quelque temps. Vous décidez qu'il vaut mieux affronter la situation avant qu'elle ne prenne des proportions catastrophiques.

Choix de réponses:

a) «Je suis désolé d'amener ce sujet sur le tapis, mais je suis sûr que vous pouvez m'expliquer pourquoi votre rendement laisse à désirer depuis quelque temps.»

b) «Clarifions les choses entre nous. La médiocrité de votre travail me met en rogne. Si vous ne vous reprenez pas en main très bientôt, je vous fous à la porte!»

c) «Votre rendement laisse à désirer ces derniers temps. Vous n'aurez pas d'augmentation de salaire pour cette période. Essayons de voir ce qui se passe et de déterminer les améliorations que vous pouvez apporter à l'avenir.»

Erreur professionnelle. Vous avez commis une erreur au travail. Votre patron s'en aperçoit et souligne, plutôt rudement, votre négligence.

Choix de réactions:

a) En vous confondant en excuses, vous dites: «Je suis désolé. J'ai été stupide. Quel idiot! Je ne recommencerai pas, c'est promis!»

b) Vous vous hérissez et dites: «Vous n'avez pas à critiquer mon travail. Laissez-moi tranquille et ne me dérangez plus à l'avenir. Je connais mon boulot!»

c) Vous reconnaissez votre erreur en disant: «C'était mon erreur. Je serai plus attentif la prochaine fois. Cependant, je vous trouve un peu dur et je n'en vois pas la nécessité.»

En retard. L'un de vos employés est arrivé en retard au travail ces trois ou quatre derniers jours.

Choix de réactions:

a) Vous marmonnez pour vous ou pour d'autres une réflexion désobligeante, mais vous ne dites rien à la personne elle-même, espérant qu'elle arrivera désormais à l'heure.

b) Vous réprimandez votre employé, lui soulignant qu'il n'a pas le droit de profiter de vous et qu'il ferait mieux d'arriver à temps sinon vous vous arrangerez pour qu'il soit congédié.

c) Vous mentionnez à l'employé que vous l'avez vu arriver en retard dernièrement et vous lui demandez: «Votre retard est-il justifié? Je vous prie d'arriver à l'heure désormais. Vous auriez dû venir m'expliquer la situation plutôt que de ne rien dire et de me laisser en plan.»

Situations scolaires et sociales

Un prof tranquille. S'adressant à 300 étudiants, le professeur parle tout bas et vous savez que de nombreux autres étudiants ont de la difficulté à entendre comme vous.

Choix de réactions:

a) Vous continuez de tendre l'oreille avant de vous avancer, mais vous ne dites rien au professeur.

b) Vous criez: «Parlez plus fort!»

c) Vous levez la main pour attirer l'attention du professeur et le priez de hausser la voix.

Clarification. Lors d'une réunion du Club Rotary, le président explique la procédure du concours annuel d'art oratoire au niveau secondaire. Plusieurs de ses affirmations vous étonnent et vous croyez qu'il a mal interprété les règlements.

Choix de réactions:

a) Vous demeurez coi mais perplexe; plus tard dans la journée, vous relisez vos notes sur le concours de l'année précédente.

b) Vous l'interrompez en lui disant qu'il se trompe et le corrigez en vous fondant sur votre propre connaissance du concours. Vous avez un ton moqueur et votre choix de termes le met mal à l'aise.

c) Vous demandez des explications plus approfondies au président en exprimant votre perplexité et en citant la source de vos informations.

Question de morale. Avec dix autres personnes, vous faites partie d'un groupe de discussion sur la sexualité humaine. Les principes soutenus par trois ou quatre des participants les plus diserts sont contraires à votre code moral.

Choix de réactions:

a) Vous écoutez calmement sans manifester ouvertement votre désaccord ni expliquer votre point de vue.

b) Vous dénoncez à voix haute les principes exprimés. Vous défendez violemment vos propres idées et pressez les autres de rallier votre point de vue comme étant le seul valable.

c) Vous énoncez vos opinions personnelles, vous démarquant ainsi des autres mais sans proférer de remarques désobligeantes sur les convictions des autres membres du groupe.

Madame-sait-tout. À titre de membre du comité d'embellissement du quartier, vous êtes agacée par les interventions continuelles de madame Lebrun, une personne aux opinions arrêtées, qui a «la» réponse à toutes les questions. Voilà qu'elle se lance dans une autre tirade. Comme d'habitude, personne ne l'interrompt, même après quelques minutes.

Choix de réactions:

a) Vous demeurez silencieuse, malgré votre irritation croissante.

b) Vous explosez, envoyant madame Lebrun au diable parce qu'elle ne «donne aucune chance à personne» et déclarez ses idées dépassées et sans valeur.

c) Vous l'interrompez: «Excusez-moi, madame Lebrun.» Ayant ainsi attiré l'attention du groupe, vous exprimez l'irritation que vous ressentez devant le fait que madame Lebrun détient constamment le monopole de la parole. Vous adressant directement à elle, ainsi qu'aux autres membres du comité, vous suggérez une procédure qui permettra à chacun de participer à la discussion, évitant ainsi qu'une seule personne n'accapare constamment l'attention.

Situations sociales

Casser la glace. Lors d'une soirée où vous ne connaissez personne, exception faite de votre hôtesse, vous voulez circuler et rencontrer des gens. Vous vous dirigez vers un groupe de trois personnes en train de bavarder.

Choix de réactions:

a) Vous vous tenez près du groupe en souriant, mais ne dites rien et attendez qu'on vous remarque.

b) Vous écoutez leur conversation, puis vous vous y immiscez en appuyant l'opinion d'une des personnes.

c) Vous interrompez l'entretien du groupe pour vous présenter.

d) Vous attendez une pause dans la conversation, puis vous vous présentez et demandez si vous pouvez vous joindre au groupe.

Un rendez-vous galant. Vous aimeriez inviter une personne à laquelle vous avez parlé trois ou quatre fois dernièrement.

Choix de réactions:

a) Vous demeurez assis près du téléphone en vous demandant ce que vous direz et comment la personne réagira. Vous décrochez le combiné à plusieurs reprises et composez le numéro, puis vous raccrochez.

b) Vous téléphonez et, dès que la personne répond, vous dites: «Salut, bébé, on sort ensemble ce soir!» Abasourdie, la personne demande qui parle.

c) Vous appelez et quand la personne répond, vous vous nommez et demandez des nouvelles de l'école (du travail, etc.). Réponse: «Très bien, mais j'ai un examen qui m'inquiète.» Vous parlez de cet examen pendant quelques instants. Puis vous l'invitez à assister à un spectacle qui doit avoir lieu le vendredi soir suivant.

Un nuage de fumée. Vous assistez à une réunion publique dans une grande salle. Un homme pénètre dans l'enceinte et prend place à vos côtés, en tirant avec enthousiasme sur un gros cigare. La fumée vous incommode énormément.

Choix de réactions:

a) Vous subissez en silence les assauts de la fumée, en vous disant que l'autre a le droit de fumer s'il le désire.

b) Vous sortez de vos gonds et le priez de s'asseoir ailleurs ou d'éteindre son cigare; puis vous vous lancez dans une longue diatribe sur les dangers du tabagisme.

c) Vous lui demandez fermement mais poliment de ne pas fumer parce que la fumée vous incommode.

d) Vous le priez de s'asseoir ailleurs s'il veut fumer puisque vous étiez là avant lui.

Situations familiales

Sainte terreur. La monitrice de la garderie où vous envoyez votre fils vous informe que ce dernier frappe les autres enfants. À la maison, il n'en fait qu'à sa tête, se couchant tard, maltraitant ses animaux familiers et se tenant mal à table. Dans le passé, vous trouviez ces comportements tout à fait «adorables».

Choix de réactions:

a) Vous demandez gentiment à votre fils de ne pas frapper les autres enfants. Il répond que les autres enfants sont méchants mais qu'il est désolé. Il saute sur vos genoux et vous dites: «Tu es un gentil garçon, je t'adore.»

b) Vous empoignez votre fils par le bras et lui dites que s'il frappe encore un enfant, vous lui donnerez une correction qu'il n'oubliera pas de sitôt.

c) Ayant débattu la question avec la monitrice et écarté toute cause physiologique éventuelle, vous inscrivez la famille entière à une thérapie familiale.

Argent de plastique. Vos finances sont serrées. En recevant votre relevé de compte du mois courant, vous demeurez bouche bée. Votre conjoint a fait des achats en apparence excessifs et inutiles.

Choix de réactions:

a) Vous allez à la banque et encaissez un chèque pour un montant équivalent. Ayant dépensé cet argent, vous vous sentez vengée. Vous ne soufflez mot au sujet du relevé de compte.

b) Vous vous souvenez avoir vous-même déjà fait quelques folies dépensières. Vous êtes toujours fâchée, mais décidez de vous montrer compréhensive pour cette fois.

c) Vous prévoyez un moment approprié pour discuter de vos finances et dites à votre partenaire que vous avez été choquée en recevant le relevé de compte. Vous lui demandez une explication tout en exprimant le désir d'élaborer une ligne de conduite concernant l'utilisation de la carte de crédit.

Apathie sexuelle. Depuis six mois, votre partenaire ne manifeste pas beaucoup d'empressement sur le plan sexuel. Vous faites moins souvent l'amour qu'avant et votre conjoint ne se montre ni très enthousiaste ni très tendre. Vous avez multiplié vos efforts pour le motiver, mais sans succès.

Choix de réactions:

a) Vous décidez que tous les deux vous pouvez jouer ce jeu. Vous vous repliez sur vous-même, vous vous plaignez à vos amis et critiquez votre partenaire ouvertement en présence des enfants sur des questions qui n'ont rien à voir avec le sexe.

b) Vous êtes sur le point d'éclater. Un soir, après une autre rencontre sexuelle ennuyeuse, vous explosez. Votre partenaire réplique. La querelle dure des heures. Bouillonnant toujours de rage, vous passez la nuit sur le canapé et la semaine à bouder.

c) D'une voix contenue, mais ferme, vous exprimez vos sentiments honnêtement et ouvertement à votre partenaire. Vous suggérez de vous inscrire tous deux à un atelier destiné aux couples ou de consulter un thérapeute conjugal.

Annexe B

Déclaration universelle des droits de l'homme

CONSIDÉRANT que la reconnaissance de la dignité inhérente à tous les membres de la famille humaine et de leurs droits égaux et inaliénables constitue le fondement de la liberté, de la justice et de la paix dans le monde,

CONSIDÉRANT que la méconnaissance et le mépris des droits de l'homme ont conduit à des actes de barbarie qui révoltent la conscience de l'humanité et que l'avènement d'un monde où les êtres humains seront libres de parler et de croire, libérés de la terreur et de la misère, a été proclamé comme la plus haute aspiration de l'homme,

CONSIDÉRANT qu'il est essentiel que les droits de l'homme soient protégés par un régime de droit pour que l'homme ne soit pas contraint, en suprême recours, à la révolte contre la tyrannie et l'oppression,

CONSIDÉRANT qu'il est essentiel d'encourager le développement de relations amicales entre nations,

CONSIDÉRANT que dans la Charte les peuples des Nations Unies ont proclamé à nouveau leur foi dans les droits fondamentaux de l'homme, dans la dignité et la valeur de la personne humaine, dans l'égalité des droits des hommes et des femmes, et qu'ils se sont déclarés résolus à favoriser le progrès social et à instaurer de meilleures conditions de vie dans une liberté plus grande,

CONSIDÉRANT que les États Membres se sont engagés à assurer, en coopération avec l'Organisation des Nations Unies, le respect universel et effectif des droits de l'homme et des libertés fondamentales,

CONSIDÉRANT qu'une conception commune de ces droits et libertés est de la plus haute importance pour remplir pleinement cet engagement,

L'ASSEMBLÉE GÉNÉRALE PROCLAME la présente Déclaration universelle des droits de l'homme comme l'idéal commun à atteindre par tous les peuples et toutes les nations afin que tous les individus et tous les organes de la société, ayant cette Déclaration constamment à l'esprit, s'efforcent, par l'enseignement et l'éducation, de développer le respect de ces droits et libertés et d'en assurer, par des mesures progressives d'ordre national et international, la reconnaissance et l'application universelles et effectives, tant parmi les populations des États Membres eux-mêmes que parmi celles des territoires placés sous leur juridiction.

Article premier. Tous les êtres humains naissent libres et égaux en dignité et en droits. Ils sont doués de raison et de conscience et doivent agir les uns envers les autres dans un esprit de fraternité.

Article 2. Chacun peut se prévaloir de tous les droits et de toutes les libertés proclamés dans la présente Déclaration, sans distinction aucune, notamment de race, de couleur, de sexe, de langue, de religion, d'opinion politique ou de toute autre opinion, d'origine nationale ou sociale, de fortune, de naissance ou de toute autre situation.

De plus, il ne sera fait aucune distinction fondée sur le statut politique, juridique ou international du pays ou du territoire dont une personne est ressortissante, que ce pays ou territoire soit indépendant, sous tutelle, non autonome ou soumis à une limitation quelconque de souveraineté.

Article 3. Tout individu a droit à la vie, à la liberté et à la sûreté de sa personne.

Article 4. Nul ne sera tenu en esclavage ni en servitude; l'esclavage et la traite des esclaves sont interdits sous toutes leurs formes.

Articles 5. Nul ne sera soumis à la torture, ni à des peines ou traitements cruels, inhumains ou dégradants.

Article 6. Chacun a le droit à la reconnaissance en tous lieux de sa personnalité juridique.

Article 7. Tous sont égaux devant la loi et ont droit sans distinction à une égale protection de la loi. Tous ont droit à une protection égale contre toute discrimination qui violerait la présente Déclaration et contre toute provocation à une telle discrimination.

Article 8. Toute personne a droit à un recours effectif devant les juridictions nationales compétentes contre les actes violant les droits fondamentaux qui lui sont reconnus par la constitution ou par la loi.

Article 9. Nul ne peut être arbitrairement arrêté, détenu ni exilé.

Article 10. Toute personne a droit, en pleine égalité, à ce que sa cause soit entendue équitablement et publiquement par un tribunal indépendant et impartial, qui décidera, soit de ses droits et obligations, soit du bien-fondé de toute accusation en matière pénale dirigée contre elle.

Article 11. 1. Toute personne accusée d'un acte délictueux est présumée innocente jusqu'à ce que sa culpabilité ait été légalement établie au cours d'un procès public où toutes les garanties nécessaires à sa défense lui auront été assurées.

2. Nul ne sera condamné pour des actions ou omissions qui, au moment où elles ont été commises, ne constituaient pas un acte délictueux d'après le droit national ou international. De même, il ne sera infligé aucune peine plus forte que celle qui était applicable au moment où l'acte délictueux a été commis.

Article 12. Nul ne sera l'objet d'immixtions arbitraires dans sa vie privée, sa famille, son domicile ou sa correspondance, ni d'atteintes à son honneur et à sa réputation. Toute personne a droit à la protection de la loi contre de telles immixtions ou de telles atteintes.

Article 13. 1. Toute personne a le droit de circuler librement et de choisir sa résidence à l'intérieur d'un État.

2. Toute personne a le droit de quitter tout pays, y compris le sien, et de revenir dans son pays.

Article 14. Devant la persécution, toute personne a le droit de chercher asile et de bénéficier de l'asile en d'autres pays.

2. Ce droit ne peut être invoqué dans le cas de poursuites réellement fondées sur un crime de droit commun ou sur des agissements contraires aux buts et aux principes des Nations Unies.

Article 15. 1. Tout individu a droit à une nationalité.

2. Nul ne peut être arbitrairement privé de sa nationalité, ni du droit de changer de nationalité.

Article 16. 1. À partir de l'âge nubile, l'homme et la femme, sans aucune restriction quant à la race, la nationalité ou la religion, ont le droit de se marier et de fonder une famille. Ils ont des droits égaux au regard du mariage, durant le mariage et lors de sa dissolution.

2. Le mariage ne peut être conclu qu'avec le libre et plein consentement des futurs époux.

3. La famille est l'élément naturel et fondamental de la société et a droit à la protection de la société et de l'État.

Article 17. 1. Toute personne, aussi bien seule qu'en collectivité, a droit à la propriété.

2. Nul ne peut être arbitrairement privé de sa propriété.

Article 18. Toute personne a droit à la liberté de pensée, de conscience et de religion; ce droit implique la liberté de changer de religion ou de conviction ainsi que la liberté de manifester sa religion ou sa conviction, seule ou en commun, tant en public qu'en privé, par l'enseignement, les pratiques, le culte et l'accomplissement des rites.

Article 19. Tout individu a droit à la liberté d'opinion et d'expression, ce qui implique le droit de ne pas être inquiété pour ses opinions et celui de chercher, de recevoir et de répandre, sans considérations de frontières, les informations et les idées par quelque moyen d'expression que ce soit.

Article 20. 1. Toute personne a droit à la liberté de réunion et d'association pacifique.

2. Nul ne peut être obligé de faire partie d'une association.

Article 21. 1. Toute personne a le droit de prendre part à la direction des affaires publiques de son pays, soit directement, soit par l'intermédiaire de représentants librement choisis.

2. Toute personne a droit à accéder, dans des conditions d'égalité, aux fonctions publiques de son pays.

3. La volonté du peuple est le fondement de l'autorité des pouvoirs publics; cette volonté doit s'exprimer par des élections honnêtes qui doivent avoir lieu périodiquement, au suffrage universel égal et au vote secret ou suivant une procédure équivalente assurant la liberté du vote.

Article 22. Toute personne, en tant que membre de la société, a droit à la sécurité sociale; elle est fondée à obtenir la satisfaction des droits économiques, sociaux et culturels indispensables à sa dignité et au libre développement de sa personnalité, grâce à l'effort national et à la coopération internationale, compte tenu de l'organisation et des ressources de chaque pays.

Article 23. 1. Toute personne a droit au travail, au libre choix de son travail, à des conditions équitables et satisfaisantes de travail et à la protection contre le chômage.

2. Tous ont droit, sans aucune discrimination, à un salaire égal pour un travail égal.

3. Quiconque travaille a droit à une rémunération équitable et satisfaisante lui assurant, ainsi qu'à sa famille, une existence conforme à la dignité humaine et complétée, s'il y a lieu, par tous autres moyens de protection sociale.

4. Toute personne a le droit de fonder avec d'autres des syndicats et de s'affilier à des syndicats pour la défense de ses intérêts.

Article 24. Toute personne a droit au repos et aux loisirs et notamment à une limitation raisonnable de la durée du travail et à des congés payés périodiques.

Article 25. 1. Toute personne a droit à un niveau de vie suffisant pour assurer sa santé, son bien-être et ceux de sa famille, notamment pour l'alimentation, l'habillement, le logement, les soins médicaux ainsi que pour les services sociaux nécessaires; elle a droit à la sécurité en cas de chômage, de maladie, d'invalidité, de veuvage, de vieillesse ou dans les autres cas de perte de ses moyens de subsistance par suite de circonstances indépendantes de sa volonté.

2. La maternité et l'enfance ont droit à une aide et à une assistance spéciales. Tous les enfants, qu'ils soient nés dans le mariage ou hors mariage, jouissent de la même protection sociale.

Article 26. 1. Toute personne a droit à l'éducation. L'éducation doit être gratuite, au moins en ce qui concerne l'enseignement élémentaire et fondamental. L'enseignement élémentaire est obligatoire. L'enseignement technique et professionnel doit être généralisé; l'accès aux études supérieures doit être ouvert en pleine égalité à tous en fonction de leur mérite.

2. L'éducation doit viser au plein épanouissement de la personnalité humaine et au renforcement du respect des droits de l'homme et des libertés fondamentales. Elle doit favoriser la compréhension, la tolérance et l'amitié entre toutes les nations et tous les groupes raciaux ou religieux, ainsi que le développement des activités des Nations Unies pour le maintien de la paix.

3. Les parents ont, par priorité, le droit de choisir le genre d'éducation à donner à leurs enfants.

Article 27. Toute personne a le droit de prendre part librement à la vie culturelle de la communauté, de jouir des arts et de participer au progrès scientifique et aux bienfaits qui en résultent.

2. Chacun a droit à la protection des intérêts moraux et matériels découlant de toute production scientifique, littéraire ou artistique dont il est l'auteur.

Article 28. Toute personne a droit à ce que règne, sur le plan social et sur le plan international, un ordre tel que les droits et libertés énoncés dans la présente Déclaration puissent y trouver plein effet.

Article 29. 1. L'individu a des devoirs envers la communauté dans laquelle seule le libre et plein développement de sa personnalité est possible.

2. Dans l'exercice de ses droits et dans la jouissance de ses libertés, chacun n'est soumis qu'aux limitations établies par la loi exclusivement en vue d'assurer la reconnaissance et le respect des droits et libertés d'autrui et afin de satisfaire aux justes exigences de la morale, de l'ordre public et du bien-être général dans une société démocratique.

3. Ces droits et libertés ne pourront, en aucun cas, s'exercer contrairement aux buts et aux principes des Nations Unies.

Article 30. Aucune disposition de la présente Déclaration ne peut être interprétée comme impliquant pour un État, un groupement ou un individu un droit quelconque de se livrer à une activité ou d'accomplir un acte visant à la destruction des droits et libertés qui y sont énoncés.

Annexe C

Code déontologique relatif à l'apprentissage de l'affirmation de soi

Alors que grandissait la popularité de l'apprentissage de l'affirmation de soi, dans les années soixante-dix, un nombre croissant de thérapeutes responsables s'inquiétèrent du mauvais emploi que l'on faisait de ce processus: thérapeutes non qualifiés, buts illégitimes, contre-indication dans le cas de certains clients. Lors de la rencontre de l'Association for Advancement of Behavior Therapy (Association pour l'avancement de la thérapie comportementale) qui eut lieu à San Francisco en décembre 1975, un groupe de spécialistes de l'apprentissage de l'affirmation de soi, nationalement reconnus, se rencontrèrent pour élaborer un code déontologique. Le document qui suit est le résultat de leurs efforts.

Le code proposé fit l'objet de nouvelles discussions lors du Premier Congrès international sur l'apprentissage de l'affirmation de soi, qui eut lieu à Washington, D.C., en août 1976, et du congrès de l'Association pour l'avancement de la thérapie comportementale qui se déroula à New York en décembre 1976. Bien qu'aucune modification au code initial n'ait été officiellement acceptée, les antécédents scolaires qu'exigeait le code, dans le cas des animateurs accrédités, suscitèrent une vive inquiétude. Il est probable que nous verrons émerger bientôt des critères de qualification fondés sur la compétence des thérapeutes.

En outre, l'Association prépare elle-même, à l'heure actuelle, un code déontologique s'appliquant à la thérapie comportementale en général, qui pourrait influer directement sur l'apprentissage de l'affirmation de soi, bien que beaucoup de praticiens ne la considèrent pas uniquement comme une «thérapie comportementale».

Entre-temps, toutefois, le code ci-dessous demeure la seule déclaration publique formulée par un groupe de professionnels et visant à augmenter la responsabilité morale des personnes chargées d'apprendre aux gens comment s'affirmer. Nous invitons fortement les praticiens à étudier ses implications en regard de leur travail.

L'apprentissage de l'affirmation de soi connaît une telle popularité qu'on assiste à un véritable «engouement» pour cette technique; or, on entend souvent parler de pratiques (et de praticiens) moralement irresponsables. Certains formateurs, par exemple, distinguent mal l'affirmation de soi et l'agressivité. D'autres négligent de stimuler la responsabilité personnelle de leurs clients, de les mettre en garde et de les préparer à la possibilité d'essuyer une vengeance ou une réaction très négative de la part des autres.

Le «Code déontologique» qui suit est l'œuvre des psychologues et des éducateurs professionnels dont les noms figurent sur la liste ci-dessous et qui sont activement engagés dans l'apprentissage de l'affirmation de soi (aussi appelé «thérapie d'affirmation de soi», «formation aux aptitudes sociales», «formation à l'efficacité humaine» et «formation à l'affirmation de soi»). Ce code ne vise pas à décourager les personnes non qualifiées de s'affirmer toutes seules, et loin de nous l'idée qu'il faille posséder de nombreux diplômes pour aider ses amis et sa famille. Nous proposons plutôt ces principes afin de favoriser un enseignement et une pratique conformes aux principes d'éthique nécessaires chez les professionnels qui œuvrent dans le domaine des services sociaux. Nous encourageons les personnes qui désirent améliorer leur aptitude à s'affirmer ou celle de leurs associés tout en étant conscientes de leurs limites et de l'importance qu'il y a à consulter un thérapeute ou un enseignant qualifié, le cas échéant.

Nous déclarons par la présente que nous soutenons et adhérons à l'énoncé des principes qui suivent et invitons les professionnels responsables qui emploient ces techniques dans notre domaine et dans d'autres à se joindre à nous pour répandre ces principes et les mettre en pratique.

Robert E. Alberti, Ph.D.
San Luis Obispo, CA

Michael L. Simmons, Ph.D.
San Luis Obispo, CA

Iris G. Fodor, Ph.D.
Professeure de faculté
Psychologie scolaire
Université de New York,
Washington Sq.
New York, NY

Lynne Garnett, Ph.D.
Psychologue-conseil
Université de Californie
Los Angeles, CA

John Galassi, Ph.D.
Faculté de l'éducation du
comportement
Université de Caroline du Nord
Chapel Hill, NC

Patricia Jakubowski, Ed.D.
Professeure de faculté, Études
Université du Missouri
St. Louis, MO

Merna D. Galassi, Ed.D.
Collège Meredith
Raleigh, NC

Janet L. Wolfe, Ph.D.
Directrice des services cliniques
Institute for Advanced Study
in Rational Psychotherapy
New York, NY

1. Définition du comportement d'affirmation

Aux fins des principes d'éthique professionnelle énoncés ici, nous définissons un comportement d'affirmation comme l'ensemble des comportements adoptés par une personne, dans un contexte interpersonnel, qui servent à exprimer les sentiments, les attitudes, les désirs, les opinions ou les droits de la personne directement, avec fermeté et honnêteté, tout en respectant les sentiments, les attitudes, les désirs, les opinions et les droits de l'autre ou des autres. Ce comportement peut englober l'expression d'émotions comme la colère, la peur, l'affection, l'espoir, la joie, le désespoir, l'indignation, la gêne, mais est toujours exprimé de manière à ne pas empiéter sur les droits des autres. Un comportement affirmatif se distingue d'un comportement agressif qui, bien qu'il reflète les sentiments, les attitudes, les désirs les opinions ou les droits de la personne, ne respecte pas ceux des autres.

Bien que la définition ci-dessus se veuille exhaustive, nous reconnaissons que toute définition appropriée du comportement affirmatif doit tenir compte de plusieurs dimensions:

A. *Intention:* un comportement affirmatif ne vise pas à blesser les autres.

B. *Comportement:* un «observateur objectif» jugerait tout comportement soi-disant affirmatif comme un comportement honnête, direct, expressif et non destructeur à l'égard des autres.

C. *Effets:* un comportement affirmatif fait l'effet d'un message direct et non destructeur, peu apte à blesser une «personne raisonnable».

D. *Contexte socio-culturel:* un comportement affirmatif est approprié dans le milieu et la culture dans lesquels il s'inscrit et peut ne pas être considéré comme «affirmatif» dans un contexte socio-culturel différent.

2. Autodétermination du client

Ces principes reconnaissent et affirment la dignité et les droits égaux et inaliénables de tous les êtres humains, tels que proclamés dans la *Déclaration universelle des droits de l'homme,* approuvée par l'Assemblée générale des Nations Unies.

Conformément aux principes de la Déclaration, chaque client (participant, patient) inscrit à un programme d'apprentissage de l'affirmation de soi doit être traité comme une personne à part entière, nantie de tous les droits et libertés énoncés dans la Déclaration. Aucune procédure destinée à violer ces libertés et ces droits ne peut être employée au nom de l'apprentissage de l'affirmation de soi.

L'autodétermination du client informé doit guider toutes les interventions:

A. Le client doit être pleinement informé à l'avance des méthodes qui seront utilisées.

B. Le client doit, en tout temps, avoir la liberté de participer ou non au processus d'apprentissage.

C. Le client placé en institution doit, autant que possible dans le cadre de cette institution, être traité avec le même respect et la même absence de coercition.

D. On doit fournir au client des définitions explicites de l'affirmation de soi et de l'apprentissage de l'affirmation de soi.

E. Le client doit être pleinement informé du niveau d'instruction, de la formation, de l'expérience ou d'autres qualifications du ou des formateurs.

F. Le client doit être informé des buts et conséquences éventuelles de l'affirmation de soi: un niveau élevé d'anxiété et la possibilité d'essuyer des réactions négatives de la part des autres.

G. Le client doit être pleinement informé de la responsabilité du ou des formateurs et du ou des clients.

H. Le client doit être informé du code déontologique et des principes de confidentialité en vigueur dans le milieu où il suit sa formation (milieu clinique ou autre).

3. Qualification des animateurs

L'apprentissage de l'affirmation de soi est avant tout une méthode thérapeutique même si elle est fréquemment pratiquée dans divers milieux par des professionnels qui n'offrent pas de services «psychologiques» comme tels. Tout professionnel qui s'engage à aider les autres à modifier leur comportement, leurs attitudes et leurs relations interpersonnelles doit comprendre le comportement humain à un degré conforme au niveau de ses interventions.

3.1 QUALIFICATIONS GÉNÉRALES

Nous préconisons les qualifications générales minimales suivantes pour les animateurs pratiquant tous les niveaux d'intervention (y compris les «formateurs en cours de formation» — avant l'emploi ou en cours d'emploi — qui se préparent à jouer un rôle professionnel dans un domaine reconnu des services sociaux et qui animent un atelier d'affirmation de soi sous surveillance, dans le cadre d'un projet de recherche ou d'un stage):

A. Compréhension fondamentale des principes de l'apprentissage et du comportement (équivalant à un diplôme de premier cycle en théorie de l'apprentissage);

B. Compréhension fondamentale de l'anxiété et de ses effets sur le comportement (équivalant à un diplôme de premier cycle en psychopathologie);

C. Connaissance des limites, contre-indications et dangers inhérents à la formation à l'affirmation de soi; connaissance générale des théories et recherches dans ce domaine.

D. Une preuve satisfaisante de compétence en tant qu'animateur, fournie par un formateur qualifié, est fortement recommandée pour tous les professionnels, en particulier ceux qui ne possèdent pas de doctorat ni de degré de formation équivalent. Idéalement, cette preuve de compétence sera fondée sur:

1) la participation à au moins dix (10) heures d'atelier consacré à l'affirmation de soi à titre de client (participant, patient); et

2) la participation à au moins dix (10) heures de formation à l'affirmation de soi à titre d'animateur sous surveillance.

3.2 QUALIFICATIONS PRÉCISES

Les animateurs pratiquant les niveaux d'intervention indiqués doivent posséder au moins les qualifications supplémentaires suivantes:

A. *Apprentissage de l'affirmation de soi,* y compris les ateliers hors clinique, les groupes et la formation de clients individuels, visant à enseigner l'affirmation de soi aux personnes qui ont uniquement besoin d'encouragement et d'une formation concernant une aptitude précise, et qui, à première vue, ne présentent aucune déficience affective ni aucune pathologie.

1) Pour les formateurs animant des programmes sous la tutelle d'un organisme de services sociaux, d'une école, d'un service gouvernemental ou d'une entreprise, d'une église ou d'un organisme communautaire reconnu:

a) Diplôme d'études supérieures dans un domaine reconnu des services sociaux (psychologie, conseil, travail social, médecine, santé publique, soins infirmiers, éducation, croissance personnelle, théologie), y compris au moins un stage d'un trimestre dans un organisme de services sociaux sous la supervision d'un formateur qualifié; *ou*

b) accréditation en tant que ministre, enseignant à l'école publique, travailleur social, médecin, conseiller, infirmière ou psychologue clinicien, scolaire, conseil, ou tout autre professionnel dans le domaine des services sociaux, reconnu par l'État où il est employé ou par l'association professionnelle provinciale ou nationale de sa discipline; *ou*

c) un an de travail payé en conseil dans un organisme de services sociaux reconnu, sous la supervision d'un formateur qualifié; *ou*

d) qualifications énoncées en 3.2 B et 3.2 C ci-dessous.

2) Pour les formateurs animant des programmes prévoyant des interventions au niveau défini en 3.2A, mais sans le parrainage d'une organisation:

a) Diplôme d'études supérieures dans un domaine reconnu des services sociaux (psychologie, conseil, travail social, médecine, santé publique, soins infirmiers, éducation, croissance personnelle, théologie) comprenant au moins un stage d'un trimestre dans un organisme de services sociaux sous la supervision d'un formateur qualifié; *et*

b) accréditation en tant que ministre, travailleur social, médecin, conseiller, infirmière ou psychologue clinicien, conseil ou scolaire, ou tout autre professionnel dans le domaine des services sociaux, tel que reconnu par l'État où il est employé ou par l'association professionnelle provinciale ou nationale de sa discipline; *ou*

c) qualifications énoncées en 3.2B ou 3.2C ci-dessous.

B. *Thérapie de l'affirmation de soi,* comprenant des interventions cliniques destinées à aider les personnes gravement inhibées par l'anxiété, présentant de graves lacunes au niveau des aptitudes sociales, dominées par l'agressivité, souffrant d'une pathologie, ou pour qui d'autres méthodes thérapeutiques sont indiquées:
1) Pour les thérapeutes animant des programmes sous la tutelle d'un organisme de services sociaux, d'une école, d'un service gouvernemental ou d'une entreprise, d'une église ou d'un organisme communautaire reconnu:
   a) Diplôme d'études supérieures dans un domaine reconnu des services sociaux (psychologie, conseil, travail social, médecine, santé publique, soins infirmiers, éducation, croissance personnelle, théologie) comprenant au moins un stage d'un trimestre dans un organisme de services sociaux sous la supervision d'un formateur qualifié; *ou*
   b) accréditation en tant que ministre, travailleur social, médecin, conseiller, infirmière ou psychologue clinicien, conseil ou scolaire, ou tout autre professionnel dans le domaine des services sociaux, tel que reconnu par l'État où il est employé ou par l'association professionnelle provinciale ou nationale de sa discipline; *ou*
   c) qualifications énoncées en 3.2C ci-dessous.

2) Pour les thérapeutes effectuant des interventions au niveau défini en 3.2B, mais sans le parrainage d'une organisation:
   a) Diplôme d'études supérieures dans un domaine reconnu des services sociaux (psychologie, conseil, travail social, médecine, santé publique, soins infirmiers, éducation, croissance personnelle, théologie)

comprenant au moins un stage d'un trimestre dans un organisme de services sociaux sous la supervision d'un formateur qualifié; *et*

b) accréditation en tant que ministre, travailleur social, médecin, conseiller, infirmière ou psychologue clinicien, conseil ou scolaire, ou tout autre professionnel dans le domaine des services sociaux, tel que reconnu par l'État où il est employé ou par l'association professionnelle provinciale ou nationale de sa discipline; *et*

c) au moins un an de travail professionnel payé dans un organisme de services sociaux reconnu, sous la supervision d'un formateur qualifié; *ou*

d) qualifications énoncées en 3.2 C ci-dessous.

C. *Formation des formateurs,* y compris la préparation d'autres professionnels destinés à offrir une formation ou une thérapie de l'affirmation de soi à des clients dans une école ou une organisation ou dans un contexte individuel.

1) Doctorat dans un domaine reconnu des services sociaux (psychologie, conseil, travail social, médecine, santé publique, soins infirmiers, éducation, croissance personnelle, théologie) comprenant au moins un stage d'un trimestre dans un organisme de services sociaux sous la supervision d'un formateur qualifié; *et*

2) accréditation en tant que ministre, travailleur social, médecin, conseiller, infirmière ou psychologue clinicien, conseil ou scolaire, ou tout autre professionnel dans le domaine des services sociaux, tel que reconnu par l'État où il est employé ou par l'association professionnelle provinciale ou nationale de sa discipline; *et*

3) au moins un an de travail professionnel payé dans un organisme de services sociaux reconnu, sous la supervision d'un formateur qualifié; *et*

4) diplôme d'études supérieures en formation et thérapie de l'affirmation de soi, y compris au moins deux des éléments ci-dessous:

a) au moins trente (30) heures d'animation auprès de clients;

b) participation à au moins deux ateliers différents dans le cadre de rencontres professionnelles ou dans des instituts de formation professionnelle;

c) rédaction de documents professionnels dans ce domaine.

3.3 Nous reconnaissons que les conseillers et les psychologues ne sont pas accrédités dans chaque État. Dans les États où cette accréditation est inexistante, sauf si cela est contraire aux règlements, nous reconnaissons la légitimité des professionnels qui: a) possèdent les qualifications énoncées en 3.1 et 3.2; et b) pourraient être accrédités en tant que conseiller ou psychologue dans un autre État.

3.4 À notre avis, le fait de participer à un ou deux ateliers sur l'affirmation de soi, même si ces ateliers sont dirigés par un professionnel nanti d'un diplôme d'études supérieures, ne constitue par une qualification appropriée pour enseigner l'affirmation de soi à d'autres, *sauf si la personne possède les qualifications supplémentaires énoncées* en 3.1 et 3.2

3.5 Ces qualifications sont présentées à titre de *normes* pour les animateurs professionnels dans le domaine de l'affirmation de soi. Nous ne proposons ici aucun organisme d'«accréditation» ou de «qualification». Il incombe plutôt à chaque professionnel de s'évaluer en tant que formateur ou thérapeute en vertu de ces normes et à expliquer clairement à ses clients la pertinence de ses qualifications en tant qu'animateur.

4. L'éthique chez les animateurs

Comme les méthodes visant à encourager l'adoption d'un comportement affirmatif sont essentiellement de nature *thérapeutique,* les normes qui s'appliquent le mieux à l'apprentissage de l'affirmation de soi sont celles des psychologues. Nous reconnaissons que bon nombre de personnes engagées dans une forme ou une autre d'enseignement de l'affirmation de soi n'offrent pas pour autant de services «psychologiques» comme tels (enseignants, directeurs de personnel, directeurs de la formation, par exemple). Quoi qu'il en soit, nous appuyons les principes d'éthique professionnelle établis à l'intention des psychologues par l'American Psychological Association et nous croyons que les thérapeutes engagés dans l'apprentissage de l'affirmation de soi doivent fonder leur comportement sur ces principes.

Nous reconnaissons que la méthodologie employée pour enseigner l'affirmation de soi peut englober un grand nombre de méthodes, dont certaines n'ont pas de valeur certaine. Il incombe aux animateurs d'informer leurs clients de toute méthode expérimentale. L'animateur ne devrait, en aucun cas, «garantir» le résultat précis d'une intervention.

5. Pertinence des interventions effectuées dans le cadre de l'enseignement de l'affirmation de soi

Cet enseignement, comme toute intervention visant à aider les gens à changer, peut s'appliquer dans des conditions très variées; il n'en faut pas moins évaluer sa pertinence dans chaque cas. Toute intervention doit tenir compte au moins des dimensions suivantes:

A. *Client/cliente:* les caractéristiques personnelles du client en question (âge, sexe, ethnie, institutionnalisation, capacité de faire des choix éclairés, aptitudes physiques et psychologiques).

B. *Problème/Buts:* Dans quel but le client recherche-t-il une aide professionnelle ou la lui a-t-on recommandée? (compétences professionnelles, graves inhibitions, diminution de l'anxiété, agressivité excessive).

C. *Animateur:* Qualifications personnelles et professionnelles de l'animateur (âge, sexe, ethnie, compétences, compréhension, éthique — voir aussi les principes 3 et 4 ci-dessus).

D. *Milieu:* Caractéristiques du milieu dans lequel est menée l'intervention (maison, école, travail, organisme, clinique, hôpital, prison). Le client est-il libre de choisir? L'efficacité de l'animateur fait-elle l'objet d'une évaluation systématique?

E. *Temps/Durée:* Durée de l'intervention. S'agit-il d'un bref
    laïus d'encouragement, d'un atelier de formation officiel,
    d'un effort thérapeutique intensif et à long terme?

F. *Méthode:* Nature de l'intervention. S'agit-il d'une méthode
    toute faite ou adaptée aux besoins de chacun? La formation
    est-elle fondée sur les principes fondamentaux de l'appren-
    tissage et du comportement? Fait-on clairement la différence
    entre l'agressivité, l'affirmation de soi et d'autres notions?
    A-t-on clarifié les définitions, les techniques, les méthodes et
    les objectifs? L'animateur encourage-t-il son client à faire de
    petits pas susceptibles de donner les résultats escomptés et à
    minimiser les conséquences négatives de son comportement?
    Exerce-t-il une surveillance et une responsabilité adéquates
    en donnant des «devoirs» à son client; se montre-t-il sensible
    aux répercussions des efforts de son client pour modifier son
    comportement sur les personnes qui comptent pour lui?
    Avise-t-il ses clients que l'affirmation de soi «ne marche pas
    toujours»?

G. *Résultat:* L'animateur fait-il un suivi, soit en demandant au
    client de rédiger un rapport sur lui-même soit en établissant
    d'autres méthodes d'évaluation ultérieure?

6. *Responsabilité sociale*

L'enseignement de l'affirmation de soi doit être donné conformément à la loi. Formateurs et clients sont encouragés à faire un
effort affirmatif en vue de changer les lois qui, à leurs yeux, doivent
être modifiées, et à apporter les changements appropriés au système
social, dans le but surtout de repousser plus loin les frontières des
droits de la personne. À cet égard, nous encourageons les formateurs
à inculquer à leurs clients, dans le cadre de l'apprentissage de l'affirmation de soi, des aptitudes permettant d'apporter des changements
responsables. Nous invitons fortement tous ceux qui pratiquent,
enseignent l'affirmation de soi ou font des recherches dans ce
domaine, à exercer, conformément aux principes énoncés ici, leur
prudence et leur responsabilité morale dans l'application de cette
technique.

Bibliographie

ADAMS, LINDA: *Femmes efficaces,* Paris, Belfont, 1980.

BACH, GEORGE et GOLDBERG, HERB: *Agressivité créatrice,* Montréal,
Éd. du Jour, 1981.

BACH, GEORGE R. et DEUTSCH, RONALD M.: *Arrête! tu m'exaspères,*
Montréal, Éd. du Jour, 1985.

BACH, GEORGE R. et DEUTSCH, RONALD M.: *Partenaires,* Montréal,
Éd. du Jour, 1981.

BACH, GEORGE R. et WYDEN, PETER: *Ennemis intimes,* Montréal,
Éd. du Jour, 1983.

BOISVERT, JEAN-MARIE: *S'affirmer, communiquer,* Montréal,
Éd. de L'Homme, 1979.

BOLLES, R. N., *Chercheurs d'emploi, n'oubliez pas votre parachute,*
Saint-Jean, 1984, 224 p.

BOWER, S. A. et BOWER, G. H., *ABC de la parole facile,* Grancher J.,
1985, 168 p.

BUSCAGLIA, L., *Apprendre à vivre et à aimer,* Montréal, Éd. du Jour,
1983, 250 p.

BUSCAGLIA, L., *Dire oui à l'amour,* Montréal, Éd. du Jour, 1984, 167 p.

BUSCAGLIA, L., *S'aimer ou le défi des relations humaines,* Montréal,
Éd. du Jour, 1986, 173 p.

CHALVIN, DOMINIQUE: *L'affirmation de soi,* E.S.F., 1980.

DOWLING, COLETTE: *Le complexe de Cendrillon: les femmes et*
l'indépendance, Paris,Grasset, 1982.

DYER, WAYNE: *Ne vous laissez plus faire,* Sand, 1981.

DYER, WAYNE: *Tirer vous-même les ficelles,*
De Mortagne-Sand, 1983.

FENSTERHEIM, H. et BAER, J,, *Affirmez votre personnalité,*
Aubanel, 1979, 291 p.

FISHER, ROGER et URY, WILLIAM: *Comment réussir une négociation,* Paris, Seuil, 1983.

FROMM, ERICH: *L'art d'aimer,* Epi, 1983.

GANDHI, M.K.: *Ma non-violence,* Paris, Stock, 1971.

GLASSER, WILLIAM: *États d'esprit,* Montréal, Éd. du Jour, 1983.

GOLDBERG, HERB: *Les nouvelles relations entre hommes et femmes,* Montréal, Éd. du Jour, 1985.

GORDON, THOMAS: *Enseignants efficaces,* Montréal, Éd. du Jour, 1980.

GORDON, THOMAS: *Parents efficaces,* Montréal, Éd. du Jour, 1977, Marabout, 1981.

JAMES, MURIEL et JONGEWARD, DOROTHY: *Naître gagnant,* Inter-Éditions, 1978.

KAUFMAN, BARRY NEIL: *Aimer, c'est choisir d'être heureux,* Montréal, Éd. du Jour, 1986.

KING, MARTIN LUTHER: *Révolution non violente,* Paris, Payot, 1979.

NICHOLSON, LURÉE et TORBET, LAURA: *Parents gagnants,* Montréal, Éd. du Jour, 1983.

PELLETIER, K., *La médecine holistique,* Roche, 1982, 288 p.

ROGERS, CARL: *Le développement de la personne,* Paris, Dunod, 1977.

ROGERS, CARL: *Manifeste personnaliste,* Paris, Dunod, 1979.

ROGERS, C. R., *Le développement de la personne,* Dunod, 1988, 286

SAINT-ARNAUD, YVES: *J'aime,* Montréal, Éd. de L'Homme, 1979.

SCHENEVER, MELODY: *Techniques spécialisées d'entraînement à l'affirmation de soi,* Edisem, 1980,

SHEEHY, G., *Passages: les crises prévisibles de l'âge adulte,* Mortagne, 1982, 225 p.

SIMON, SIDNEY, HOWE, LELAND, et KIRCHENBAUM, HOWARD: *À la rencontre de soi-même: 80 expériences de développement des valeurs,* Actualisation, 1988.

TAVRIS, C., *La colère: apprivoisez la colère, faites-en bon usage,* Montréal, Éd. de L'Homme, 1984, 390 p.

WARSHAW, TESSA ALBERT: *Négocier: entre vaincre et convaincre,* Montréal, Éd. du Jour, 1982.

WOLPE, J., *Pratique de la thérapie comportementale,* Masson, 1975, 320 p..

Index

Table des matières

Ouvrages parus aux Éditions de l'Homme

Affaires et vie pratique

Le mémo, Cheryl Reimold
*Mon automobile, Gouvernement du Québec et Collège Marie-Victorin
Notre mariage — Étiquette et planification, Marguerite du Coffre
L'orthographe en un clin d'œil, Jacques Laurin
*Ouvrir et gérer un commerce de détail, C. D. Roberge et A. Charbonneau
Le patron, Cheryl Reimold
*Piscines, barbecues et patios, Collectif
*La prévention du crime, Collectif
*Prévoir les belles années de la retraite, Michael Gordon
Les relations publiques, Richard Doin et Daniel Lamarre
Les secrets des maîtres vendeurs, Henry Porter
La taxidermie moderne, Jean Labrie
*Les techniques de jardinage, Paul Pouliot
Techniques de vente par téléphone, James D. Porterfield
*Le temps des purs — Les nouvelles valeurs de l'entreprise, David Olive
*Tests d'aptitude pour mieux choisir sa carrière, Linda et Barry Gale
*Tout ce que vous devez savoir sur le condominium, Robert Dubois
Une carrière sur mesure, Denise Lemyre-Desautels
L'univers de l'astronomie, Robert Tocquet
La vente, Tom Hopkins

Affaires publiques, vie culturelle, histoire

*Artisanat québécois, tome 4, Cyril Simard et Jean-Louis Bouchard
*La baie d'Hudson, Peter C. Newman
Beautés sauvages du Canada, Collectif
Bourassa, Michel Vastel
Les cathédrales de la mer, Marie-Josée Ouellet
*Le cauchemar olympique ou l'envers de la médaille, Sylvain Lake
Claude Léveillée, Daniel Guérard
*Les conquérants des grands espaces, Peter C. Newman
*Dans la tempête — Le cardinal Léger et la révolution tranquille, Micheline Lachance
La découverte de l'Amérique, Timothy Jacobson
*Dieu ne joue pas aux dés, Henri Laborit
*Duplessis, tome 1 — L'ascension, Conrad Black
*Duplessis, tome 2 — Le pouvoir, Conrad Black
*Les écoles de rang au Québec, Jacques Dorion
*L'establishment canadien, Peter C. Newman
*Le frère André, Micheline Lachance
La généalogie, Marthe F. Beauregard et Ève B. Malak
Gilles Villeneuve, Gerald Donaldson
Gretzky — Mon histoire, Wayne Gretzky et Rick Reilly
Les insolences du frère Untel, Jean-Paul Desbiens
Larry Robinson, Larry Robinson et Chrystian Goyens
*Les mots de la faim et de la soif, Hélène Matteau
*Notre Clémence, Hélène Pedneault
*Les nouveaux riches, tome 2 — L'establishment canadien, Peter C. Newman
*Option Québec, René Lévesque
L'or des cavaliers thraces, Collectif
*Oui, René Lévesque
Parce que je crois aux enfants, Andrée Ruffo
*Les patients du docteur Cameron, Anne Collins
Plamondon — Un cœur de rockeur, Jacques Godbout
Le prince de l'église, Micheline Lachance
*Provigo, René Provost et Maurice Chartrand

* La saga des Molson, Shirley E. Woods
  Sauvez votre planète!, Marjorie Lamb
* La sculpture ancienne au Québec, John R. Porter et Jean Bélisle
* Sous les arches de McDonald's, John F. Love
* Le temps des fêtes au Québec, Raymond Montpetit
  Trudeau le Québécois, Michel Vastel
* La vie antérieure, Henri Laborit

Animaux

Le chat de A à Z, Camille Olivier
Le cheval, Michel-Antoine Leblanc
Le chien dans votre vie, Matthew Margolis et Catherine Swan
L'éducation canine, Gilles Chartier
L'éducation du chien de 0 à 6 mois, Dr Joël Dehasse et Dr Colette de Buyser
* Encyclopédie des oiseaux du Québec, W. Earl Godfrey
Le guide astrologique de votre chat, Éliane K. Arav
Le guide de l'oiseau de compagnie, Dr R. Dean Axelson
* Mon chat, le soigner, le guérir, Dr Christian d'Orangeville
* Nos animaux, D. W. Stokes et L. Q. Stokes
* Nos oiseaux, tome 1, Donald W. Stokes
* Nos oiseaux, tome 2, Donald W. Stokes et Lillian Q. Stokes
* Nos oiseaux, tome 3, Donald W. Stokes et Lillian Q. Stokes
* Nourrir nos oiseaux toute l'année, André Dion et André Demers
Vous et vos oiseaux de compagnie, Jacqueline Huard-Viaux
Vous et vos poissons d'aquarium, Sonia Ganiel
Vous et votre bâtard, Ata Mamzer
Vous et votre Beagle, Martin Eylat
Vous et votre Beauceron, Pierre Boistel
Vous et votre Berger allemand, Martin Eylat
Vous et votre Bernois, Pierre Van Der Heyden
Vous et votre Bobtail, Pierre Boistel
Vous et votre Boxer, Sylvain Herriot
Vous et votre Braque allemand, Martin Eylat
Vous et votre Briard, Pierre Van Der Heyden
Vous et votre Bulldog, Pierre Van Der Heyden
Vous et votre Bullmastiff, Pierre Van Der Heyden
Vous et votre Caniche, Sav Shira
Vous et votre Chartreux, Odette Eylat
Vous et votre chat de gouttière, Annie Mamzer
Vous et votre chat tigré, Odette Eylat
Vous et votre Chihuahua, Martin Eylat
Vous et votre Chow-chow, Pierre Boistel
Vous et votre Cockatiel (Perruche callopsite), Michèle Pilotte
Vous et votre Cocker américain, Martin Eylat
Vous et votre Collie, Léon Éthier
Vous et votre Dalmatien, Martin Eylat
Vous et votre Danois, Martin Eylat
Vous et votre Doberman, Paula Denis
Vous et votre Épagneul breton, Sylvain Herriot
Vous et votre Fox-terrier, Martin Eylat
Vous et votre furet, Manon Paradis
Vous et votre Golden Retriever, Paula Denis
Vous et votre Husky, Martin Eylat
Vous et votre Labrador, Pierre Van Der Heyden

Cuisine et nutrition

Micro-ondes plus, Marie-Paul Marchand
* Modifiez vos recettes traditionnelles, Denyse Hunter
  Les muffins, Angela Clubb
  La nouvelle cuisine micro-ondes, Marie-Paul Marchand et Nicole Grenier
  La nouvelle cuisine micro-ondes II, Marie-Paul Marchand et Nicole Grenier
* Les pâtes, Julien Letellier
* La pâtisserie, Maurice-Marie Bellot
  La sage bouffe de 2 à 6 ans, Louise Lambert-Lagacé
  Les tisanes qui font merveille, Dr Leonhard Hochenegg et Anita Höhne
* Toutes les meilleures pizzas, Joie Warner
* Toutes les meilleures salades et vinaigrettes, Joie Warner
* Toutes les meilleures sauces pour les pâtes, Joie Warner
  Une cuisine sage, Louise Lambert-Lagacé
* Votre régime contre l'arthrite, Helen MacFarlane
* Votre régime contre le diabète, Martin Budd
* Votre régime contre le psoriasis, Harry Clements
* Votre régime pour contrôler le cholestérol, R. Newman Turner
* Weight Watchers — La cuisine légère, Weight Watchers
* Les yogourts glacés, Mable et Gar Hoffman

Plein air, sports, loisirs

  100 trucs de billard, Pierre Morin
* 52 Week-ends au Québec, André Bergeron
* L'ABC du bridge, Frank Stewart et Randall Baron
  Apprenez à patiner, Gaston Marcotte
  L'arc et la chasse, Greg Guardo
  Les armes de chasse, Charles Petit-Martinon
  L'art du pliage du papier, Robert Harbin
  La batterie sans professeur, James Blades et Johnny Dean
* La bicyclette, Jean Corbeil
  Carte et boussole, Björn Kjellström
  Le chant sans professeur, Graham Hewitt
  Le clavier électronique sans professeur, Roger Evans
* Les clés du scrabble, Pierre-André Sigal et Michel Raineri
* Comment vivre dans la nature, Bill Rivière et l'équipe de L. L. Bean
  Le conditionnement physique, Richard Chevalier, Serge Laferrière et Yves Bergeron
* Construire des cabanes d'oiseaux, André Dion
  Corrigez vos défauts au golf, Yves Bergeron
* Le curling, Ed Lukowich
  De la hanche aux doigts de pieds — Guide santé pour l'athlète,
    M. J. Schneider et M. D. Sussman
  Devenir gardien de but au hockey, François Allaire
  Le dictionnaire des bruits, Jean-Claude Trait et Yvon Dulude
* Exceller au baseball, Dick Walker
* Exceller au football, James Allen
* Exceller au softball, Dick Walker
* Exceller au tennis, Charles Bracken
* Exceller en natation, Gene Dabney
  La flûte traversière sans professeur, Howard Harrison
  Le golf au féminin, Yves Bergeron et André Maltais
  Grandir en 100 exercices, Henri B. Zimmer
  Le grand livre des sports, Le groupe Diagram
  Le guide complet du judo, Louis Arpin
* Le guide de la chasse, Jean Pagé

Le guide de l'alpinisme, Massimo Cappon
*Le guide de la pêche au Québec, Jean Pagé
Guide des destinations soleil, André Bergeron
Guide des jeux scouts, Association des Scouts du Canada
Le guide de survie de l'armée américaine, Collectif
*Guide de survie en forêt canadienne, Jean-Georges Desheneaux
La guitare, Peter Collins
La guitare sans professeur, Roger Evans
*J'apprends à dessiner, Joanna Nash
*J'apprends à nager, Régent la Coursière
*Je me débrouille à la chasse, Gilles Richard
*Je me débrouille à la pêche, Serge Vincent
Jeux pour rire et s'amuser en société, Claudette Contant
*Jouez gagnant au golf, Luc Brien et Jacques Barrette
Jouons au scrabble, Philippe Guérin
Le karaté Koshiki, Collectif
Le karaté Kyokushin, André Gilbert
Le livre des patiences, Maria Bezanovska et Paul Kitchevats
*Maîtriser son doigté sur un clavier, Jean-Paul Lemire
Manuel de pilotage, Transport Canada
Le manuel du monteur de mouches, Mike Dawes
Le marathon pour tous, Pierre Anctil, Daniel Bégin et Patrick Montuoro
La médecine sportive, Dr Gabe Mirkin et Marshall Hoffman
La musculation pour tous, Serge Laferrière
*La nature en hiver, Donald W. Stokes
*Les papillons du Québec, Christian Veilleux et Bernard Prévost
*Partons en camping!, Archie Satterfield et Eddie Bauer
Partons sac au dos, Archie Satterfield et Eddie Bauer
Les passes au hockey, Claude Chapleau, Pierre Frigon et Gaston Marcotte
*Photos voyage, Louis-Philippe Coiteux et Michel Frenette
Le piano jazz sans professeur, Bob Kail
Le piano sans professeur, Roger Evans
La planche à voile, Gérald Maillefer
La plongée sous-marine, Richard Charron
Le programme 5BX, pour être en forme,
*Racquetball, Jean Corbeil
*Racquetball plus, Jean Corbeil
Les règles du golf, Yves Bergeron
*Rivières et lacs canotables du Québec, Fédération québécoise du canot-camping
S'améliorer au tennis, Richard Chevalier
Le saumon, Jean-Paul Dubé
*Le scrabble, Daniel Gallez
Les secrets du baseball, Jacques Doucet et Claude Raymond
Le solfège sans professeur, Roger Evans
La technique du ski alpin, Stu Campbell et Max Lundberg
Techniques du billard, Robert Pouliot
Le tennis, Denis Roch
*Le tissage, Germaine Galerneau et Jeanne Grisé-Allard
Tous les secrets du golf selon Arnold Palmer, Arnold Palmer
La trompette sans professeur, Digby Fairweather
Le violon sans professeur, Max Jaffa
*Le vitrail, Claude Bettinger
Le volley-ball, Fédération de volley-ball

Psychologie, vie affective, vie professionnelle, sexualité

Le grand manuel des arts divinatoires, Sasha Fenton
* Le grand manuel des cristaux, Ursula Markham
Les grands virages — Comment tirer parti de tous les imprévus de la vie,
    R. H. Lauer et J. C. Lauer
La graphologie au service de votre vie intime et professionnelle,
    Claude Santoy
Guérir des autres, Albert Glaude
Le guide du succès, Tom Hopkins
L'histoire merveilleuse de la naissance, Jocelyne Robert
L'horoscope chinois 1992, Neil Somerville
L'infidélité, Wendy Leigh
L'intuition, Philip Goldberg
J'aime, Yves Saint-Arnaud
J'ai quelque chose à vous dire…, B. Fairchild et N. Hayward
J'ai rendez-vous avec moi, Micheline Lacasse
Le journal intime intensif, Ira Progoff
Lis cette page, s'il te plaît, N. Chesanow et G. L. Ersersky
Le mal des mots, Denise Thériault
Ma sexualité de 0 à 6 ans, Jocelyne Robert
Ma sexualité de 6 à 9 ans, Jocelyne Robert
Ma sexualité de 9 à 12 ans, Jocelyne Robert
La méditation transcendantale, Jack Forem
Le mensonge amoureux, Robert Blondin
Mon enfant naîtra-t-il en bonne santé?, Jonathan Scher et Carol Dix
Nous, on en parle, Marcelle Lamarche et Pol Danheux
Parle-moi… j'ai des choses à te dire, Jacques Salomé
Parlez-leur d'amour, Jocelyne Robert
Parlez pour qu'on vous écoute, Michèle Brien
Penser heureux — La conquête du bonheur, image par image, Lucien Auger
Perdant gagnant! — Réussissez vos échecs, Carole Hyatt et Linda Gottlieb
Père manquant, fils manqué, Guy Corneau
Les peurs infantiles, Dr John Pearce
* Les plaisirs du stress, Dr Peter G. Hanson
Pourquoi l'autre et pas moi? — Le droit à la jalousie, Dr Louise Auger
* Pour vous future maman, Trude Sekely
Préparez votre enfant à l'école, Louise Doyon-Richard
Prévenir et surmonter la déprime, Lucien Auger
Psychologie de l'amour romantique, Dr Nathaniel Branden
Psychologie de l'enfant de 0 à 10 ans, Françoise Cholette-Pérusse
* La puberté, Angela Hines
La puissance de la vie positive, Norman Vincent Peale
La puissance de l'intention, Richard J. Leider
Respirations et positions d'accouchement, Joanne Dussault
S'affirmer et communiquer, Jean-Marie Boisvert et Madeleine Beaudry
S'aider soi-même davantage, Lucien Auger
Se changer, Michael J. Mahoney
Se comprendre soi-même par des tests, Collaboration
Se connaître soi-même, Gérard Artaud
Se guérir de la sottise, Lucien Auger
S'entraider, Jacques Limoges
* La séparation du couple, Robert S. Weiss
La sexualité du jeune adolescent, Dr Lionel Gendron
Si je m'écoutais je m'entendrais, Jacques Salomé et Sylvie Galland
Si seulement je pouvais changer!, Patrick Lynes
Les soins de la première année de bébé, Paula Kelly
Stress et succès, Peter G. Hanson

Le syndrome de la fatigue chronique, Edmund Blair Bolles
Le syndrome de la corde au cou, Sonya Rhodes et Marlin S. Potash
La tendresse, Nobert Wölfl
Tout se joue avant la maternelle, Masaru Ibuka
Transformer ses faiblesses en forces, Dr Harold Bloomfield
Travailler devant un écran, Dr Helen Feeley
* Un second souffle, Diane Hébert
Vouloir c'est pouvoir, Raymond Hull

Santé, beauté

30 jours pour avoir de beaux ongles, Patricia Bozic
30 jours pour cesser de fumer, Gary Holland et Herman Weiss
30 jours pour perdre son ventre (pour hommes), Roy Matthews et Nancy Burstein
* L'ablation de la vésicule biliaire, Jean-Claude Paquet
Alzheimer — Le long crépuscule, Donna Cohen et Carl Eisdorfer
L'arthrite, Dr Michael Reed Gach
Charme et sex-appeal au masculin, Mireille Lemelin
* Comment arrêter de fumer pour de bon, Kieron O'Connor, Robert Langlois et Yves
    Lamontagne
Comment devenir et rester mince, Dr Gabe Mirkin
De belles jambes à tout âge, Dr Guylaine Lanctôt
Dormez comme un enfant, John Selby
Dos fort bon dos, David Imrie et Lu Barbuto
Être belle pour la vie, Bronwen Meredith
Le guide complet des cheveux, Philip Kingsley
L'hystérectomie, Suzanne Alix
Initiation au shiatsu, Yuki Rioux
Maigrir: la fin de l'obsession, Susie Orbach
Le manuel Johnson & Johnson des premiers soins, Dr Stephen Rosenberg
Les maux de tête chroniques, Antonia Van Der Meer
Maux de tête et migraines, Dr Jacques P. Meloche et J. Dorion
Mini-massages, Jack Hofer
Perdre son ventre en 30 jours, Nancy Burstein
Principe de la technique respiratoire, Julie Lefrançois
Programme XBX de l'aviation royale du Canada, Collectif
Le régime hanches et cuisses, Rosemary Conley
Le rhume des foins, Roger Newman Turner
Ronfleurs, réveillez-vous!, Jocelyne Delage et Jacques Piché
Savoir relaxer — Pour combattre le stress, Dr Edmund Jacobson
Soignez vos pieds, Dr Glenn Copeland et Stan Solomon
Le supermassage minute, Gordon Inkeles
Le syndrome prémenstruel, Dr Caroline Shreeve
Vivre avec l'alcool, Louise Nadeau

le jour, éditeur
Ouvrages parus au Jour

Affaires, loisirs, vie pratique

L'affrontement, Henri Lamoureux
* **Auberges et relais de campagne du Québec**, François Trépanier
Les bains flottants, Michael Hutchison
* **La bibliothèque des enfants**, Dominique Demers
Bien s'assurer, Carole Boudreault et André Lafrance
Le bridge, Denis Lesage
Le cœur de la baleine bleue, Jacques Poulin
Conte pour buveurs attardés, Michel Tremblay
* *La France à la québécoise*, André Bergeron et Émile Roberge
* *Le guide du répondeur bien branché*, Robert Blondin et Lucie Dumoulin
J'avais oublié que l'amour fût si beau, Évette Doré-Joyal
Jean-Paul ou les hasards de la vie, Marcel Bellier
Oslovik fait la bombe, Oslovik

Ésotérisme, santé, spiritualité

L'astrologie pratique, Wofgang Reinicke
Couper du bois, porter de l'eau — **Comment donner une dimension spirituelle à la vie de tous les jours**, Collectif
Le grand livre de la cartomancie, Gerhard von Lentner
Grand livre des horoscopes chinois, Theodora Lau
Grossesses à risque et infertilité — **Les solutions possibles**, Diana Raab
Les hormones dans la vie des femmes, Dr Lois Javanovic et
    Genell J. Subak-Sharpe
Les maladies mentales, John M. Cleghorn et Betty Lou Lee
Pour en finir avec l'hystérectomie, Dr Vicki Hufnagel et Susan K. Golant
Le tao de longue vie, Chee Soo
Traité d'astrologie, Huguette Hirsig

Essais et documents

17 tableaux d'enfant, Pierre Vadeboncoeur
* **L'accord**, Georges Mathews
L'administration et le développement coopératif, Marcel Laflamme et
    André Roy
À la recherche d'un monde oublié, N. Laurin, D. Juteau et L. Duchesne
* **Les années Trudeau** — **La recherche d'une société juste**, T. S. Axworthy et
    P. E. Trudeau
* **Le Canada aux enchères**, Linda McQuaid
Carmen Quintana te parle de liberté, André Jacob
Le Dragon d'eau, R. F. Holland
* **Élise Chapdelaine**, Marielle Denis
* **Elle sera poète, elle aussi!** Liliane Blanc
En première ligne, Jocelyn Coulon

Psychologie, vie affective, vie professionnelle, sexualité

La mémoire à tout âge, Ladislaus S. Dereskey
Le miracle de votre esprit, Dr Joseph Murphy
Négocier — entre vaincre et convaincre, Dr Tessa Albert Warschaw
Nos crimes imaginaires, Lewis Engel et Tom Ferguson
Nouvelles relations entre hommes et femmes, Herb Goldberg
On n'a rien pour rien, Raymond Vincent
Option vérité, Will Schutz
L'oracle de votre subconscient, Joseph Murphy
Parents gagnants, Luree Nicholson et Laura Torbet
Parlez pour qu'on vous écoute, Michèle Brien
* La personnalité, Léo Buscaglia
Le pouvoir de la motivation intérieure, Shad Helmstetter
Le pouvoir de votre cerveau, Barbara B. Brown
Le principe de la projection, George Weinberg et Dianne Rowe
La psychologie de la maternité, Jane Price
La puissance de la pensée positive, Norman Vincent Peale
La puissance de votre subconscient, Dr Joseph Murphy
Réfléchissez et devenez riche, Napoleon Hill
S'aimer ou le défi des relations humaines, Léo Buscaglia
Savoir quand quitter, Jack Barranger
Les secrets de la communication, Richard Bandler et John Grinder
La sexualité expliquée aux adolescents, Yves Boudreau
Le succès par la pensée constructive, Napoleon Hill
La survie du couple, John Wright
Tous les hommes le font, Michel Dorais
Triomphez de vous-même et des autres, Dr Joseph Murphy
Un homme au dessert, Sonya Friedman
Uniques au monde!, Jeanette Biondi
Vivre avec les imperfections de l'autre, Dr Louis H. Janda
Vivre avec passion, David Gershon et Gail Straub
Vivre avec son anxiété, Isaac M. Marks
Votre corps vous parle, écoutez-le, Henry G. Tietze
Votre talon d'Achille, Dr Harold Bloomfield

---

* Pour l'Amérique du Nord seulement

Achevé   Imprimerie
d'imprimer   Gagné Ltée
au Canada   Louiseville